REBREATHER TAUCHEN

EINE EINFACHE ANLEITUNG ZUM TAUCHEN MIT KREISLAUFGERÄTEN

blue point VERLAG© - München

HAFTUNGSAUSSCHLUSS

Tauchen ist ein potentiell gefährlicher Sport, und der Taucher kann sich einem beträchtlichen Risiko, einschließlich dem des Todes, aussetzen, wenn er es mit einem falschen Verfahren oder mit unvollständiger Planung durchführt. Tauchen erfordert spezielle Ausbildung, Ausrüstung und Erfahrung. Dieses Buch ist nicht als ein Ersatz für Taucher geschrieben worden, die vorhaben, Tauchaktivitäten über ihre Fähigkeiten hinaus zu verfolgen. Jeder, der den Tauchsport ausüben möchte, muß von einem lizenzierten Tauchlehrer ausgebildet werden und seine Fähigkeiten in einer Prüfung unter Beweis stellen. Der Freizeittaucher muß sich deshalb, insbesondere vor dem Tauchen mit Kreislaufgeräten, einer speziellen Ausbildung unterziehen. Dieses Buch beabsichtigt, die Fülle von Informationen der verschiedenen Aspekte des Tauchens mit Kreislaufgeräten darzulegen. Es ist kein Ersatz für korrekte Ausbildung und Erfahrung. Dem Leser sei gesagt, daß nicht alle Elemente von Gefahr und Risiko, die mit dem Tauchen mit Kreislaufgeräten verbunden sind, innerhalb des Umfangs dieses Textes dargestellt werden können. Alle die Tauchaktivitäten nachgehen wollen, tun dies auf Ihr eigenes Risiko. Die Autoren, der Übersetzer und die Verlegerin stehen dem Tauchen neutral gegenüber; dieses Buch ist nur für informative Zwecke herausgegeben worden. Die Autoren, Verleger, Hersteller und der Übersetzer, die an der Erstellung dieses Buches mitwirkten, sind nicht verantwortlich für Beschädigung oder Verletzung (einschließlich des Todesfalles), die vielleicht bei Tauchaktivitäten auftreten und auf die Informationen dieses Buches zurückgehen. Der Übersetzer und die Verlegerin übernehmen keine Gewährleistung für die Umrechnung der Werte und Formeln vom amerikanischen ins metrische Maßsystem.

Photos wenn nicht anders vermerkt von Steven M. Barsky.

Originalausgabe:
THE SIMPLE GUIDE TO REBREATHER DIVING
ISBN 0-941332-65-9

Deutsche Ausgabe:
REBREATHERTAUCHEN
EINE EINFACHE ANLEITUNG ZUM TAUCHEN MIT KREISLAUFGERÄTEN
ISBN 3-933680-03-4

2. Auflage, November 2000

REBREATHER TAUCHEN

EINE EINFACHE ANLEITUNG ZUM TAUCHEN MIT KREISLAUFGERÄTEN

Aus dem Amerikanischen

von Walter Comper

von Steven M. Barsky
Mark Thurlow und Mike Ward

blue point VERLAG© - München

Bevor Sie dieses Buch lesen ...

Bevor Sie beginnen, dieses Buch zu lesen, sollten Sie wissen, daß wir folgenden Wissensstand unserer Leser voraussetzen:

1. Sie sind mit dem Konzept des Partialdrucks vertraut.
2. Sie sind entweder ein brevetierter Nitrox- oder ein Mischgastaucher.
3. Sie haben einen Kurs für das Kreislaufgerät, das Sie benutzen wollen, absolviert, oder werden dies noch tun.
4. Sie kennen die Risiken des Tauchens und Ihnen ist weiterhin bewußt, daß das Tauchen mit Kreislaufgeräten besondere Risiken beinhaltet.

INHALTSVERZEICHNIS

Kapitel 3

Kapitel 4

Kapitel 5

Kapitel 6

OXYG
UWATEC

In Memoriam

Photo aus dem Archiv
von Stephanie Schwabe.

Dieses Buch ist Rob Palmer gewidmet. Er war ein hervorragender Taucher und ein großartiger Mensch.

Rob zählte zu den führenden Unterwasserforschern und Tauchausbildern unserer Zeit. Als erfahrener Höhlentaucher hat er zahlreiche Expeditionen organisiert und auch als Unterwasserfilmer Erfahrungen gesammelt. Außerdem war er ein Experte für Kreislaufgeräte. Rob Palmer hat zahlreiche Expeditionen zu den Blue Holes der Bahamas durchgeführt und zusammen mit seiner Ehefrau, der Meeresbiologin Stephanie Schwabe, bei der Gründung einer Stiftung mitgewirkt, die sich für den Schutz und die wissenschaftliche Erforschung dieser einzigartigen Unterwasserformationen einsetzt.

Als erfolgreicher Autor und Photograph hat Rob Palmer durch unzählige Bücher und Artikel maßgeblich zur Taucherfortbildung beigetragen. Eines der ersten Handbücher zur Ausbildung von Sporttauchern an Kreislaufgeräten stammt ebenso aus seiner Feder, wie eines der ersten ausführlichen Bücher über Technical Diving. Außerdem hat Rob Palmer ein Buch über die Erforschung der Blue Holes verfaßt.

Rob`s trockener, hintergründiger Humor machte es immer zu einem Vergnügen, in seiner Nähe zu sein. Ich habe ihn nie schlecht über andere reden hören, und er war immer bereit, sein Wissen und seine Erfahrung mit anderen Menschen zu teilen.

Rob Palmer hat viele Menschen in die Welt der Kreislaufgeräte eingeführt. Als Tauchlehrer war er geduldig und gründlich. Er ging sehr offen auf seine Mitmenschen zu und war mit seiner Zeit ungewöhnlich großzügig. Wir vermissen ihn sehr.

Steve Barsky, im Januar 1998

Danksagungen

Zwar sind Kreislaufgeräte selbst keine komplexen Ausrüstungsgegenstände, aber weil es so viele verschiedene Gerätetypen gibt, stellte es sich als eine komplexe Aufgabe dar, ein Buch zu diesem Thema zu schreiben. Wie bei so vielen Sachgebieten im Tauchen gibt es keinen, der alles über Kreislaufgeräte weiß, so daß wir auf die freundliche Hilfe vieler Menschen zurückgreifen mußten, um diese Arbeit zu vollenden.

Zuerst möchten wir uns ganz besonders bei unserem Verleger Jim Joiner bedanken, der dieses Buch von Anfang an unterstützte. Jim half uns über viele schwierige Momente hinweg und hatte immer ein freundliches Wort für uns.

Für viele der Photos in diesem Buch hat sich Kristine Barsky unter wie über Wasser als Modell zur Verfügung gestellt. Sie übernahm auch den Großteil des Korrekturlesens und verbrachte viele Stunden damit, das Manuskript zu überprüfen.

Tim Chapman, Ocean Technology Systems, stellte uns zur Unterstützung der Photosessions sein Buddy Phone®, ein drahtloses Kommunikationssystem, zur Verfügung.

Bob Christensen, ein ehemaliger Berufstaucher, UDT-Taucher und Ausbilder von Berufstauchern, nahm sich die Zeit, diesen Text zu lesen. Er half uns mit seinen kritischen Kommentaren, diese Arbeit zu verbessern.

Mark Conlin stellte uns einige ausgezeichnete Photos von seinen Kreislaufgeräteabenteuern mit Howard Hall und Bob Cranston zur Verfügung. Mark ist ein erstklassiger Photograph, der seine Taucherfahrung fast überall auf der Welt gesammelt hat.

Dave Cowgill schoß für uns Photos bei der NEDU, um zu illustrieren, welche Möglichkeiten die U.S. Navy beim Testen von Kreislaufgeräten hat.

Howard Hall informierte uns über seine persönliche Erfahrung mit Kreislaufgeräten, die er auf vielen Filmexpeditionen sammeln konnte. Howard hat uns auch erlaubt, ihn zu begleiten und ihn bei den ersten Testtauchgängen mit seinem neuen IMAX-Kameragehäuse vor den Coronado Islands bei San Diego zu photographieren.

Mike Harris, ein Meeresbiologe des California Department of Fish and Game, gestattete uns großzügigerweise, seine Photos von Christine Pattison zu verwenden. Diese sind während eines Einsatzes des Seeotterrettungsteams dieser Behörde entstanden.

Der legendäre Taucher Hans Hass stellte uns ein unvergeßliches historisches Photo zur Verfügung, das ihn und seine Ehefrau Lotte zeigt, als beide gerade begonnen hatten, mit Kreislaufgeräten zu tauchen. Dr. Hass veröffentlichte seine Bücher und Filme schon einige Jahre bevor Jacques Cousteau seine Spuren in der Unterwasserwelt hinterließ.

Nick Icorn erlaubte uns freundlicherweise, mehrere historische Kreislaufgeräte aus seiner reichhaltigen Sammlung antiker Tauchausrüstungen zu photographieren. Nicks Sammlung hat weltweite Berühmtheit erlangt.

Mike Iswalt von Bio Marine lieferte technische Informationen, sowie einen historischen Überblick über die geschlossenen Kreislaufgeräte dieser Firma.

Dave Junker, Navy Masterchief im Ruhestand, war viele Jahre bei der Navy Experimental Diving Unit (NEDU) für unbemannte Tests von Lebenserhaltungssystemen zuständig. Dave überprüfte das Manuskript und half uns mit zahlreichen Kommentaren und Vorschlägen, unsere Arbeit zu verbessern. Ohne Daves Hilfe wäre dieses Buch nicht zustandegekommen. Von Dave stammt auch das Photo von Mike Ward, das zusammen mit seiner Biographie im hinteren Teil des Buches abgedruckt ist.

Avi Klapfer, Unterwasserphotograph, Tauchveranstalter und Kreislaufgerätetaucher, erlaubte uns, mehrere seiner großartigen Photos von Mark Thurlow zu verwenden.

Gary Long von W.R. Grace Co., half uns mit technischen Informationen über Sodasorb Atemkalk aus. Das von W.R. Grace Co. herausgegebene Sodasorb-Handbuch ist eine hervorragende Informationsquelle.

Linda Longnaker von Best Publishing verdanken wir das Layout des Buches; Sie half uns außerdem bei den technischen Details der Buchentstehung.

Dr. Michelle Miller, Ph.D. in Immunologie und Infektionskrankheiten, führte uns in die Feinheiten der Desinfektion von Lebenserhaltungssystemen ein.

Geri Murphy vom Skin Diver Magazine stellte uns eines der Photos von Rob Palmer zur Verfügung, das im Vorderteil des Buches abgedruckt ist. Geris hervorragende Photos erscheinen seit vielen Jahren im Skin Diver.

Clark Presswood, SEAL-Team Kommandant im Ruhestand, teilte mit uns sein Wissen über das Testen von militärischen Kreislaufgeräten.

Christian Schult von Dräger lieferte technische Informationen und Photos aus den Archiven. Kirstin Denker von Dräger machte technische und historische Informationen für uns ausfindig und war immer bereit zu helfen. Russ Orlowsky von Dräger Safety in Pittsburgh, U.S.A., lieferte ebenfalls technische Informationen über die Produkte von Dräger.

Stephanie Schwabe, Ehefrau des verstorbenen Rob Palmer, stellte eines der Photos von Rob zur Verfügung, das im Vorderteil des Buches abgedruckt wurde. Sie ist Direktorin der Rob Palmer Blue Hole Foundation auf den Bahamas.

Peter Jackson trug sein reichhaltiges Wissen über die Fleuss Maske bei.

Stephen James von North Safety Products/Siebe Gorman & Co. Ltd. half uns, die Genehmigung für den Abdruck erster Photos der Fleuss Maske für den historischen Abschnitt dieses Buches zu bekommen.

Leslie Leaney von der Historical Diving Society der U.S.A. half ebenfalls, Informationen über die Geschichte der Kreislaufgeräte zusammenzutragen.

Bev Morgan half uns mit historischen Informationen sowie Aufnahmen von Kreislaufgeräten der U.S. Navy. Bev überprüfte auch Teile des Manuskriptes im Hinblick auf dessen technische Richtigkeit. Bevs Freundschaft und Unterstützung sind uns sehr wichtig.

Connie Morgan, die das Archiv für ihren Vater Bev Morgan verwaltet, half mehrere Photos, die wir brauchten, ausfindig zu machen. Sie sorgte auch dafür, daß wir sie rechtzeitig bekamen.

Peter Readey und seine Frau Sharon überließen uns Zeichnungen und Photos von ihrem einzigartigen Prism Topaz Kreislaufgerät. Peter ist einer der führenden Experten für Kreislaufgerätetechnologie. Auch von John Gunstream erhielten wir technische Informationen über das Prism Topaz.

Pete Ryan half uns während der Entwicklung der Morgan M-15 Vollgesichtsmaske. Pete war maßgeblich an der Entwicklung dieser Maske beteiligt und war immer für uns da, wenn wir Hilfe brauchten.

Von Leon Scamahorn, Ausbilder für Bio-Marine Kreislaufgeräte, erhielten wir technische Ratschläge zu den Bio-Marine Systemen.

Ohne die Unterstützung aller hier erwähnten Personen wäre dieses Buch sehr viel weniger gehaltvoll als es nun hier vor Ihnen liegt. Vielen Dank!

Steve Barsky, Mark Thurlow, Mike Ward

Einleitung

Trotz meiner langjährigen Tätigkeit als Berufstaucher, in der ich Sättigungstauchgänge bis in Tiefen von über 150 Meter durchgeführt habe, war ich doch ziemlich nervös, als ich im Sommer 1996 nach Nassau flog, um dort einen Kreislaufgerätekurs bei Rob Palmer zu machen. Ich verstand das Konzept des Mischgastauchens, nachdem ich zahlreiche Mischgas- und Sättigungstauchgänge durchgeführt hatte. Ich hatte auch selber Gasgemische hergestellt und Systeme für den Sauerstoffgebrauch gereinigt. Zudem hatte ich mehrere Handbücher zu gewerblichen Taucherhelmen geschrieben und zahlreiche Tauchgänge mit Prototypen von Vollgesichtsmasken und Taucherhelmen durchgeführt.

Und doch, als ich zu Beginn meiner Reise in das Flugzeug stieg, fühlte ich mich, als ob ich im Begriff wäre, mit einer Tauchaktivität in Kontakt zu kommen, die sich als sehr kompliziert erweisen könnte. Würde ich klarkommen? Was wäre, wenn die verlangten Fertigkeiten meine Fähigkeiten überschreiten würden? Was, wenn ich einen Narren aus mir machte und den Kurs abbrechen müßte? Nach meiner Ankunft in Nassau aber machte Rob Palmer mich auf sehr unkomplizierte Weise mit der komplizierten Materie der Kreislaufgeräte vertraut. Schnell merkte ich, daß Kreislaufgeräte nicht besonders kompliziert sind. Eigentlich stellten sie sich sogar als recht robust und einfach in der Anwendung und in der Wartung heraus.

Nachdem ich mein erstes Kreislaufgerät auseinander genommen hatte, war ich zugegebenermaßen sogar von dessen einfachen Aufbau überrascht. Zudem hatte ich schon fast erwartet, daß wir alle Arbeiten an den Geräten in einer sterilen Umgebung durchführen würden, bekleidet mit Chirurgenkitteln und Gummihandschuhen. Wenn es auch wichtig ist, ein vernünftiges Maß an Sauberkeit walten zu lassen und die normalen Sicherheitsvorkehrungen zu treffen, die im Umgang mit sauerstoffreichen Gasmischungen ohnedies nötig sind, so erfordert doch ein Kreislaufgerät nur wenig mehr Umstände als der Umgang mit herkömmlicher Nitrox-Tauchausrüstung. Wahrscheinlich könnten in den Gegenlungen der meisten Kreislaufgeräte während des Tauchens sogar Kakerlaken herumlaufen, ohne daß dies irgendwelche negativen Auswirkungen hätte - solange nicht eines dieser Tiere in Ihren Mund kommen würde.

Mit Kreislaufgeräten zu tauchen war für mich Spaß auf einer völlig anderen Ebene als ich das bisher beim Tauchen erfahren hatte. Für den ernsthaften Unterwasserphotographen und den Eigentümer kleiner Boote sind Kreislaufgeräte die ideale Ausrüstung.

Ursprünglich war dieses Buch als Co-Produktion von mir und Rob Palmer geplant. Wir hatten schon mehrere Monate an diesem Buch gearbeitet, als Rob während eines Tieftauchgangs mit offenem System im Roten Meer vor der Küste von Ägypten verschwand. Ich war mehr als erschüttert und sehr traurig. Rob war ein wundervoller und sehr freundlicher Mensch und unsere immer intensivere Freundschaft war eine Quelle der Freude.

Robs Tod verzögerte auch die Fertigstellung dieses Buches. Ich wußte, daß ich nicht über das notwendige Wissen verfügte um dieses Buch alleine fertigzustellen. Wie in den meisten Tauchbereichen kann eine Person alleine nicht alles über ein Thema wissen. Auf der anderen Seite wußte ich aber auch, daß Rob sich die Fertigstellung dieses Projektes gewünscht hätte.

Eine der Personen von denen ich wußte, daß sie ausgedehnte Erfahrung mit geschlossenen Kreislaufgeräten hatte, war Mark Thurlow. Mark ist ein sehr erfahrener Taucher und hat während zahlreicher Unterwasserfilmprojekte mit Bob Cranston, Howard Hall und Marty Snyderman Erfahrung mit Kreislaufgeräten gesammelt. Mark hat auch intensiv mit Bio-Marine gearbeitet und Testtauchgänge mit derem BMR 500 Kreislaufgerät durchgeführt.

Mark wollte nur unter der Bedingung an diesem Projekt teilnehmen, daß jede nur denkbare Anstrengung unternommen werden würde, um den Schleier des Geheimnisvollen von den Kreislaufgeräten zu lüften und sie dadurch auch für den Durchschnittstaucher zugänglich zu machen. Nachdem sich dies auch Rob und ich als Ziel gesetzt hatten war ich zuversichtlich, daß es eine gute Entscheidung war, Mark mit an Bord zu nehmen.

Mike Ward von Diving Systems International, ein ehemaliger Taucher der U.S. Navy, beteiligte sich unter den gleichen Bedingungen an diesem Projekt: auch er wollte die Mythen des Kreislaufgerätetauchens aufdecken. Mike verfügt über ein großes Maß an praktischer Erfahrung mit geschlossenen, wie auch halbgeschlossenen Kreislaufgeräten und hat intensiv mit der Navy Experimental Diving Unit (NEDU) zusammengearbeitet, sowie zahlreiche Handbücher für Tauchsysteme der U.S. Navy verfaßt.

Ich glaube, daß wir den ursprünglichen Zielen dieses Projektes gerecht geworden sind. Wir haben die Fakten über Kreislaufgeräte auf den Tisch gelegt und die Beschreibung über den Umgang mit ihnen in einer einfachen, verständlichen Weise dargeboten. Ich hoffe, daß dieses Buch den Schleier das Geheimnisvollen von den Kreislaufgeräten nimmt und Ihnen den Weg zu einer neuen Art des Tauchens öffnet.

Steve Barsky, Santa Barbara, Kalifornien

Danksagungen

Danksagungen sind gemeinhin das Kreuz, das jeder Autor und Übersetzer tragen muß - vom Leser ganz zu schweigen, aber der kann ja darüber hinwegblättern. Als Sandra Grünewald mich eines Samstag morgens anrief und mir die schlimme Nachricht überbrachte ("Du, Ich habe da noch eine Seite freigehalten ..."), da versuchte ich alle Register zu ziehen um dieser Aufgabe zu entkommen.

Ich möchte es Ihnen und mir ab hier leicht machen und die Sache etwas informell und mit mindestens einem zusammengedrückten Auge hinter uns bringen. Wer der Ironie nicht fähig ist, möge doch bitte sein Unverständnis dieses Textes auf eine leichte, inertgasbedingte Demenz zurückführen. Bei wem, daß ist dann sicher interpretationsfähig.

Ohne eine ganze Reihe von lieben Menschen wäre die Arbeit an dieser Übersetzung sicher nicht so angenehm verlaufen.

Zunächst sind da einmal meine Eltern, ohne die das alles nicht möglich gewesen wäre und die mir nicht nur ihre Liebe zu Büchern vermittelten, sondern auch meinen Weg in den Journalismus mit immerwährender Geduld förderten. Meiner Mutter sei hier noch einmal besonders dafür gedankt, daß sie mit meinem Englischunterricht im zarten Alter von fünf Jahren begann. Das hat einiges erleichtert und die eher mangelhaften Bemühungen einiger Karlsruher "Pädagogen" -nämlich das zu vermitteln, was sie selber nie so ganz verstanden hatten - ausgeglichen.

Dann gibt es da in München eine Verlegerin namens Sandra Grünewald, der ich gar nicht genug danken kann für ihre tatkräftige Unterstützung und die meist freundlichen Worte, mit denen sie jeden noch so kleinen Fortschritt begrüßte. Sandra, bleib so wie Du bist! Dank auch für das Essen anläßlich unseres letzten Treffens. Jederzeit wieder! Nur den "Nachtisch" lassen wir dann vielleicht doch lieber weg, ohne Kopfschmerzen wacht es sich doch besser auf...

Ein besonderer Dank geht an Doris und Thomas Kleemann, die mir die Zeit, die ich bei ihnen verbringen durfte durch gemeinsame Kochkünste versüßten. Dank auch an die "Kleekinder" Anna, Maria und Josy für die zahlreichen Aufmunterungen und daß sie ihre Schokolade mit mir teilten - nicht ganz gerecht, aber ich war eben schneller. "Schorsch" und "Bino" Kleemann, Doris und Thomas vierbeinige Adoptivkinder, haben sich rührend bemüht, mir die nähere Umgebung zu zeigen. Sie sollen noch heute behaupten, sie hätten mich "Gassi" geführt ...

Naja, und dann natürlich die ewige Dankbarkeit, die ich Danny und Pit Küster schulde, dafür daß sie mich wieder nach Deutschland geholt haben und mich nicht mehr in Florida am Strand liegen lassen. Ja, bei 17° im August ist es eben doch viel schöner, gell?! Auch Danny`s wohlgeratenem Sohn Christopher danke ich von ganzem Herzen! Sein immer freundliches und ausgeglichenes Temperament war stets eine Quell der Freude für mich! Aber vielleicht hat Danny ja recht und es sind nur pubertäre Flausen ...

Danny und Pit haben mich über Monate rührend versorgt und wenn sie arbeiten waren, haben “Langnase” und “Mickerling” (auch Fenja und Lena genannt) dafür gesorgt, das die meisten Kalorien im Frankfurter Stadtwald geblieben sind und daß ich ein Experte in dem lustigen Spiel “welches Stöckchen werfen wir denn jetzt?” geworden bin.

Und dann sind da noch alle die Menschen, die mir die Kreislaufgerätetechnologie nähergebracht - in Gesprächen, in Interviews, oder gar, indem sie mir den einen oder anderen Tauchgang ermöglicht haben:

Stuart Clough, Tim Curtiss, Billy Deans, Peter Grosserhode, Bob Hambidge, Jens Hilbert, Jay Jeffries, Al Krasberg, Jack Kellon, Thomas Kleemann, Barnum Lambert, Mike Menduno, Tom Mount, Richard Nordstrom, Rob Palmer, Dr. Birgit Pinckert, Richard Pyle, Peter und Sharon Readey, Tracy Robinette, Dr. Hubert Stieve, Mark Thurlow, Dr. Morgan Wells, Hal Watts. Ihnen allen möchte ich herzlich für ihre Hilfe wie auch für ihre Geduld danken.

Walter Comper
Im September 1998

WARNUNG

Das Tauchen mit Kreislaufgeräten ist anders. Es kann aber in eine Vielzahl von Tauchaktivitäten integriert werden.

Es liegt beim einzelnen Benutzer, zu entscheiden, wo es Sinn macht, ein Kreislaufgerät zu verwenden, oder wo es sinnvoller ist, eine andere Technologie einzusetzen. Kreislaufgeräte sind nicht die Lösung für jedes Tauchproblem.

Der Einsatz eines Kreislaufgerätes beinhaltet mehr Risiken als das Tauchen mit einem herkömmlichen offenen System. Zu diesen Risiken zählen Hypoxie, Sauerstoffvergiftung, Kohlendioxidvergiftung und Verätzungen durch Chemikalien, sowie alle Risiken, die mit dem Tauchen mit offenem System verbunden sind.

Wenn Sie im Umgang mit einem Kreislaufgerät oder bei dessen Wartung unachtsam vorgehen, können Sie ernsthaft verletzt werden oder sogar sterben. Jedes Modell eines Kreislaufgerätes ist anders.

Nur weil Sie eine Ausbildung mit einem Kreislaufgerätemodell absolviert haben, sind Sie nicht automatisch qualifiziert, auch ein anderes Modell zu verwenden. Sie müssen eine spezielle Ausbildung für jedes Modell haben, das Sie benutzen wollen.

Eine qualifizierte Ausbildung für ein Kreislaufgerät besteht sowohl aus theoretischen als auch praktischen Abschnitten im Pool oder im Flachwasser und später im Freiwasser unter direkter Überwachung durch einen Ausbilder. Dieser Ausbilder sollte sowohl im Hinblick auf Kreislaufgeräte sachkundig sein, als auch über ausreichende praktische Erfahrung mit dieser Technologie verfügen.

Dieses Buch ist kein Ersatz für eine Kreislaufgeräteausbildung. Es soll nur ergänzende Informationen über das Tauchen mit Kreislaufgeräten vermitteln.

Wie kommt man an so scheue Tiere wie Hammerhaie heran? Mit einem Kreislaufgerät ist es möglich.
(© Mark Collin. Alle Rechte vorbehalten.)

Kapitel 1

Aus alt wird neu

Was ist ein Kreislaufgerät?

Stellen Sie sich vor, Sie tauchen mitten in einer Schule von Hammerhaien an einem wunderschönen tropischen Riff in der mexikanischen Sea of Cortez. Die Haie beachten Sie nicht während Sie durch das Wasser gleiten. Sie blicken auf Ihren Tiefenmesser und sehen, daß Sie sich in 18 Meter Tiefe befinden. Nach Ihrem Computer haben Sie noch weitere 90 Minuten in dieser Tiefe, bevor Sie sich Gedanken über eine Dekompression machen müssen. Obwohl Sie schon seit fast 30 Minuten unter Wasser sind, ist Ihnen immer noch angenehm warm und Sie haben keinerlei Anzeichen für den trockenen Mund, der sich üblicherweise bei einem langen Tauchgang einstellt.

Wie kann es so etwas geben? Ganz einfach: Sie tauchen mit einem Kreislaufgerät.

Mit einem geschlossenen Kreislaufgerät, aus dem keine Blasen austreten, können Sie sehr lange Tauchgänge machen, ohne dekomprimieren zu müssen. Ihr Atemgas ist angenehm warm und feucht. Sie selber kontrollieren den Sauerstoffanteil in Ihrem Atemkreislauf, so daß Sie eine Gasmischung atmen, in der sich nur der geringstmögliche Stickstoffanteil befindet.

Kreislaufgeräte sind einfache Systeme, die das Gas, das Sie ausatmen, wieder verwenden, das Kohlendioxid, das Ihr Körper produziert hat, ausfiltern und den von Ihnen verbrauchten Sauerstoff wieder ergänzen. Kreislaufgeräte können extrem effiziente Geräte sein, wenn sie richtig und innerhalb ihrer Grenzen eingesetzt werden.

Mit den meisten Kreislaufgeräten können Sie entweder einen langen Tauchgang oder mehrere kurze Tauchgänge durchführen. Sie können dabei Gasflaschen verwenden, die erheblich kleiner sind als die 10-Literflaschen, mit denen die meisten Taucher heute tauchen.

Die Verwendung eines geschlossenen Mischgaskreislaufgerätes ermöglicht es einem Taucher, weit größere Tiefen für längere Zeit aufzusuchen, als das ein konventionelles, offenes System zulassen würde.

Wenn Sie mit einem gewöhnlichen offenen Preßluftgerät tauchen, geben Sie bei jedem Ausatmen den größten Teil der Gasmenge, die Sie gerade eingeatmet haben, an das Umgebungswasser ab. Das ist Verschwendung, weil kein Stickstoff und nur wenig Sauerstoff verbraucht wird.

Bei einem Kreislaufgerät wird der Stickstoff (oder ein beliebiges anderes Inertgas) wiederverwendet. Außerdem ist ein optimaler Sauerstoffanteil gewährleistet. Mit den effizientesten Kreislaufgeräten, die derzeit erhältlich sind, können Sie etwa vier Stunden unter Wasser bleiben und Sie benötigen dazu nur zwei kleine Flaschen mit komprimiertem Atemgas.

Heute gibt es viele verschiedene Kreislaufgeräte und neue Systeme werden entwickelt, während Sie dieses Buch lesen.

Es gibt bestimmte Grundelemente des Kreislaufgerätedesigns, die allen Kreislaufgeräten gemeinsam sind. Hierzu gehören eine oder mehrere Gasflaschen, ein oder mehrere Atemregler, ein oder mehrere Atembeutel, ein Kohlendioxid bindender Absorber, Atemschläuche und Mundstücke. Jedes Kreislaufgerät besteht aus diesen Grundkomponenten, die aber von System zu System recht unterschiedlich aussehen können. Das Design dieser Komponenten wird in Kapitel 2 behandelt.

Die verschiedenen Kreislaufgerätetypen

Auch wenn alle Kreislaufgeräte diese erwähnten Basiselemente enthalten, so variiert doch das Design dieser Komponenten von System zu System erheblich. Außerdem sind diese Systeme auch noch in unterschiedlicher Art und Weise aufgebaut. Ingenieure und Designer haben die Grundanforderungen für ein Kreislaufgerät auf verschiedene Arten interpretiert, die z.T. erheblich voneinander abweichen.

Es gibt vier grundsätzlich verschiedene Typen von Kreislaufgeräten:

1. Geschlossene Sauerstoffkreislaufgeräte
2. Geschlossene Mischgaskreislaufgeräte

3. Halbgeschlossene Kreislaufgeräte, die vorgemischte Gase verwenden
4. Halbgeschlossene Kreislaufgeräte, die das Gasgemisch während des Tauchgangs mischen

Innerhalb dieser vier Kreislaufgerätekategorien gibt es im Aufbau und in der Ausstattung von Hersteller zu Hersteller erhebliche Unterschiede. Es gibt auch Untergruppen, die sich beispielsweise darin unterscheiden, ob das Kreislaufgerät über elektronische Komponenten verfügt, die das Mischen des Atemgases kontrollieren, oder ob dies auf mechanische Weise erfolgt.

Geschlossene Sauerstoffkreislaufgeräte

Das geschlossene Sauerstoffkreislaufgerät ist ein System mit einem sehr beschränkten Einsatzspektrum. Beim Sporttauchen oder beim Technical Diving wird dieser Typ weder empfohlen noch verwendet. Er ist zudem schwer erhältlich. Bei dieser Art von Geräten handelt es sich um das ursprüngliche Kreislaufgerätedesign, das während des Zweiten Weltkrieges einen erheblichen Entwicklungsschub durchmachte.

Seit dieser Zeit wurde es immer wieder verbessert und wird immer noch von Militärtauchern verwendet. Tatsächlich stellt die Gruppe der Sauerstoffkreislaufgeräte die bei weitem größte Gruppe innerhalb der Kreislaufgeräte dar, die weltweit von militärischen Organisationen verwendet werden.

Das geschlossene Sauerstoffkreislaufgerät ist das kompakteste und leichteste Design auf dem Markt. Die meisten Systeme verwenden eine einzige Flasche mit reinem Sauerstoff und haben einen einzigen Atembeutel. Diese Einheiten ermöglichen lange Grundzeiten, sind aber heute im allgemeinen auf eine maximale Tiefe von höchstens 8 Metern beschränkt. Sehr kurze Exkursionen auf 12-15 Meter sind nur unter besonderen Umständen möglich. Sie geben keine Blasen ab und sind sehr leicht zu bedienen. Typischerweise befindet sich in diesen Systemen keine Elektronik, da sie ausschließlich auf mechanischer Basis funktionieren. Da bei diesen Systemen reiner Sauerstoff verwendet wird, können sie eine ernsthafte Gefahr für den Anwender darstellen. Der Taucher muß sich exakt an ihre Tiefenbeschränkungen halten.

Sauerstoffkreislaufgeräte sind ideal für geheime militärische Operationen. Genau dort ist ihr Hauptanwendungsbereich. Aus diesem Grund wird ihr Verkauf streng kontrolliert und sie sind in den meisten Ländern normalerweise für Zivilisten nicht erhältlich. Neben dem Militär verwenden sie nur noch einige Polizeieinheiten sowie staatlichen Behörden wie der Central Intelligence Agency (CIA).

Geschlossene Sauerstoffsysteme sind relativ preisgünstig in der Anwendung, da medizinischer Sauerstoff fast überall problemlos erhältlich ist und keine speziellen Gasgemische erstellt werden müssen. Wie alle Kreislaufgeräte müssen sie mit Atemkalk verwendet werden, der das Kohlendioxid absorbiert. Es gibt verschiedene Modelle dieser Sauerstoffkreislaufgeräte, unter anderem das französische Spirotechnique Oxy-NG, das von Carlton Industries in den USA hergestellte Cobra, das S-1O von Fullerton Sherwood aus Kanada und das LAR V der deutschen Firma Dräger.

Alle diese Systeme sind nahezu ohne Bedeutung für das Sporttauchen und aus diesem Grunde auf den Sporttauchmarkt nicht ohne weiteres erhältlich.

Wenn heute von geschlossenen Mischgaskreislaufgeräten gesprochen wird, so sind meist die bereits erwähnten, elektronisch gesteuerten Systeme gemeint, die Sauerstoff mit einem Inertgas wie Helium oder Stickstoff mischen. Diese Systeme können bis in große Tiefen eingesetzt werden und erlauben lange Grundzeiten. Sie sind somit für das Technical Diving und ähnliche Tauchbereiche sehr attraktiv.

Alle geschlossenen Mischgasgeräte, die derzeit auf dem Markt sind, arbeiten mit einer elektronischen Steuerung und benötigen deshalb Batterien und Sauerstoffsensoren. Typischerweise haben diese Kreislaufgeräte redundante Sensoren, so daß sie auch dann noch über den Sauerstoffanteil in Ihrem Atemgas informiert werden, wenn einer der Sensoren

Das Dräger LAR V ist ein geschlossenes Sauerstoffkreislaufgerät, das weltweite Verbreitung bei Militäreinheiten und Regierungsbehörden gefunden hat.

ausfällt. Bei diesen Systemen müssen Sie die Kosten für Batterien und Sensoren zusammen mit Atemgas und Atemkalk als Teil Ihrer Betriebskosten berücksichtigen.

Geschlossene Mischgaskreislaufgeräte sind im allgemeinen genauso schwer oder sogar noch schwerer als offene Systeme. Wenn Sie aber versuchen würden, so viele Tauchflaschen mit sich zu führen, wie nötig wären, um die Nutzungsdauer eines geschlossenen Systems zu erreichen, würden diese ein Gewicht von mehreren hundert Kilo auf die Waage bringen.

Über Jahre hinweg waren geschlossene Kreislaufgeräte für Zivilisten nicht erhältlich. Mitte der 90er Jahre jedoch kamen mehrere verschiedene Modelle auf den Markt, deren Zielgruppe im Bereich des Technical Diving lag. Zu den jetzt erhältlichen geschlossenen Systemen gehören das Bio-Marine BMR 5OO, das Undersea Technologies UT 240, das Prism Topaz von Steam Machines und das Cis-Lunar. All diese Geräte sind sehr unterschiedlicher Art. Gemeinsam ist ihnen jedoch, daß sie darauf ausgelegt sind, lange Grundzeiten in Tauchtiefen von weit mehr als 40 Metern zu ermöglichen, was im allgemeinen als die Tiefengrenze für das organisierte Sporttauchen angesehen wird.

Halbgeschlossene Kreislaufgeräte für fertige Gasgemische

Die ersten modernen Kreislaufgeräte, die an Sporttaucher verkauft wurden, waren halbgeschlossene Kreislaufgeräte. Bei diesen Systemen wird vorgemischtes Nitrox als Atemgas verwendet. Sie können nicht selbständig mischen und sind rein mechanischer Art. Wie der Name sagt, verwenden halbgeschlossene Kreislaufgeräte nicht den gesamten Atemgasvorrat. Bei diesem System wird eine genau dosierte kontinuierliche Gasmenge in den Atemkreislauf eingeleitet und bei jedem Atemzug eine konstante kleinere Gasmenge abgegeben.

Halbgeschlossene Kreislaufgeräte, die vorgemischtes Gas verwenden, haben eine begrenzte Tauchtiefe und sind üblicherweise nicht dafür konstruiert, um in Tiefen jenseits der 40 Meter vorzustoßen. Ihr optimaler Einsatzbereich liegt irgendwo zwischen der Oberfläche und etwa 23 Meter. In größeren Tiefen kommen die Grenzen des Nitrox zum tragen und reduzieren die Effizienz dieser Systeme.

Der große Nachteil in der Nutzung von halbgeschlossenen Kreislaufgeräten liegt darin, daß Sie zu dem Zeitpunkt, zu dem Sie

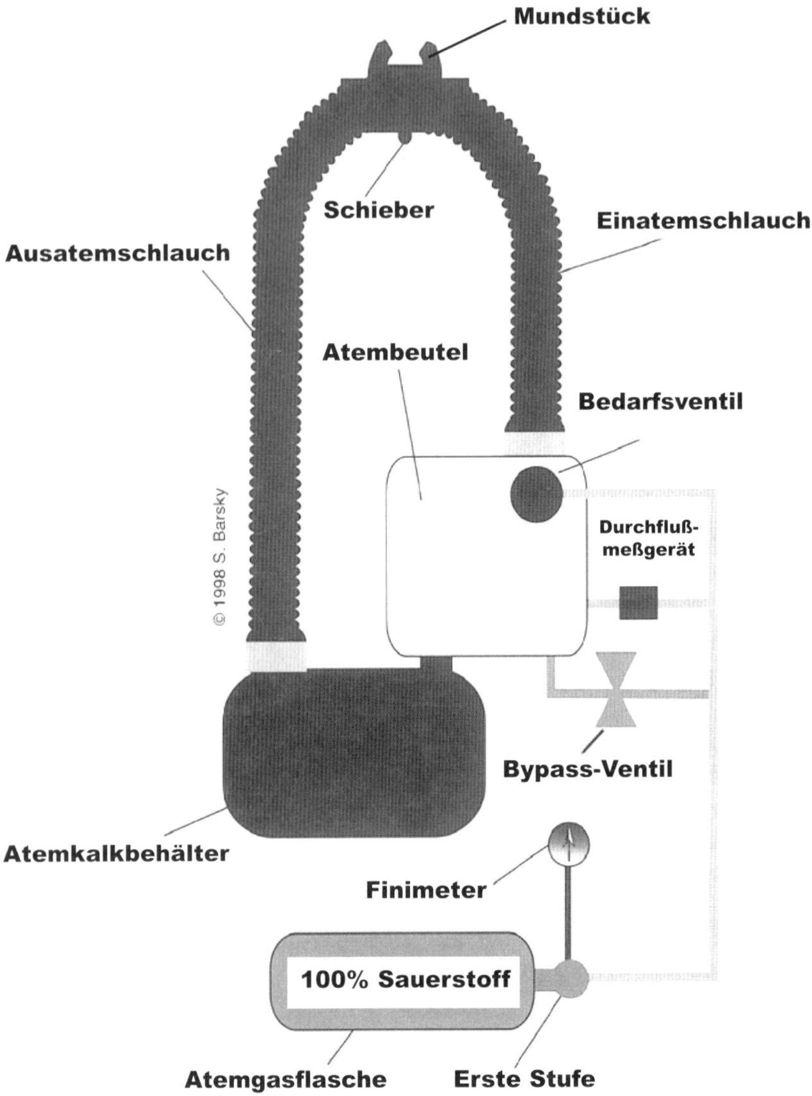

Sauerstoffkreislaufgeräte sind die einfachsten Typen von Kreislaufgeräten. Dieses Schema zeigt den Aufbau eines typischen Sauerstoffkreislaufgerätes.

Bio-Marine Geräte gehören zu den am häufigsten verwendeten geschlossenen Mischgaskreislaufgeräten.
(© Mark D. Conlin. Alle Rechte vorbehalten.)

Ihre Flasche füllen, die Entscheidung treffen müssen, wo Ihre maximale Tauchtiefe liegen wird. Wenn Sie auf dem Tauchboot keine Nitroxfüllungen bekommen können, oder nicht mehrere Flaschen mit verschiedenen Mischungen mitgenommen haben, so haben Sie keine Möglichkeit, Ihre Gasmischung am Tauchplatz zu ändern. Für einige Taucher kann das ein entscheidender Nachteil sein, während andere damit wenig oder gar keine Probleme haben.

Mit halbgeschlossenen Kreislaufgeräten können Sie Nitrox zwar wesentlich effizienter verwenden als mit offenen Systemen, aber nicht so effizient, wie mit geschlossenen Kreislaufgeräten. Während halbgeschlossene Systeme keine Batterien für ihre Funktion brauchen, werden manchmal Batterien benötigt, um ein integriertes elektronisches Sauerstoffüberwachungssystem zu versorgen. Auch wenn diese Elektronik es Ihnen erlaubt, den Sauerstofflevel in Ihrem Kreislaufgerät zu überwachen, kann sie keine Veränderungen an diesem vornehmen. Bei Verwendung dieser Systeme muß berücksichtigt werden, daß sich der Sauerstoffpartialdruck (PO_2) in Ihrem Atemkreislauf während des Tauchgangs in Relation zu Ihrer Bewegungsintensität verändert. Ohne ein genaues Sauerstoffüberwachungssystem könnte Ihre Dekoberechnung von diesen Schwankungen erheblich beeinträchtigt werden. Dieses Thema wird detailiert in Kapitel 5 - Kreislaufgeräte mit halbgeschlossenem System - behandelt.

Halbgeschlossene Kreislaufgeräte wurden Mitte der 90er Jahre im Sporttauchen eingeführt und sind für diesen Markt gut geeignet.

Selbstmischende halbgeschlossene Kreislaufgeräte

Halbgeschlossene Kreislaufgeräte, die das Atemgas selbst mischen, sind komplexere Systeme als diejenigen, die fertige Gasgemische verwenden. Es sind entweder mechanische oder elektronische Systeme. Der Vorteil dieser selbstmischenden Geräte ist, daß sie in Gegenden, in denen vorgemischtes Nitrox nicht erhältlich ist, das Mischen für Sie übernehmen. Der Nachteil dieses Gerätetyps ist, daß Sie als halbgeschlossene Geräte nicht die gaskonservierende Effizienz von geschlossenen Kreislaufgeräten haben.

Das Prism von Steam Machines ist ein gutes Beispiel für ein Kreislaufgerät, das (auch) im halbgeschlossenen Modus arbeitet, da es entweder als halbgeschlossenes oder als geschlossenes System verwendet werden kann. Es handelt sich dabei um ein sehr innovatives Kreislaufgerät mit integriertem Computer.

Am Anfang war das Kreislaufgerät ...

Lange bevor Jacques Cousteau und Emil Gagnan moderne offene Geräte entwickelten, die das Sporttauchen erst möglich machten, tauchte man mit Kreislaufgeräten. Tatsächlich waren Kreislaufgeräte die ersten Systeme, die für autonomes Sporttauchen Verwendung fanden.

Das Grundprinzip der Kreislaufgeräte beruht auf dem Konzept, Kohlendioxid aus geschlossenen Atemsystemen zu entfernen. Bevor irgend jemand Kreislaufgeräte bauen konnte, mußte dieses Problem gelöst werden.

Schon 1777 entdeckte ein schwedischer Wissenschaftler namens Scheele, daß Bienen in einem versiegelten Glaskrug am Leben erhalten werden konnten, wenn man das von ihnen produzierte Kohlendioxid mit einer Lösung aus Kalkwasser entfernte. 1847 fanden die französischen Wissenschaftler Regnault und Reiset heraus, daß sie Hunde in einer versiegelten Kammer am Leben erhalten konnten, wenn sie Sauerstoff hinzufügten und Kohlendioxid entfernten.

Diese Entdeckungen waren von immenser Bedeutung, um den Weg für die Entwicklung der Kreislaufgeräte zu ebnen.

Das erste Kreislaufgerät, das wir kennen, war die Fleuss Maske. Sie wurde in den 80er Jahren des vorigen Jahrhunderts in England

Dräger`s Dolphin (ursprünglich als Atlantis I verkauft) war das erste kommerziell erfolgreiche halbgeschlossene Kreislaufgerät, das international für den Sporttauchbereich erhältlich war.

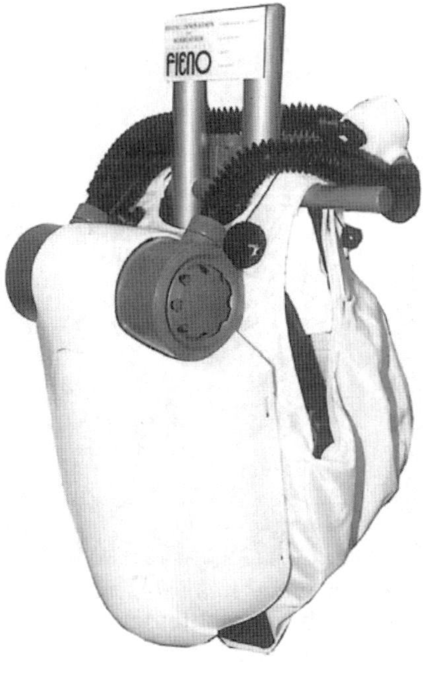

Das Fieno von Grand Bleu, eine kompakte, halbgeschlossene Einheit, war einige Jahre lang auf dem japanischen Markt erhältlich.

Das Prism, ein von Peter Readey entwickeltes selbstmischendes Kreislaufgerät, kann entweder als halbgeschlossenes oder als geschlossenes Gerät betrieben werden.

Peter Readey hat das Prism entwickelt.

entwickelt. Henry Fleuss, der sich sein Ingenieurwissen selbst angeeignet hatte, war von den Problemen, die das Tauchen mit sich brachte, fasziniert, nachdem er einen Helmtaucher in einem Hafen auf Ceylon gesehen hatte.

Er war der festen Überzeugung, daß es einen Weg geben müßte, Taucher von der Abhängigkeit der Oberflächenversorgung zu befreien. Nachdem er Bücher über Physiologie und Chemie gewälzt hatte, stellte er die Überlegung an, daß ein Taucher auf eine Luftversorgung von der Oberfläche verzichten könnte, wenn er einen Sauerstoffvorrat und eine Alkalipatrone zum Entfernen des Kohlendioxids mitführen würde.

Henry Fleuss war ein erstaunlicher Mann, der jedes Teil seines ersten Kreislaufgerätes selbst entwickelte, bis hin zu einer Methode, eigenen Sauerstoff zu erzeugen und zu komprimieren. Er testete sein System im Tauchtank der Königlichen Polytechnischen Schule in London unter Überwachung durch einen Physiologen. Fleuss führte eine Reihe von Tauchgängen mit dem System durch und kam zu der Überzeugung, daß sich "ein Sauerstoffmangel durch Atembeschwerden und ein Sauerstoffüberschuß durch ein Druckgefühl auf den Trommelfellen äußert". Zum Glück sind wir heute besser informiert!

Obwohl Fleuss` Gerät funktionierte, war man zunächst mehr an einem System interessiert, mit dem man Bergleute aus überfluteten Kohleminen retten konnte.

In der ersten Ausführung waren Atembeutel und Kalkkanister auf dem Rücken des Tauchers angebracht, aber es gab kein schützendes Gehäuse um das System aufzunehmen.

Fleuss tat sich schließlich mit der britischen Firma Siebe-Gorman zusammen und trieb für diese die Entwicklung der Kreislaufgerätetechnologie voran. Im Jahr 1904 patentierte Siebe-Gorman ein Material, das sie "Oxylighte" nannten, und das dazu diente, Kohlendioxid aus Kreislaufgeräten zu entfernen. Siebe-Gorman blieb den ganzen Zweiten Weltkrieg über sehr aktiv in der Entwicklung von Kreislaufgeräten, sowohl für Kampfschwimmer als auch für die U-Boot-Rettung. In beiden Fällen lag den Entwicklungen die gleiche Technologie zugrunde.

Im Jahre 1911 begann Dr. Bernhard Dräger in Deutschland mit der Entwicklung von Kreislaufgeräten, und die Firma Dräger baute im gleichen Jahr einen Tauchsimulator, um Kreislaufgeräte unter kontrollierten Bedingungen zu testen. Firmenunterlagen zeigen, daß Techniker der Firma Dräger am 17. Juli 1940 ein Kreislaufgerät testeten, das es einem Taucher ermöglichte, sich 40 Minuten in einer Tiefe von 73 Metern aufzuhalten.

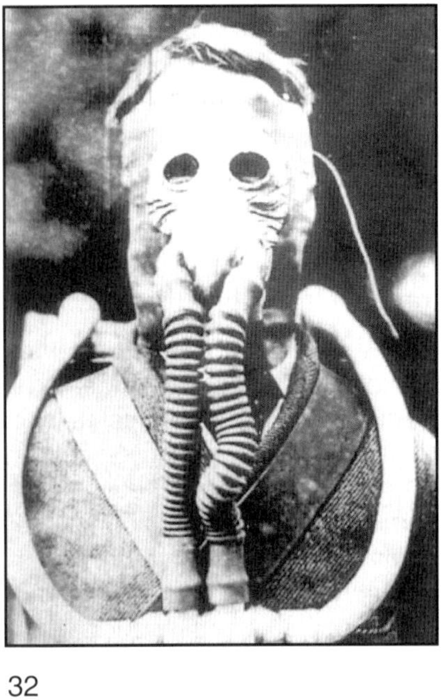

Die Fleuss Maske war das erste Kreislaufgerät, das unter Wasser verwendet wurde.

(Abdruck mit freundlicher Genehmigung von Siebe-Gorman Co.

Bis 1926 hatte Dräger ein geschlossenes Sauerstoffkreislaufgerät entwickelt, das für den Rettungsbereich angeboten wurde. Eine Illustration aus einem frühen Katalog der Firma zeigt einen Taucher in Straßenkleidung, der mit Schwimmbrille und Kreislaufgerät über Unterwasserfelsen klettert, um einen auf dem Seegrund liegenden Ertrinkenden zu retten. Zur ersten sportlichen Nutzung eines Kreislaufgerätes kam es 1940. Hans Hass, ein österreichischer Meeresbiologe, hatte bereits als Freitaucher und mit Hilfe selbstgebauter Tauchhelme Unterwasserfilme gedreht, als er im Frühjahr 1941 mit Hermann Stelzner von Dräger zusammentraf.

Hass und Stelzner bauten ein Dräger Kreislaufgerät um, indem sie Atembeutel und Sauerstoffventil modifizierten. Diese Ausrüstung verwendete Hass 1942 um den Unterwasserfilm "Menschen unter Haien" zu drehen. Von da an verwendeten Hass und seine Frau Lotte fast ausschließlich dieses Kreislaufgerät für ihre Tauchgänge, die sie um die ganze Welt führten. So entstanden sechsundzwanzig Bücher und mehr als einhundert Filme und Fernsehsendungen zum Thema Tauchen. Hass entwickelte auch mit dem Gehäuse für die Rolleimarine Kamera eines der ersten professionellen Gehäuse für den Unterwassergebrauch.

Dr. Bernhard Dräger (mit Hut) begann 1911 mit der Arbeit an Kreislaufgeräten.
(Photo aus dem Archiv der Fa. Dräger)

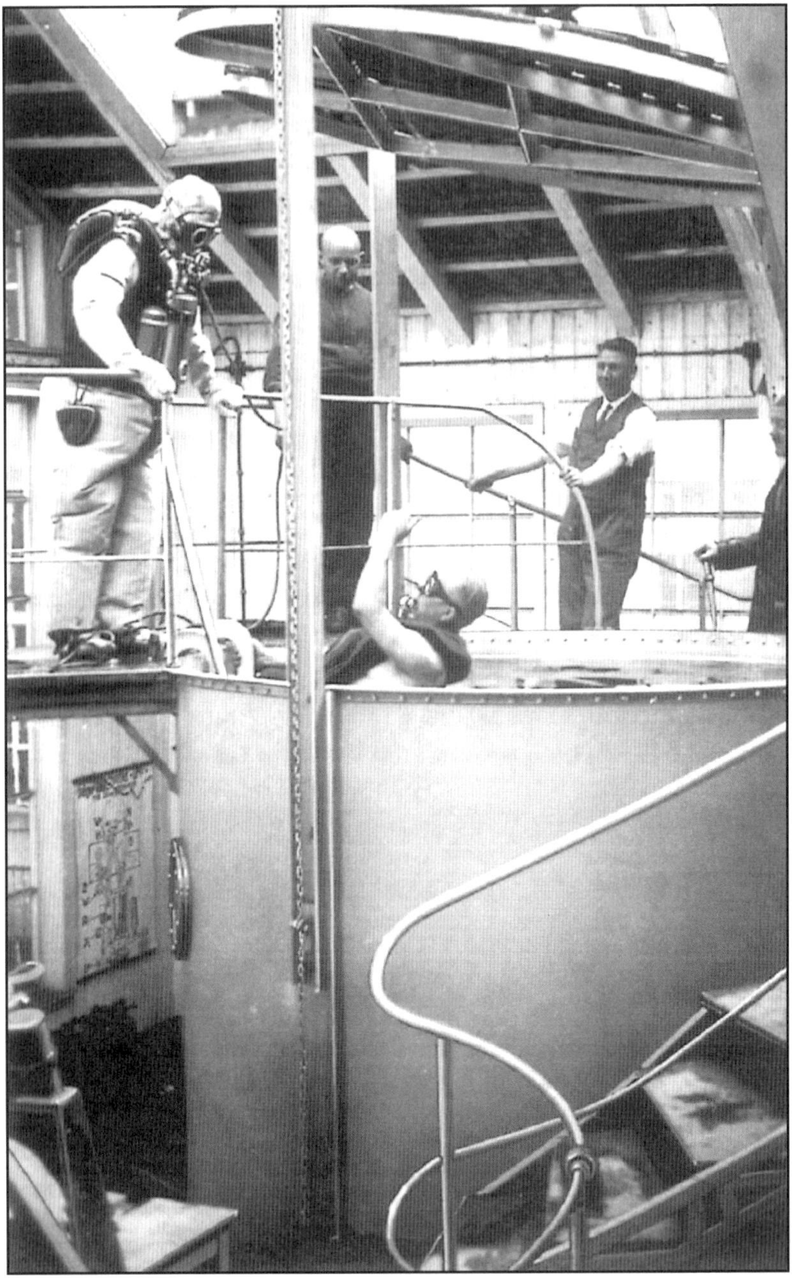

Dräger baute 1911 sein erstes Tauchtestbecken. (Photo aus dem Archiv der Fa. Dräger)

Amerikanische Firmen wie Desco (Diving Equipment Supply Company) und MSA (Mine Safety Apparatus) stellten Kreislaufgeräte her, die fast ausschließlich an das Militär verkauft wurden, aber zum Teil auch in die Hände von Zivilisten gelangten. Colonel John D. Craig, der Autor des berühmten Tauchbuchs “Danger is my business”, verwendete ein Kreislaufgerät der Firma Desco.

In den späten 50er Jahren hatten offene Systeme im Bereich des Sporttauchens die Kreislaufgerätetechnologie fast vollständig verdrängt. Nur Militär- und Forschungstaucher verwendeten immer noch Kreislaufgeräte. Aber das Konzept des kompakten Tieftauchsystems verschwand nie ganz von der Bildfläche. Einige Firmen und Einzelpersonen, die über die ganze Welt verstreut waren, arbeiteten im Stillen weiter daran, die Kreislaufgerätetechnologie zu verbessern.

1968 entwickelten Walter Starke und John Kanwisher die Electrolung, eines der ersten elektronisch gesteuerten geschlossenen Mischgaskreislaufgeräte, das für tiefe Mischgastauchgänge konzipiert war. Mit diesem Gerät waren bis zu sechs Stunden Tauchzeit möglich, wobei weniger als 250 Liter Atemgas (das entspricht etwa dem Inhalt einer mit 200 bar gefüllten 1.25 Liter Flasche) verbraucht wurden. Während der gleichen Periode entwickelte Westinghouse eine sehr kompakte Sauerstoffeinheit für Spionagezwecke, die als Mini-Lung bekannt wurde. 1969 kam die Electrolung für einen Preis

Hans und Lotte Hass erlangten durch ihre Filme und Bücher, die sie ab 1942 veröffentlichten internationale Berühmtheit. Den Großteil ihrer Tauchgänge führten sie mit Dräger Kreislaufgeräten durch.

(Abdruck mit freundlicher Genehmigung von Hans Hass.

von US $ 2.000 auf den Markt. Beckman Instruments erwarb die Rechte an dem Produkt und begann, es aggressiv zu vermarkten. Nach drei Todesfällen mit diesem System (im Jahr 1970) entschied Beckmann jedoch, daß der Profit in keinem Verhältnis zum Risiko

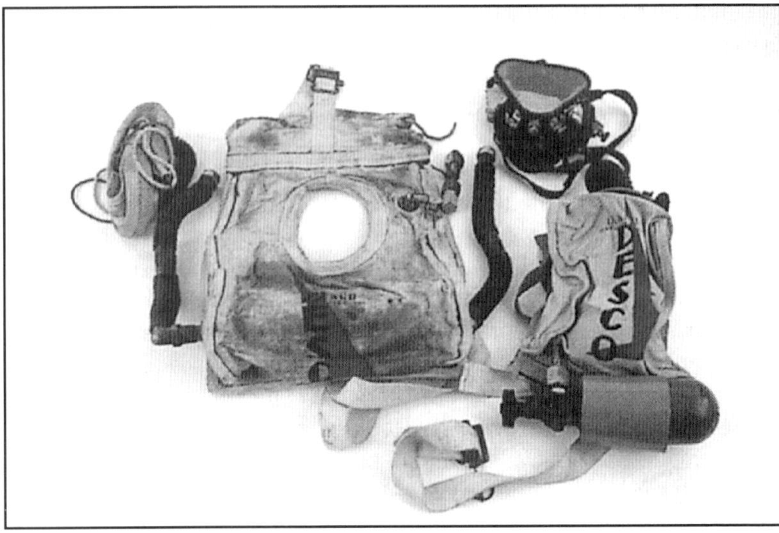

Colonel John D. Craig, Autor von "Danger is my business" verwendete dieses geschlossene Sauerstoffkreislaufgerät, um die Unterwasserphotos für seine Bücher und andere Projekte zu schießen.
(Gerät aus der Sammlung von Nick Icorn)

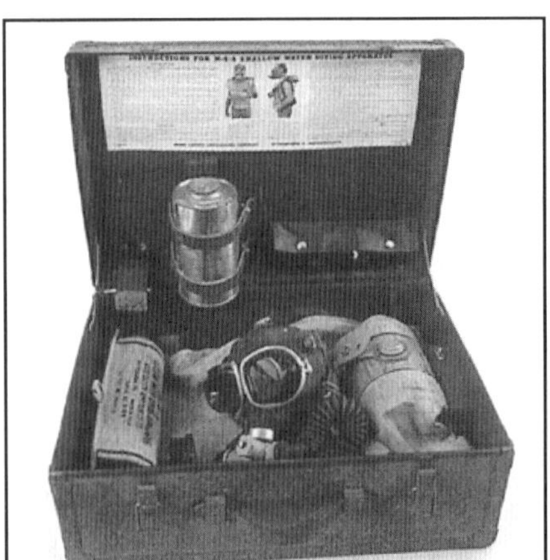

Mine Safety Apparatus (MSA) entwarf Kreislaufgeräte für das Militär.

(Gerät aus der Sammlung von Nick Icorn.)

stünde und stellte den Verkauf des Systems ein. Diese Entscheidung wurde getroffen, obwohl die Sachlage bei mindestens zwei dieser Unfälle sehr stark auf menschliches Versagen hindeutete.

Die U.S. Navy hat Bio-Marine Kreislaufgeräte über Jahre hinweg verwendet, genauso wie Unterwasserphotographen wie Howard Hall, Marty Snyderman und John McKenny. Die Militärversion dieses Systems ist als MK 16 bekannt, während die zivile Version, die von Berufsphotographen verwendet wurde, das Bio-Marine 155 ist. Die Mark MK 15 und MK 16 Geräte der U.S. Navy, die von Carlton Industries hergestellt werden, entstanden aus der ursprünglichen Bio-Marine Technologie. Das Bio-Marine BMR 500 ist die Technical Diving Variante dieses Systems. Die US Navy verwendete auch über viele Jahre hinweg halbgeschlossene Kreislaufgeräte mit Schlauchversorgung, wie das MK 11 Mod 0 System, das ab 1974 eingesetzt wurde. Es bestand aus einem halbgeschlossenen Kreislaufgerät, einem Heißwasseranzug und einer Vollgesichtsmaske, die Bev Morgan von Diving Systems International entwickelt hatte.

Aufgrund seiner Form wurde das Gerät meistens als "Abalone Einheit" bezeichnet. Es konnte einen Taucher in 300 Meter Wassertiefe bei minus zwei Grad Celsius kaltem Wasser bis zu vier Stunden mit Atemgas versorgen. Kreislaufgeräte wurden in nahezu jedem Land gebaut. Ihre Bauweisen unterscheiden sich erheblich. Funktion und Bedienung waren aber im großen und ganzen sehr ähnlich, egal ob die Einheiten in Rußland, Frankreich, England,

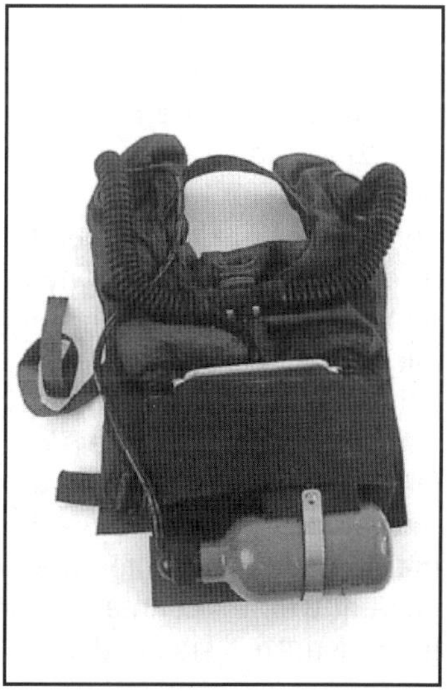

Die Westinghouse Mini-Lung wurde in den späten 60er Jahren für Spionagezwecke entwickelt. Es handelte sich dabei um ein geschlossenes Sauerstoffkreislaufgerät.

(Gerät aus der Sammlung von Nick Icorn)

Die Electrolung war das erste moderne, im Handel erhältliche, elektronisch gesteuerte, geschlossene Mischgasgerät. Bob Stinton von Diving Unlimited International (DUI) ist hier links mit einem Electrolung zu sehen, während Jay Jeffries ein Bio-Marine 155 trägt.

Deutschland oder den USA gebaut wurden. Das Ziel jedes Designer war es, einzigartige Hochleistungsgeräte zu bauen.

Eine Reihe von Kreislaufgeräten wenig bekannter Hersteller bevölkerten für kurze Zeit den Markt, um dann wieder zu verschwinden. Eines der kleinsten und interessantesten Systeme war das japanische EOBA, ein Akronym, das für "enriched oxygen breathing apparatus" stand, also "Atemgerät für angereicherten Sauerstoff (sic!)". Das EOBA wurde auf einer DEMA-Messe in den frühen 90er Jahren vorgestellt. Sein Design war auf eine maximale Tauch-tiefe von fünf Metern und eine Tauchzeit von zehn Minuten begrenzt. Diese extremen Einschränkungen förderten nicht gerade die Vermarktung dieser Einheit. Mitte der 90er Jahre tauchten regelmäßig neue Kreislaufgeräte auf, wobei das erste Gerät, das wirklich gekauft werden konnte, für lange Zeit das Atlantis I von Dräger war. Interessant ist sicher die plötzlich neu erwachte Popularität dieser

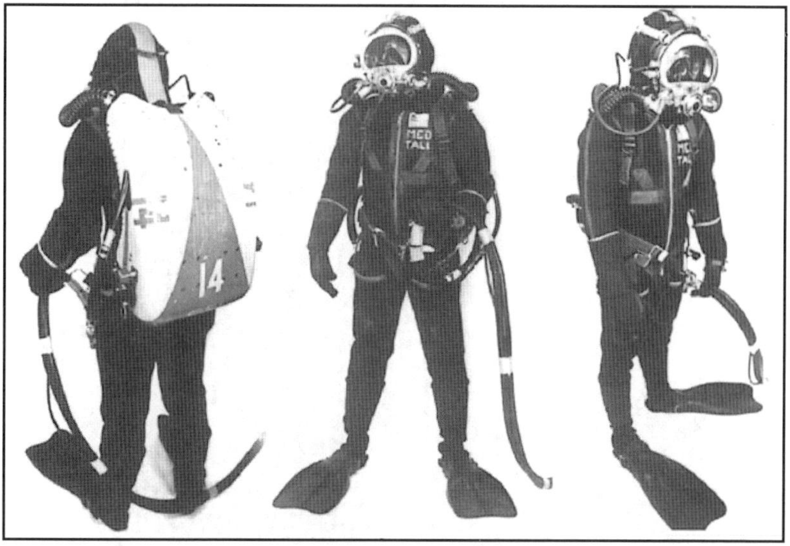

Ansicht des Navy MK 11 Tauchsystems von drei Seiten. Es handelt sich dabei um ein schlauchversorgtes halbgeschlossenes Kreislaufsystem.
(© Bev Morgan. Alle Rechte vorbehalten.)

Technologie, für die es zwei Gründe gibt. Zum einen hat Nitrox eine weltweite Verbreitung erfahren, wodurch der Einsatz von halbgeschlossen Kreislaufgeräten für den Sporttaucher erst ermöglicht wurde. Der zweite Grund lag in der Entwicklung moderner Mikroprozessoren, mit denen eine bessere Elektronik für die Überwachung

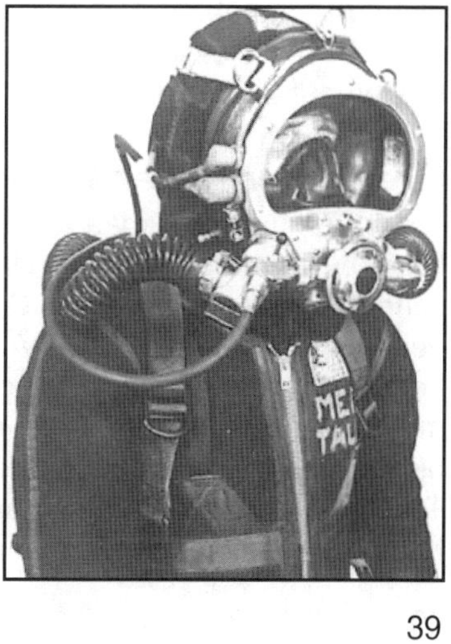

Diese von Bev Morgan entworfene Vollgesichtsmaske konnte entweder im offenen oder im halbgeschlossenen Kreislauf verwendet werden.

(© Bev Morgan.
Alle Rechte vorbehalten.)

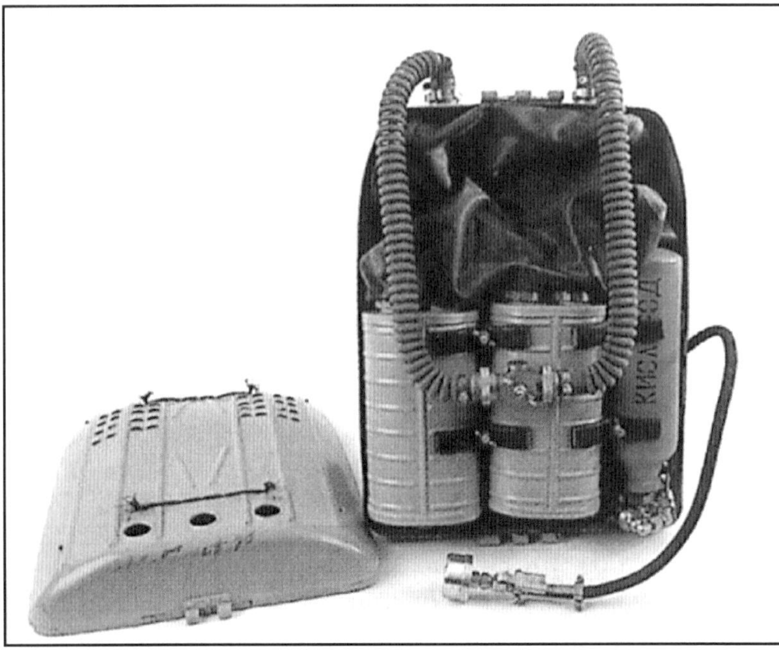

Dieses russische IDA 71 Kreislaufgerät kam am Ende des kalten Krieges in den Westen. Besonderes Kennzeichen sind die beiden Atemkalkbehälter.
(Ausrüstung aus der Sammlung von Nick Icorn)

des Sauerstoffanteils sowie eine "Echtzeit"- Dekompressionsberechnung mit variablen Sauerstoffpartialdrücken möglich wurde. Dies machte geschlossene Kreislaufgeräte verläßlicher und senkte die Kosten auf ein realistischeres Niveau.

Die Zukunft der Kreislaufgeräte

In Zukunft wird man kleinere und kompaktere Geräte erwarten können. Dennoch wird es immer irgendwelche praktischen Beschränkungen hinsichtlich Größe und Gewicht dieser Systeme geben. So müssen z.B. die Atembeutel, die auch als Gegenlungen bezeichnet werden, ein ausreichendes Volumen an Atemgas aufnehmen können, damit der Taucher angenehm atmen kann. Die Größe dieser Atembeutel hat eine direkte Auswirkung auf die Tarierung des Tauchers. Um deren Auftrieb auszugleichen, muß eine ausreichende Menge Blei mitgenommen werden. Auch sollen die Atemschläuche

Das Oxy-NG ist ein französisches Sauerstoffkreislaufgerät, das von Spirotechnique entwickelt wurde, einer Firma, die Teil der Aqua-Lung Gruppe ist.

einen ausreichenden Durchmesser aufweisen, um einen geringen Atemwiderstand zu gewährleisten. Der Atemkalkbehälter muß genügend Atemkalk aufnehmen können, um eine ausreichende Tauchzeit, sowie die nötige Reserve zu ermöglichen. Wenn dann noch ein Bailoutsystem für den Notfall, sowie ein Tariersystem hinzukommen, ist es ziemlich offensichtlich, daß dem Trend zur Miniaturisierung Grenzen gesetzt sind.

Zukünftige Verbesserungen bei Kreislaufgeräten werden mit großer Wahrscheinlichkeit vor allem im Bereich der Elektronik, beim Management des Sauerstofflevels, beim Dekompressionmanagement und bei den Alarmfunktionen zu erwarten sein. Weiterhin werden wir Fortschritte bei der CO_2-Entfernung erwarten können. Das könnten z.B. Atemkalksorten sein, die weniger empfindlich gegenüber Wasser sind, oder gar Systeme, die auf der Basis von Molekularsieben funktionieren. Andere Möglichkeiten könnten in der Verwendung flüssiger chemischer Katalysatoren zur Kohlendioxidentfernung liegen, oder aber in der Nutzung wiederverwendbarer Chemikalien.

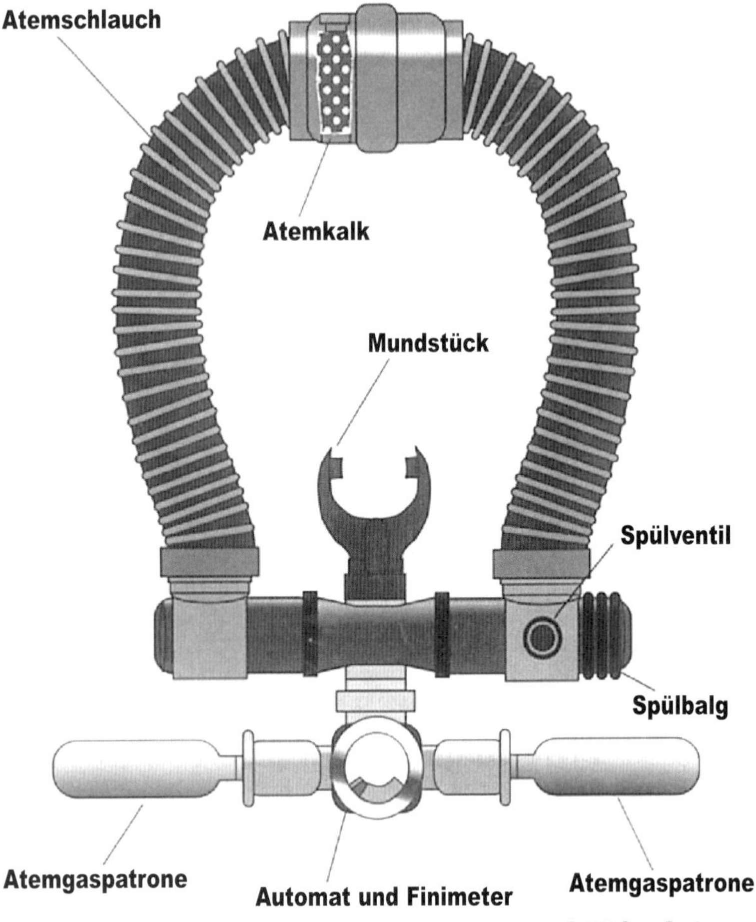

Eines der kompaktesten Kreislaufgeräte das je gebaut wurde, war das EOBA, dem aber kein Erfolg beschieden war.

Alle diese Möglichkeiten könnten die Sicherheit und Effizienz von geschlossenen Systemen verbessern. Zusätzlich werden bessere Überwachungssysteme erhältlich sein sowie Computer, die automatisch den Sauerstofflevel überwachen. Idealerweise werden die Kreislaufgeräte der Zukunft über Sauerstoffsensoren verfügen, die schneller auf Veränderungen ansprechen als heutige Modelle und so ein präziseres Gasmischen erlauben.

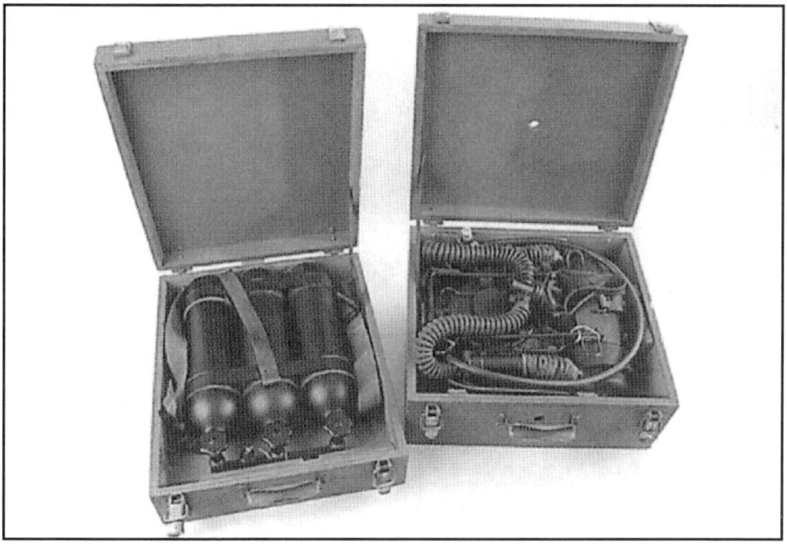

Das Fenzy P-68 war ein anderes französisches Mischgassystem, das für Tiefen bis 180 Meter ausgelegt war. Die Flaschen wurden auf der Brust getragen und die Gegenlunge befand sich auf dem Rücken des Tauchers.
(Ausrüstung aus der Sammlung von Nick Icorn.)

Zukünftig wird die Popularität und die Verbreitung der Kreislaufgerätetechnologie weiter zunehmen, obwohl sie offene Systeme, aufgrund ihrer einfachen und damit billigeren Bauweise wahrscheinlich nie vollständig verdrängen wird.

Kapitel 2

Anwendungsbereiche für Kreislaufgeräte

Wie die meisten Dinge im Leben, so haben auch die einzelnen Teile einer Tauchausrüstung ihre Vor- und Nachteile, wenn man sie vergleichbaren Ausrüstungsgegenständen gegenüberstellt. So ist zum Beispiel ein Naßtauchanzug billiger als ein Trockentauchanzug, aber ein Trockentauchanzug wird Sie wärmer halten. Der Naßtauchanzug ist vielleicht weniger pflegebedürftig, aber ein qualitativ hochwertiger Trockentauchanzug ist meist länger haltbar. Ähnliches gilt für die Vor- und Nachteile von Kreislaufgeräten.

Die Auswahl der richtigen Tauchausrüstung für eine bestimmte Anwendung ist vergleichbar mit der Auswahl des richtigen Werkzeugs beim Renovieren eines Hauses. Benötigt man einen Hammer mit Gummikopf oder einen mehrere Kilo schweren Vorschlaghammer?

Wenn Sie an einem tropischen Riff in zwei Meter Wassertiefe tauchen wollen, ist Schnorchelausrüstung wahrscheinlich völlig ausreichend. Für einen zehn Meter Tauchgang in einem See sind wahrscheinlich herkömmliche Druckluftflaschen mit Automaten, also ein sogenanntes offenes System, die beste Wahl. Und für einen Wracktauchgang in 25 Meter Tiefe im Mittelmeer wäre ein halbgeschlossenes Kreislaufgerät gut geeignet.

Forschungstaucher hingegen, die die Gewässerverschmutzung in einem griechischen Hafen untersuchen, entscheiden sich vielleicht für ein oberflächenversorgtes System mit Sprechverbindung. Höhlentaucher, die ein tiefes, weitverzweigtes System in Mexiko erforschen, werden wohl mit einem geschlossenen Kreislaufgerät die beste Wahl treffen.

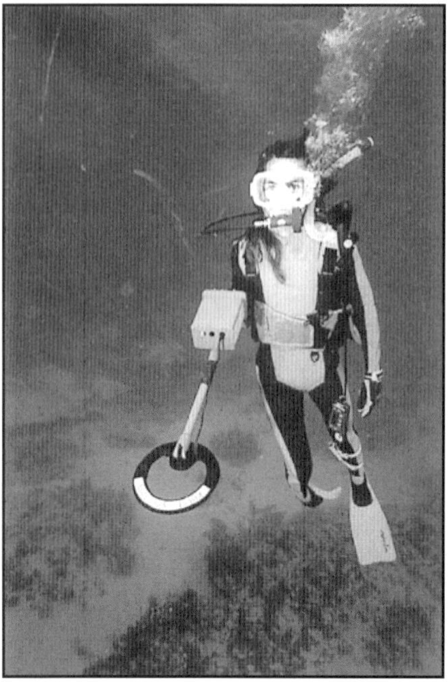

Die Auswahl der richtigen Ausrüstung für einen bestimmten Tauchgang ist wichtig für dessen Erfolg. In vielen Fällen kann ein offenes System ökonomischer und praktischer sein als ein Kreislaufgerät.

Indem Sie die richtige Ausrüstung für Ihre spezifischen Bedürfnisse auswählen, werden Sie Ihre Sicherheit und Effizienz im Wasser erhöhen. Zu viel Ausrüstung ist Verschwendung, während zu wenig sich als gefährlich oder sogar tödlich herausstellen könnte.

Um die richtige Entscheidung zu treffen, welches Ausrüstungsteil für welchen Zweck die geeignete Wahl darstellt, müssen Sie seine Vor- und Nachteile kennen. Außerdem müssen Sie die Charakteristika des Kreislaufgerätes, das Sie zu verwenden beabsichtigen, berücksichtigen, bevor Sie die Entscheidung treffen können, ob es für Ihre Zwecke geeignet ist.

Vorteile von Kreislaufgeräten

Die folgenden Aspekte zählen zu den Hauptvorteilen von Kreislaufgeräten:

- Größere Effizienz in der Nutzung von Atemgasen.
- Das Atemgas ist warm und feucht.
- Halbgeschlossene Kreislaufgeräte sind sehr leise, während geschlossene Kreislaufgeräte nahezu geräuschlos arbeiten.

- Kreislaufgeräte haben einen weiteren entscheidenden Vorteil dadurch, daß sie einen optimalen oder wenigstens nahezu optimalen Sauerstoffpartialdruck für jede beliebige Tiefe bereitstellen können.

Auch wenn sich diese Auflistung zunächst einfach anhört, lohnt sich eine nähere Betrachtung, weil Ihnen hierdurch ein besseres Verständnis für eine optimale Nutzung von Kreislaufgeräten vermittelt wird.

Atemgaseffizienz

Der Hauptvorteil eines Kreislaufgerätes gegenüber einem konventionellen, offenen System liegt in der größeren Effizienz bei der Nutzung der Atemgase.

Während halbgeschlossene Geräte bis zu dreimal so effizient in der Konservierung des Atemgases sein können wie offene Systeme, können geschlossene Kreislaufgeräte bis zu zehnmal effektiver sein. Diese Effizienz können Sie auf verschiedene Arten nützen, je nachdem, ob Sie einen einzigen langen Tauchgang oder aber mehrere kürzere Tauchgänge mit einer einzigen Gasflasche durchführen wollen. In jedem Fall ermöglicht Ihnen ein Kreislaufgerät längere Grundzeiten als ein offenes System. Es ist wesentlich angenehmer, ein oder zwei kleine Gasflaschen eines Kreislaufgerätes zu einem Tauchshop zu tragen und dort nach dem Füllen wieder abzuholen, als die ganze Prozedur mit einer Reihe von 10 Liter Flaschen zu machen. Das geringe Gewicht der kleinen Gasflasche(n) eines Kreislaufgerätes unterscheidet sich erheblich von denen einer Standard-Tauchflasche.

Warmes und feuchtes Atemgas

Ein weiterer, nicht zu unterschätzender Vorteil bei der Verwendung eines Kreislaufgerätes liegt darin, daß das Atemgas hier warm und feucht ist - ein angenehmer Gegensatz zu dem kalten, entwässerten Atemgas, das wir von offenen Systemen kennen. Hier wird nämlich das Gas in der Flasche, gleichgültig ob Luft, Nitrox oder Trimix, durch einen speziellen Filter getrocknet, bevor es in die Flasche gefüllt wird. Beim Einatmen wird dieses Gas mit Feuchtigkeit aus Ihren Lungen angereichert. Sobald Sie ausatmen, geht diese Feuchtigkeit verloren, was zur Austrocknung Ihres Körpers führen kann. Das wiederum kann Sie auch anfälliger für das Auftreten einer Dekoerkrankung machen. Wenn Sie aus einem offenen System

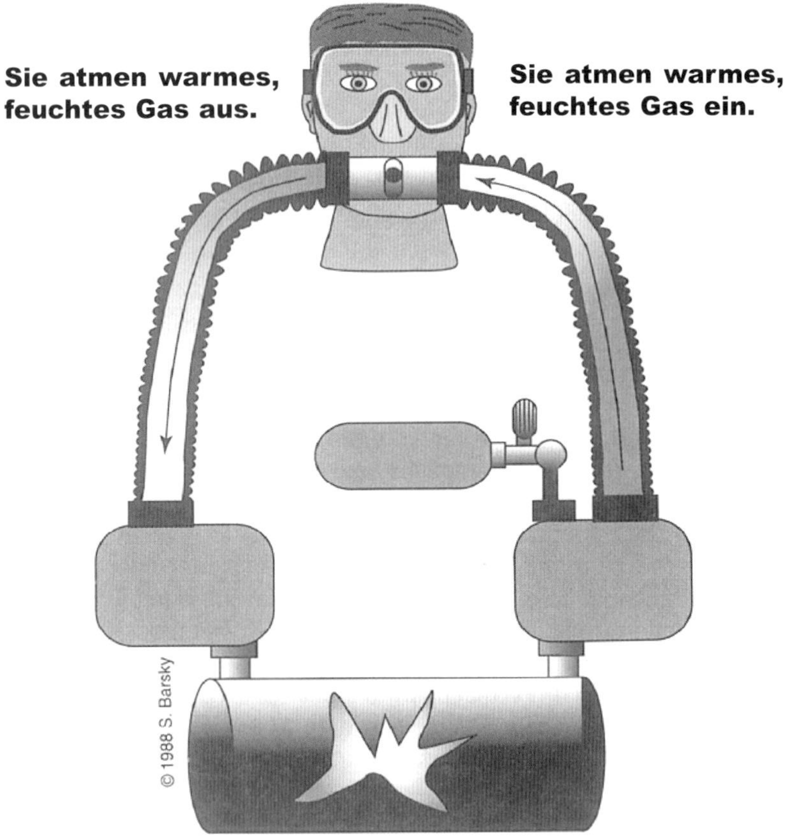

Im Atemkalk werden Wärme und Feuchtigkeit erzeugt.

Kreislaufgeräte versorgen Sie mit warmem, feuchtem Atemgas.

atmen, dehnt sich das Gas aus, während es vom Flaschendruck auf Umgebungsdruck gebracht wird. Bei diesem Vorgang kühlt das Gas ab. Wenn das kalte Gas eingeatmet wird, wärmt es sich auf Körpertemperatur auf. Wenn Sie ausatmen, geht diese Wärme verloren, was wiederum zu Müdigkeit oder vielleicht sogar zu einer Unterkühlung führen kann. Auf diese Weise wird ebenfalls die Anfälligkeit für eine Dekokrankheit erhöht.

Ganz anders sieht das bei Verwendung eines Kreislaufgerätes aus. Mit jedem Atemzug den Sie nehmen, atmen Sie ein Gas ein, das

Die Flaschen Ihres Kreislaufgerätes zum Füllen zu bringen ist erheblich einfacher, als die schweren Tauchflaschen eines offenen Systems zu transportieren.

sowohl durch Ihren Körper wie auch durch die chemische Reaktion im Atemkalk angewärmt wurde. Zusätzlich setzt diese Reaktion auch noch Feuchtigkeit frei, was wiederrum eine Dehydration Ihres Körpers verhindert.

Geräuschlose oder geräuscharme Bedienung

Halbgeschlossene Kreislaufgeräte ermöglichen ein geräuscharmes Tauchen, während geschlossene Kreislaufgeräte nahezu geräuschlos funktionieren. Für den Unterwasserphotographen kann dies ein erheblicher Vorteil sein, wenn er mit bestimmten Arten von Tieren arbeitet, wie etwa den Schulen von Hammerhaien, die sich in Mexikos Sea of Cortez finden. Weil halbgeschlossene Kreislaufgeräte regelmäßig kleine Mengen von Gasblasen an die Umgebung abgeben, kann mit diesen Systemen nicht die völlige Geräuschlosigkeit erzielt werden, die charakteristisch für geschlossene Kreislaufgeräte ist. Die ersten Einheiten des Dräger Atlantis waren mit einem Blasendiffuser ausgestattet, der das austretende Gas in feinste Bläschen auflöste. Regierungskreise äußerten die Befürchtung, daß diese Systeme zu geheimen militärischen Operationen verwendet werden könnten. Daraufhin wurde die Herstellung des Diffusers eingestellt.

Geschlossene Kreislaufsysteme geben, außer während des Aufstiegs, überhaupt keine Blasen ab. Aus diesem Grunde wird diese Technologie von professionellen Unterwasserfilmern bevorzugt. Nicht wenige Filmemacher berichten, daß Ihnen die Verwendung von Kreislaufgeräten bei den Kontakten mit Meeresbewohnern einen erheblichen Wettbewerbsvorteil verschaffen würde. Viele Kreislaufgerätetaucher haben festgestellt, daß ein Mensch für die meisten Unterwasserlebewesen immer noch ein großes, beunruhigendes Lebewesen ist, das viele der kleineren Riffbewohner erschreckt.

Auch wenn Kreislaufgeräte nur wenig oder gar keine Blasen abgeben, so können sie aber doch andere Geräusche erzeugen, etwa durch die elektromagnetischen Ventile sowie die Bypassventile. Sie sollten sich also nicht darauf verlassen, daß Ihr Kreislaufgerät Sie unter Wasser "unsichtbar" macht.

Der optimale oder nahezu optimale Sauerstoffpartialdruck

Wenn Sie ein offenes System mit Druckluft tauchen, bleibt der prozentuale Anteil des Sauerstoffs konstant bei 20.9%. Der Partialdruck jedoch verändert sich mit der Tiefe. Je tiefer Sie tauchen, desto größer ist der Partialdruck jedes einzelnen Gases in der Atemluft. In sehr großen Tiefen ist der Partialdruck des Sauerstoffs zu hoch. In flacheren Bereichen ist der Partialdruck des Sauerstoffs in der Luft zu niedrig um im optimalen Bereich für die Deko zu sein.

Wenn Sie Nitrox in einem offenen System tauchen, haben Sie wieder einen unveränderbaren Sauerstoffanteil, dessen Partialdruck sich mit der Tiefe verändert. Zudem ist Nitrox in einem offenen System sehr restriktiv hinsichtlich der maximal zulässigen Tiefe. Die möglichen Grundzeiten sind bei Nitroxtauchgängen aber wesentlich länger als bei Tauchgängen mit Luft.

Ähnliches gilt, wenn Sie Nitrox mit einem halbgeschlossen Kreislaufgerät tauchen: je nach verwendeter Mischung sind Sie in der Maximaltiefe eingeschränkt. Im Gegensatz zu einem offenen System haben Sie hier aber die Möglichkeit die verlängerten Grundzeiten, die durch das Nitrox ermöglicht werden, durch die Effizienz des Kreislaufgerätes vollständig zu nutzen.

Ein Kreislaufgerät kann es Ihnen wegen der Abwesenheit von Blasen ermöglichen, näher an Tiere heranzukommen, die sonst eher scheu sind.

(© Avi Klapfer. Alle Rechte vorbehalten.)

Denken Sie aber daran, daß Sie bei Verwendung von Nitrox zur Verlängerung Ihrer Grundzeiten aber jeden möglichen Sicherheitsfaktor aufgeben, den Sie sonst bei der Dekompression hätten.

Elektronisch gesteuerte, geschlossene Kreislaufgeräte bieten den größten Vorteil durch die Möglichkeit des Beibehaltens eines optimalen Sauerstoffpartialdrucks. Das ist auch der Grund dafür, daß geschlossene Kreislaufgeräte bezüglich der Tauchtiefen wie auch der Dekozeiten allen anderen Gerätedesigns überlegen sind.

Vorausgesetzt, daß alle Teile der Einheit richtig funktionieren, wird Ihnen ein selbstmischendes, elektronisch gesteuertes, geschlossenes Mischgaskreislaufgerät immer den von Ihnen eingestellten Sauerstoffpartialdruck liefern. Während der Deko können Sie den Sauerstoffanteil sogar beliebig verändern, bis hin zu 100% bei den flachen Dekostops. Hierdurch können Sie das Risiko einer Dekokrankheit vermindern.

Nachteile von Kreislaufgeräten

Kreislaufgeräte haben aber auch einige definitive Nachteile gegenüber traditionellen offenen Systemen, die sie für manche

Anwendungen wenig attraktiv erscheinen lassen. Die Nachteile von Kreislaufgeräten sind u.a. folgende:

- Kreislaufgeräte sind teurer in der Anschaffung als offene Systeme.
- Kreislaufgeräte können ebenso schwer oder sogar schwerer sein als offene Systeme.
- Die Betriebskosten von Kreislaufgeräten sind höher als die von offenen Systemen, die mit Druckluft getaucht werden.
- Bei Kreislaufgeräten benötigen Sie mehr Zeit für die Vorbereitung auf einen Tauchgang als bei offenen Systemen.
- Die Wartung nach dem Tauchgang beansprucht ebenfalls mehr Zeit als die eines offenen Systems.
- Kreislaufgeräte sind komplexer in der Anwendung als offene Systeme.
- Medizinischer Sauerstoff, reine Inertgase und Atemkalk sind nicht überall auf der Welt problemlos erhältlich.

Geschlossene Kreislaufgeräte bieten bei Tief- und Dekotauchgängen enorme Vorteile.
(© Mark D. Conlin. Alle Rechte vorbehalten.)

Kreislaufgeräte sind teuer

Es ist allgemein bekannt, daß Kreislaufgeräte teurer in der Anschaffung sind als offene Systeme. Aber sie bieten natürlich auch ein breiteres Anwendungsspektrum. Sie sollten unbedingt überlegen, ob Sie tatsächlich die Kapazitäten des Kreislaufgerätes, das Sie anschaffen möchten, voll ausschöpfen können.

Ein einfaches Beispiel: wenn Sie in kaltem Wasser tauchen, ist es sehr unwahrscheinlich, daß Sie die verlängerten Grundzeiten, die ein Kreislaufgerät Ihnen ermöglicht, tatsächlich ausnutzen können, wenn Sie ohne Trockentauchanzug und Tauchcomputer tauchen. Selbst wenn Sie in warmen Gewässern tauchen, werden Sie während dieser langen Tauchgänge einen Kälteschutz benötigen.

Es ist wichtig, in Betracht zu ziehen, daß neben den reinen Kosten für das Gerät auch noch Nebenkosten auftreten, wie z.B. für Bailoutsysteme, spezielle Schmiermittel, Sauerstoffanalysegeräte, Zusatzblei, Desinfektionsmittel und andere Mittel für die Wartung.

Wie rechtfertigen Sie als Sporttaucher die Kosten eines halbgeschlossenen Kreislaufgerätes? Diejenigen, die den besten Nutzen aus der Anwendung eines solchen Gerätes ziehen können, sind wahrscheinlich Taucher, die regelmäßig mit einem kleinen Boot in abgelegenen Gebieten tauchen, in denen es keine Kompressoren gibt. Selbst ein einfaches halbgeschlossenes Kreislaufgerät ermöglicht es Ihnen, in moderaten Tiefen mit zwei kleinen Atemgasflaschen (von etwa 3 Liter Volumen) ein ganzes Wochenende zu tauchen. Mit einem offenen System würden Sie für diese Tauchgänge mindestens sechs 10 Liter Flaschen pro Person benötigen.

Für Technical Diver, die häufig in Höhlen oder Wracks tauchen, oder die Tief- und Dekotauchgänge durchführen, ist ein elektronisch gesteuertes, geschlossenes Kreislaufgerät die ideale Wahl. Es macht viel mehr Sinn, mit einem Kreislaufgerät zu tauchen, als auf einem langen, anstrengenden Tauchgang eine ganze Batterie von Atemgasflaschen mitzuführen.

Auf langen Tauchgängen in Tiefen über 60 Metern ist es unmöglich, so viele Tauchflaschen mitzuführen, die nötig wären, um die Grundzeit und das Dekoatemgas zur Verfügung zu haben, wie es ein Taucher mit einem Kreislaufgerät wie einem Bio-Marine, einem Prism Topaz oder einem Cis-Lunar hat. Auch die Gaskosten für Helium sind bei Verwendung eines Kreislaufgerätes wesentlich geringer. Außerdem ist es viel sicherer, wenn Sie beim Gaswechsel die Mundstücke nicht wechseln müssen, wie das bei Verwendung eines offenen Systems der Fall wäre.

Wenn Sie im Besitz eines kleinen Bootes sind, können Sie mit einem Kreislaufgerät viel Platz und Gewicht einsparen.

Kreislaufgeräte sind keine Leichtgewichte

Ein tauchfertiges Kreislaufgerät ist in den meisten Fällen so schwer oder gar schwerer als ein komplettes Tauchgerät mit 10 Liter Flasche, Tarierjacket und Automaten. Das Dräger Atlantis I wiegt tauchfertig mit gefülltem Atemkalkbehälter, Bailoutflasche und Automat mehr als 20 Kilogramm. Leichtere Systeme sind technisch sicherlich möglich, wie man das an dem japanischen Fieno sieht, das aber nicht mehr hergestellt wird. Auch das BMR 500 wiegt um die 20 kg und zwar ohne Berücksichtigung der zusätzlich nötigen Bleigewichte.

Aber auch, wenn das Gewicht eines tauchfertigen Kreislaufgerätes mindestens so hoch ist, wie das der meisten offenen Konfigurationen, so liegt sein Vorteil in der Einsparung von Gewicht und Masse zusätzlicher Tauchflaschen.

Betriebskosten

Wenn Sie ein Kreislaufgerät verwenden, sind Ihre Betriebskosten für Nitrox, Heliox oder Trimix bei weitem geringer als bei Verwendung eines offenen Systems. Aber wenn Sie die Kosten von Batterien und Atemkalk in die Betriebskosten einbeziehen, können

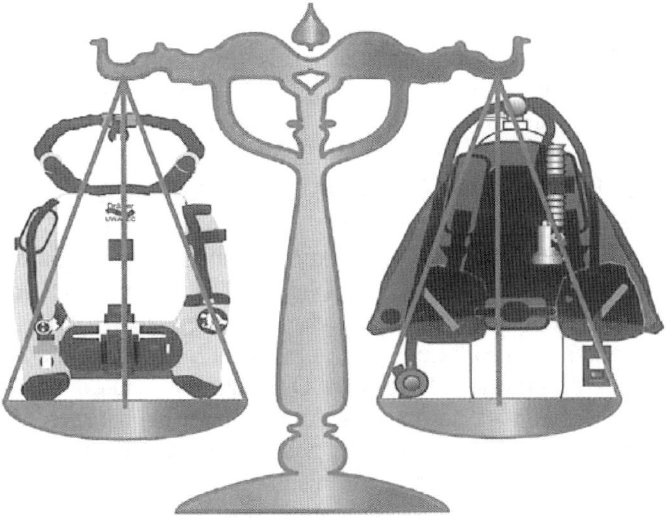

Tauchfertig und mit Bailoutsystemen ausgestattet sind Kreislaufgeräte nicht leichter als ein vollständiges offenes System.

diese, je nach Atemgas, immer noch höher sein als bei Verwendung eines offenen Systems. Diese Rechnung berücksichtigt nicht, wie angenehm die Verwendung eines Kreislaufgerätes verglichen mit Gewicht und Masse einer ganzen Batterie von Gasflaschen ist.

Für eine halbgeschlossene Einheit, wie das Dräger Atlantis, haben wir unter Verwendung von Nitrox 40/60 Kosten von etwa 10 DM für einen 40 minütigen Tauchgang berechnet (Stand 1997/ USA). In den meisten Fällen ist es, umgerechnet auf den Einzeltauchgang, immer noch teurer mit einem Kreislaufgerät zu tauchen, als mit einem offenen Druckluftsystem, aber nur weniger teuer, als Nitrox in einem offenen System zu verwenden.

Bei einem Bio-Marine liegen die Betriebskosten bei ungefähr 15 DM pro Stunde. Diese Zahl enthält sowohl den Atemkalk, wie auch die Batterien, die etwa 35 DM pro Satz kosten und für etwa 14 Stunden Tauchzeit ausreichen. Der Schlüssel zur Nutzungsrechnung bei Kreislaufgeräten liegt in der effizienten Nutzung von Gasen.

Ein weiterer Teil der Betriebskosten sind die entstehenden Wartungskosten. Diese liegen definitiv höher als bei offenen Systemen.

Der Austausch von Atemschläuchen und Gegenlungen sowie anderer Ersatzteile ist teuer. Auch Bailoutautomaten und Bailoutflaschen müssen jährlich gewartet werden. Ihr Sauerstoffanalysegerät wird Batterien und Sensoren benötigen. Als Faustregel können Sie annehmen, daß Ihr jährlicher Wartungsaufwand etwa fünf- bis achtmal so hoch sein wird wie für ein offenes System!

Intensivere Tauchgangsvorbereitung

Für einen erfahrenen Taucher dauert es ungefähr 15 Minuten, um ein rein mechanisches halbgeschlossenes Kreislaufgerät tauchfertig zu machen. Darin enthalten ist die Zeit, die benötigt wird, um den Atemkalkbehälter zu füllen, die Flaschen anzuschließen, das Bailoutsystem anzubringen, die Atembeutel und die Atemschläuche zu installieren und das System auf Dichtigkeit zu prüfen. Auch wenn das nicht viel Zeit ist, so dauert es doch länger als die zwei Minuten, in denen man ein offenes System zusammenbauen kann.

Ein selbstmischendes elektronisches Kreislaufgerät wird in etwa 30-45 Minuten zusammengebaut. In Einzelfällen kann das aber auch länger dauern. Bei einem geschlossenen elektronischen System haben Sie zwei Gasflaschen anstelle von einer, und Sie müssen auch Batterie und Elektronik berücksichtigen. Das dauert länger als eine einfach aufgebaute halbgeschlossene, mechanische Einheit zu montieren. Wenn Sie ein Kreislaufgerät sachgerecht zusammenbauen wollen, gibt es keine Abkürzungen. Sorglosigkeit beim Zusammenbau, wie auch bei den Sicherheitschecks, kann Sie schnell zu einem Teil der Unfallstatistik werden lassen.

Mehr Wartungsarbeiten nach dem Tauchen

Nach dem Tauchen muß die Ausrüstung versorgt werden. Das ist bei allen Systemen so. Aber bei einem Kreislaufgerät kostet das mehr Zeit als bei einem offenen System und die Versorgung muß außerdem sofort nach dem Tauchgang durchgeführt werden. Auch ist mehr Sorgfalt erforderlich als die meisten Leute ihrem offenen System angedeihen lassen. Bei einem Kreislaufgerät gibt es eine Vielzahl von Einzelteilen, um die man sich kümmern muß. Sie müssen sorgfältig gereinigt und zum Teil danach getrocknet werden. Nicht immer kommt man dabei ohne zusätzliches Werkzeug aus. Viele Kreislaufgerätetaucher sind der Ansicht, daß es wichtig ist, die Einheiten zu desinfizieren um Pilze und Bakterien am Wachstum zu hindern. Dies ist um so wichtiger, wenn Sie in einem heißen, feuchten Klima tauchen. Hier reicht die Zeit zwischen den Tauchgängen

Ein Kreislaufgerät zusammenzubauen ist zeitintensiver als ein offenes System tauchfertig zu machen.

häufig nicht aus, um alle Teile des Systems vollständig zu trocknen. Weiterhin ist das wichtig, wenn sich mehrere Taucher ein Kreislaufgerät teilen. In allen anderen Situationen ist ein einfaches Lufttrocknen der Ausrüstung üblicherweise ausreichend, um Problemen vorzubeugen.

Neben der Desinfektion Ihres Kreislaufgerätes kann es Sinn machen, die Trockenzeit zu beschleunigen, indem Sie sich einen Trockenschrank bauen, in dem kühle, trockene Luft zwischen den Teilen Ihres Gerätes zirkulieren kann. Unabhängig von der Methode, die Sie verwenden, ist es wichtig, sicherzustellen, daß das Kreislaufgerät während längerer Lagerzeiten vollständig trocken ist.

Eine komplexere Aufgabe

Kreislaufgeräte benötigen nicht nur mehr Zeit für Aufbau und Wartung als offene Geräte, auch das Tauchen mit ihnen ist komplizierter. Ein Kreislaufgerät hat mehr Einzelteile, die versagen können und es gibt mehr physiologische Risiken als beim Tauchen mit einem offenen Druckluftsystem.

Darum ist ein fundiertes Wissen über die medizinisch/physiologischen Aspekte des Tauchens unabdingbar für das Kreislaufgeräte-

Ein Kreislaufgerät zu warten ist umständlicher als die Wartung eines offenen Systems.

tauchen. Außerdem müssen Sie sehr viel Disziplin im Hinblick auf Ihre Tauchgangsplanung, einschließlich Bailout- und Dekoplanung walten lassen.

Mit einem geschlossenen Kreislaufgerät können Sie fast unglaubliche Dekoverpflichtungen aufbauen, wenn Sie nicht sehr genau aufpassen. Wenn eine solche extreme Dekoverpflichtung mit einem Ausfall des Kreislaufgerätes und einem inadäquaten Bailoutsystem zusammenfällt, haben Sie das perfekte Rezept für eine Katastrophe.

Die mechanisch bedingten Risiken, auf die Sie achten müssen, wenn Sie mit einem Kreislaufgerät tauchen, sind u. a. folgende:

- Ausfall des Atemkalks
- Wassereinbruch im Atemkalkbehälter
- Verstopfte Gasdüsen
- Ausfall der Gegenlunge(n)
- Probleme mit den Atemschläuchen
- Ausfall des/der Automaten
- Auswahl der Elektronik (falls Ihr System über solche Komponenten verfügt)

Jede dieser Fehlfunktionen ist für sich ausreichend, um einen ernsthaften oder sogar tödlichen Unfall hervorzurufen. Das Auftreten mehrerer Fehler während eines einzigen Tauchgangs würde Sie einem extrem hohen Risiko aussetzen.

Ein Teil der physiologischen Risiken, die beim Tauchen mit Kreislaufgeräten auftreten können, kann ausgeschlossen werden, wenn Sie mit einem offenen System tauchen. Hierunter fallen Hypoxie, Kohlendioxidvergiftung sowie Kontakt mit ätzenden Chemikalien. Desweiteren kann z.B. bei Verwendung von Nitrox eine Sauerstoffvergiftung in einer weitaus geringeren Tiefe zum Risiko werden als dies bei Tauchgängen mit Druckluft der Fall ist.

Wenn Sie mit einem Kreislaufgerät tauchen, müssen Sie mehr Signale aus dem System verarbeiten als beim Tauchen mit normaler, offener Tauchausrüstung. Wenn Ihr System z.B. einen Sauerstoffmonitor enthält, so müssen Sie während des gesamten Tauchgangs den Sauerstoffanteil in Ihrem Atemgas beobachten. In ähnlicher Weise müssen Sie auf Geräusche des Bypassventils und auf Geräusche, welche auf einen Wassereinbruch in Ihrem Atemkalkbehälter hinweisen, achten. Außerdem müssen Sie noch die Funktion der Gegenlunge(n) überwachen.

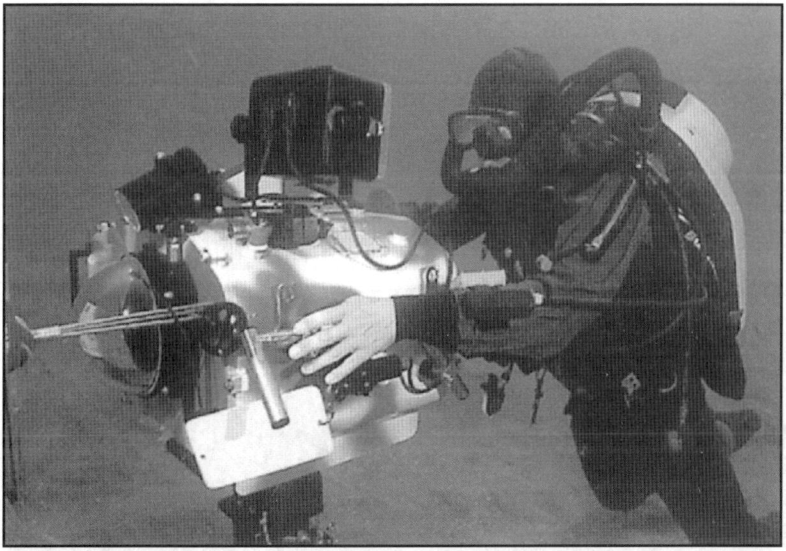

Versuchen Sie nicht, während eines Tauchgangs mit einem Kreislaufgerät komplexe Aufgaben, wie etwa Unterwasserphotographie zu bewältigen, bevor Sie Ihr Kreislaufgerät nicht perfekt beherrschen.

Alle diese verschiedenen Funktionen, die Sie während des Tauchens überwachen und kontrollieren müssen, können zu einer plötzlichen Überforderung führen. Je mehr dieser Aufgaben Sie bewältigen müssen, um so komplexer wird der Tauchgang und um so größer ist das Potential für Unfälle. Das ist einer der Gründe warum Ihre ersten Tauchgänge mit einem Kreislaufgerät ausschließlich Ihrem Training dienen sollten. Anderen Aktivitäten, die Ihre Aufmerksamkeit beeinträchtigen könnten, wie z.B. der Unterwasserphotographie, sollten Sie sich erst dann widmen, wenn Sie Ihr Kreislaufgerät wirklich beherrschen.

Verfügbarkeit von Atemgas und Atemkalk

Eine Tauchflasche mit Druckluft zu füllen ist eine einfache Aufgabe, die weder spezielle Kenntnisse, noch eine besondere Ausrüstung erfordert. Eine Tauchflasche mit Nitrox zu füllen ist eine andere Sache und erfordert neben besonderer Ausrüstung auch spezielles Wissen und Training. Aus diesen Gründen ist Nitrox nicht in allen Tauchshops und Tauchbasen erhältlich. Daran wird sich wahrscheinlich auch nicht viel ändern.

Unter Umständen müssen Sie einen Anbieter von Industriegasen aufsuchen, um reines Helium für Ihr Kreislaufgerät zu erhalten.

Noch weniger Tauchshops sind in der Lage, reines Helium, reinen Sauerstoff oder andere exotische Gase zu verkaufen. In vielen Gegenden können Sie gezwungen sein, an einer Stelle Ihre Baiboutflasche zu füllen und an einer anderen Stelle das Helium oder Heliox für Ihr geschlossenes Kreislaufgerät zu kaufen. Nicht nur Tauchshops kommen hier in Frage, sondern auch Anbieter von Industriegasen.

In abgelegenen Gebieten kann es sein, daß zwar die Atemgase, aber kein Atemkalk erhältlich sind und Sie diesen mitbringen müssen. Atemkalk ist voluminös und schwer. Er kann darum ganz leicht dazu beitragen, daß Sie Ihr Gewichtslimit überschreiten, wenn Sie mit dem Flugzeug anreisen.

Anwendungsbereiche für Kreislaufgeräte

Im Bereich des Sporttauchens ist der größte Vorteil eines Kreislaufgerätes, daß es nicht nötig ist, mehrere Tauchflaschen an Bord eines kleinen Bootes unterzubringen. Mit einem halbgeschlossenen System und einer Nitroxmischung mit 60% Sauerstoff können Sie genug Atemgas für sechs flachere Tauchgänge von jeweils 40

Christine Pattison, eine Biologin des California Department of Fish and Game, bereitet sich auf einen Tauchgang mit einem Dräger LAR V im Rahmen des Seeotterrettungsprogramms vor.

(© Mike Harris. Alle Rechte vorbehalten.)

Professionelle Unterwasserphotographen wie Howard Hall verwenden Kreislaufgeräte, um sich ausgedehnte Grundzeiten zu sichern. Mit dieser Imax-Kamera hat Hall eine Reihe seiner großartigen Filme gedreht.
(© Mark Conlin/Imax. Alle Rechte vorbehalten.)

Minuten Dauer in 2 Gasflaschen von je etwa 3 Liter mit sich führen. Für die meisten Taucher ist dies ein ausgefülltes Tauchwochenende.

Abgesehen von den bereits erwähnten offensichtlichen Anwendungen für Kreislaufgeräte, wie z.B. Photographie und Technical Diving, gibt es eine Reihe anderer Anwendungsmöglichkeiten, bei denen Kreislaufgeräte sehr hilfreich sein können. Zwei dieser möglichen Anwendungen sind das Forschungs- sowie das Rettungstauchen.

Forschungstaucher finden Kreislaufgeräte aus denselben Gründen vorteilhaft wie Unterwasserphotographen und Technical Diver. Besonders ansprechend für Forschungstaucher ist die Möglichkeit, auf sicherere Weise tiefer tauchen zu können und sich scheuen Tieren unauffällig nähern zu können. Der Meeresbiologe Richard Pyle hat auf seinen Tauchgängen mit dem Cis-Lunar Kreislaufgerät im Südpazifik eine Vielzahl neuer Fischarten entdecken können.

Behörden wie das California Department of Fish and Game oder der U.S. Fish and Wildlife Service haben Dräger LAR V Kreislaufgeräte benutzt, um Seeotter zu fangen und zu markieren. Die Kreislaufgeräte waren für diese Aufgabe das ideale System, da sie es den

Biologen erlaubten, sich diesen intelligenten Tieren unbemerkt von unten zu nähern und sie mit einer speziellen Vorrichtung zu fangen. Diese Technik funktionierte mit offenen Systemen nicht, da deren Blasen die Tiere auf die Taucher aufmerksam machten.

Taucher von Polizei und Rettungsorganisationen werden ohne Zweifel neue Anwendungen für Kreislaufgeräte finden, wie etwa das Tauchen in verschmutzten Gewässern oder die Verwendung der Geräte in taktischen Situationen, wie etwa bei Geiselbefreiungen. Bei den hohen Kosten der meisten Kreislaufgeräte wird der Großteil dieser Behörden aber die Notwendigkeit für die Anschaffung dieser Geräte begründen müssen, bevor ihre vorgesetzten Dienststellen willens sind, für diese Art von Ausrüstung Geld auszugeben.

Kapitel 3

Gemeinsame Elemente des Kreislaufgerätedesigns

Alle Kreislaufgeräte verfügen über bestimmte gemeinsame Elemente, unabhängig davon, ob es sich um halbgeschlossene mechanische Systeme oder geschlossene computergesteuerte Einheiten handelt. Kreislaufgeräte haben einen Atemgasvorrat, einen Atemkalkbehälter, einen Atembeutel, druckreduzierende Regler, Finimeter und Atemschläuche. Für preisgünstigere Kreislaufgeräte werden normalerweise möglichst viele vorgefertigte Komponenten verwendet, während die Teile für die teureren Systeme speziell hergestellt werden.

Der Aufbau verschiedener Kreislaufgeräte ist zum Teil recht unterschiedlich, weil deren Entwickler unterschiedliche Lösungen für bestimmte Probleme gefunden haben. Einige Lösungswege haben besser funktioniert als andere. Es gibt jedoch keine festgeschriebenen Standards, wie ein bestimmter funktioneller Aspekt, der die Leistungsfähigkeit eines Systems betrifft, technisch zu lösen ist.

In den Vereinigten Staaten testet die in Panama City, Florida, stationierte U.S. Navy Experimental Diving Unit (NEDU) Kreislaufgeräte, die zur militärischen Verwendung bestimmt sind. Hier werden auch Tauchausrüstungsteile aus der zivilen Taucherei getestet, wenn diese für die militärische Verwendung geeignet erscheinen. Die Testreihen der Navy umfassen üblicherweise eine Bewertung menschlicher Faktoren, wie auch leistungsbezogene physiologische Tests.

Das Testen der menschlichen Faktoren bewertet die ergonomischen Aspekte des Designs unter dem Aspekt der Bedienungsfreundlichkeit eines Gerätes. Das kann beispielsweise die Untersuchung beinhalten, wie leicht die Einheit zusammenzubauen ist und wie kompliziert die anfallenden Wartungsarbeiten sind.

Die Navy Experimental Diving Unit (NEDU) testet Kreislaufgeräte, um festzustellen ob sie den Anforderungen militärischer Taucher gerecht werden.

Im Rahmen der ergonomischen Untersuchung kann auch getestet werden, inwieweit sich das System auf die Lage des Tauchers im Wasser auswirkt und wie es seinen Auftrieb beeinflußt. Weiterhin kann untersucht werden, wie gut die Instrumente, wie beispielsweise ein integrierter Tauchcomputer, oder das Display der Sauerstoffsensoren abzulesen sind. Auch eine Bewertung des Benutzerhandbuchs fällt in diesen Bereich.

Die physiologische Bewertung umfaßt üblicherweise die Atemarbeit, die Betriebsdauer des Atemkalkbehälters und eine Messung des Sauerstoffanteils im Atembeutel. Die Navy hat Standards für die Mindestanforderungen an Atemsysteme entworfen. Diese müssen erfüllt werden, damit ein System als geeignet für den Einsatz beurteilt werden kann. Es ist jedoch zu beachten, daß ein System, das für die Verwendung durch die Navy freigegeben wurde, nicht automatisch auch für Anwendungen im Bereich des Sporttauchens geeignet sein muß.

In Europa werdenTauchausrüstungsteile durch eine Reihe unabhängiger Testorganisationen beurteilt. Die derzeitige Anforderung, die ein Ausrüstungsteil erfüllen muß, um in Europa verkauft zu werden, ist das “CE”-Zeichen. Dieses Zeichen bedeutet, daß das Produkt allen Gesetzen und Standards der Europäischen Gemeinschaft entspricht. Der Qualitätsstandard, dem Firmen entsprechen müssen, ist die ISO 9000, die weltweit Anwendung findet.

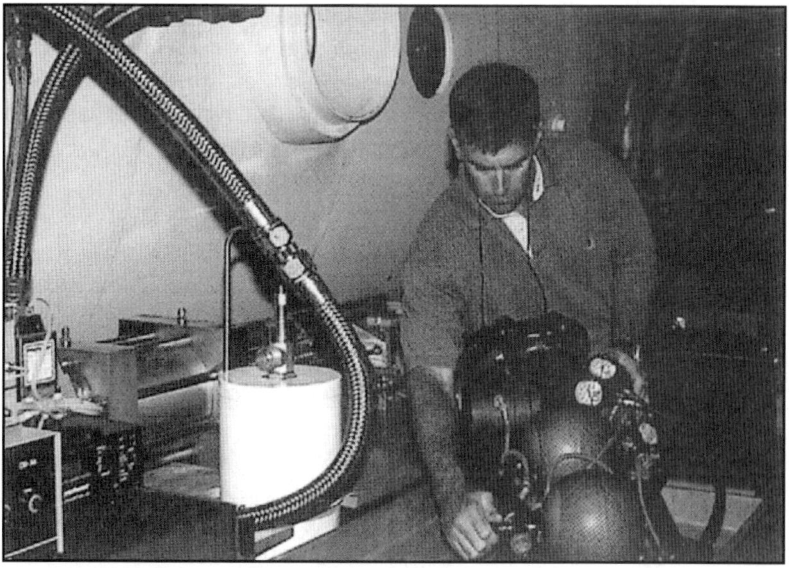

Kreislaufgeräte werden in der Druckkammer der NEDU sowohl in bemannten, wie auch unbemannten Testreihen geprüft. (© Dave Cowgill. Alle Rechte vorbehalten.)

Im Januar 1998 gab es noch keinen verbindlichen Standard für eine CE-Kreislaufgerätenorm. Es ist auch wichtig, im Auge zu behalten, daß ein CE-Zertifikat nicht garantieren kann, daß ein Ausrüstungsteil vollständig sicher ist. Die Idee, die dem CE-Zertifikat zugrunde liegt, besteht darin, die Angaben des Herstellers hinsichtlich der Leistungsfähigkeit und der Eigenschaften eines Produktes zu überprüfen. Die Informationen in diesem Kapitel wurden zusammengestellt, um Ihnen einige hilfreiche Richtlinien dafür zu geben, das von Ihnen favorisierte Kreislaufgerät, richtig zu bewerten. Bevor Sie sich ein Kreislaufgerät anschaffen, sollten Sie dieses Kapitel lesen und sich mit Ihrem Tauchlehrer und anderen Tauchern über deren Erfahrungen mit einzelnen Modellen unterhalten. Kaufen Sie kein Kreislaufgerät, bevor Sie nicht die Möglichkeit hatten, eine bestimmte Einheit auszuprobieren. Sie sollten sich darüber klar werden, ob Sie mit diesem System auf angenehme Weise zurechtkommen.

Druckminderer

Jedes Kreislaufgerät verfügt zumindest über einen Druckminderer. Selbstmischende Kreislaufgeräte haben zwei Druckminderer, einen für reinen Sauerstoff und einen anderen für das Füllgas. Dies ist entweder ein einzelnes Inertgas, oder aber Nitrox oder Heliox. In den meisten Fällen ist der Druckregler eine leicht erhältliche Standardeinheit. Regler, die mit reinem Sauerstoff verwendet werden, müssen für diese Anwendung gereinigt und geeignet sein. O-Ringe, Fette und Ventilsitze müssen sauerstoffkompatibel sein.

Kohlendioxyd (CO_2) Absorber

Chemische Absorber

Chemischer Absorber, der sogenannte Atemkalk, gehört zu den Verbrauchsstoffen und ist ein wesentlicher Teil jedes konventionellen Kreislaufgerätedesigns. Ohne Atemkalk würde keines der derzeit erhältlichen Kreislaufgeräte funktionieren.

Chemische Absorber sind die traditionelle Methode, um Kohlendioxyd aus halbgeschlossenen oder geschlossenen Atemsystemen zu entfernen. Eine ganze Reihe von verschiedenen Arten von Atemkalk wurde für die Verwendung mit Kreislaufgeräten entwickelt. In erster Linie sind hier Lithiumhydroxid und Soda Lime zu nennen.

Die am häufigsten verwendete ist Soda Lime, eine Mischung aus Ätznatron (NaOH) und gelöschtem Kalk ($Ca(OH)_2$).

Üblicherweise wird dieser Mischung noch Kaliumhydroxid (KOH) hinzugefügt.

Lithiumhydroxid eignet sich besser für niedrigere Umgebungstemperaturen als Soda Lime. Es ist jedoch teurer und wirkt im feuchten Zustand stärker ätzend. Den Atemkalk in Kreislaufgeräten finden wir in ähnlicher Form in anderen Bereichen eingesetzt, so z.B. in U-Booten, in Kreislaufgeräten von Minenarbeitern und in der Anästhesie. Die zum Tauchen entwickelten Atemkalksorten weisen jedoch einige Besonderheiten auf, die sie für diese Anwendung besonders geeignet machen. Aus diesem Grund sollten Sie nur Atemkalksorten verwenden, die für die Verwendung in Kreislaufgeräten entwickelt wurden. Produkte dieser Art sind unter anderem High Performance Sodasorb®, das von W.R. Grace hergestellt wird, Divesorb® von Dräger, Soda Lime von Puritan Bennett und Sofnolime®, das von Molecular Products hergestellt wird.

Beim Umgang mit Atemkalk sollten Sie besondere Sorgfalt walten lassen, da diese Substanzen ätzend sind. Sie sollten Handschuhe und Augenschutz tragen sowie eine Schutzmaske, die das Einatmen von Atemkalkstaub vermeiden hilft. Informieren Sie sich genau über Inhaltsstoffe und Risiken des speziellen Atemkalks, den Sie ver-

Sodalime, das von Puritan Bennett hergestellt wird, ist ein anderes bekanntes Produkt.

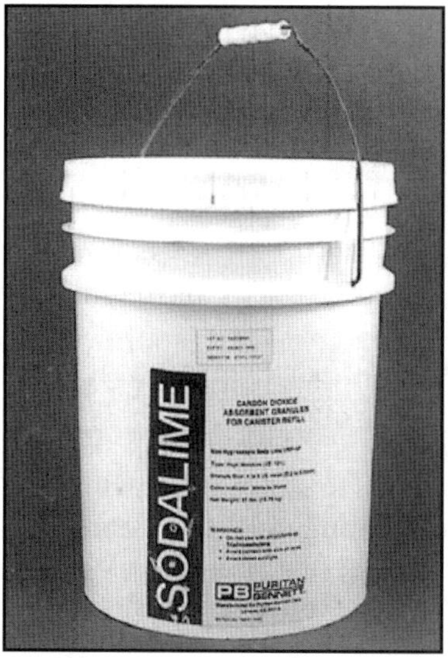

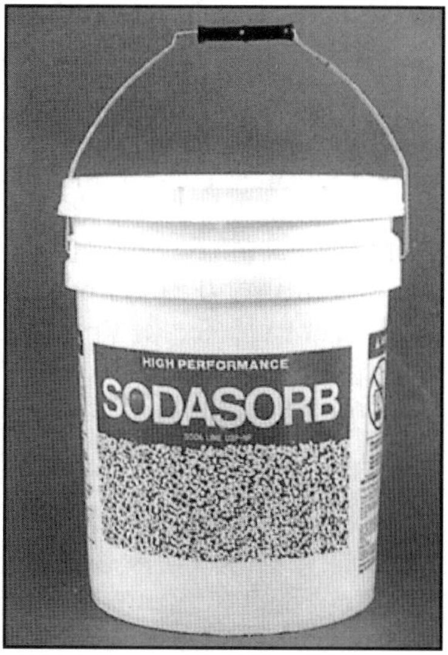

Sodasorb® wird von W.R. Grace hergestellt.

wenden. Machen Sie sich mit dem sicheren Umgang mit diesem Produkt vertraut.

Informieren Sie sich auch über die angemessenen Erste Hilfe Maßnahmen für den Fall, daß diese Produkte mit Ihrer Haut, Ihren Augen oder Ihren Lungen in Kontakt kommen oder unbeabsichtigt verschluckt werden. Wenn Sie den Atemkalk in den Atemkalkbehälter einfüllen, sollten Sie dies aus einer Höhe von mindestens 30 cm über dem Kanister machen. Durch dieses Verfahren kann der Atemkalkstaub vom Wind weggeblasen werden. Da sich dieser Staub gerne auf dem Boden des Lagerbehälters absetzt, sollten Sie einen kleinen Rest Atemkalk im Lagerbehälter belassen.

Ein bestimmtes Maß an Feuchtigkeit ist notwendig, um die Reaktion im Atemkalk in Gang zu setzen. Der Atemkalk selbst enthält einen geringen Anteil Feuchtigkeit (ungefähr 12% bis 15%) und das Gas, das Sie ausatmen reichert durch seine Feuchtigkeit aus Ihren Lungen den Atemkalk an. Normalerweise reicht das aus, um die Reaktion im Gang zu setzen. Wenn jedoch der Feuchtigkeitsgehalt zu hoch ist, was zum Beispiel durch einen Wassereinbruch in das

Kreislaufgerät geschehen kann, wird die chemische Reaktion mit Sicherheit beeinträchtigt.

Ein gutes Design des Atemkalkbehälters erlaubt ein langsames Fließen des ausgeatmeten Atemgases durch den Behälter. Es läßt den chemischen Umwandlungsprozeß gleichmäßig erfolgen, bis der Atemkalk so viel Kohlendioxyd wie möglich umgewandelt hat. Als Faustregel kann gelten, daß für jeden Liter verbrauchten Sauerstoffs, ein Liter Kohlendioxid produziert wird. Von einem bestimmten Punkt an beginnt die Reaktion langsamer zu werden, weil der Atem-kalk das Ende seiner Umwandlungskapazität erreicht hat.

Von diesem Zeitpunkt an steigt der Kohlendioxidpegel sehr rasch an. Sie sollten im Auge behalten, daß der Atemkalk diesen Punkt wesentlich schneller erreicht, wenn Sie bei Wassertemperaturen unter 4° C tauchen.

Die chemische Reaktion, die während der Bindung des Atemkalks mit dem Kohlendioxid abläuft, läßt Wärme und auch Feuchtigkeit entstehen. Es ist schwierig Wärme und Feuchtigkeit, die aufgrund dieser Reaktion freigesetzt werden, zu quantifizieren, da diese von einer Reihe verschiedener Faktoren abhängen. In einem Experiment verwendete man einen Atemkalkbehälter bei einer Wassertemperatur von 20° C. Die höchste Temperatur des austretenden Gases wurde mit 37° C gemessen!

Bedenken Sie aber, daß diese Temperatur auf dem Höhepunkt der Reaktion gemessen wurde und daß vor und nach diesem Höhepunkt die Temperaturen niedriger gewesen wären. In warmen tropischen Gewässern ist es möglich, daß die durch die chemische Reaktion entstehende Wärme im Atemkalk zu einer Hyperthermie führt, also zu einer Überhitzung. Dies gilt insbesondere, wenn Sie sich anstrengen. Das ist ein weiterer guter Grund dafür, innezuhalten und sich etwas auszuruhen, wenn Sie feststellen, daß Sie unter Wasser heftiger atmen.

Eine hohe Atemfrequenz in warmem Wasser beschleunigt die chemische Reaktion. Sie verschlimmert nur das Problem, wenn Sie nicht langsamer werden und Ihre Atemfrequenz wieder auf normale Werte absinken lassen.

Viele, aber nicht alle Sorten von Atemkalk, haben einen Farbindikator, der anzeigt, wenn das Material verbraucht ist. Sodasorb® wechselt seine Farbe von weiß auf violett, sobald das Ende seiner Kapazität erreicht ist. Drägers Divesorb® verfügt nicht über einen solchen Indikator. Der Farbindikator dient nur der groben Orientierung und sollte nie dazu herangezogen werden, die verbleibende Kapazi-

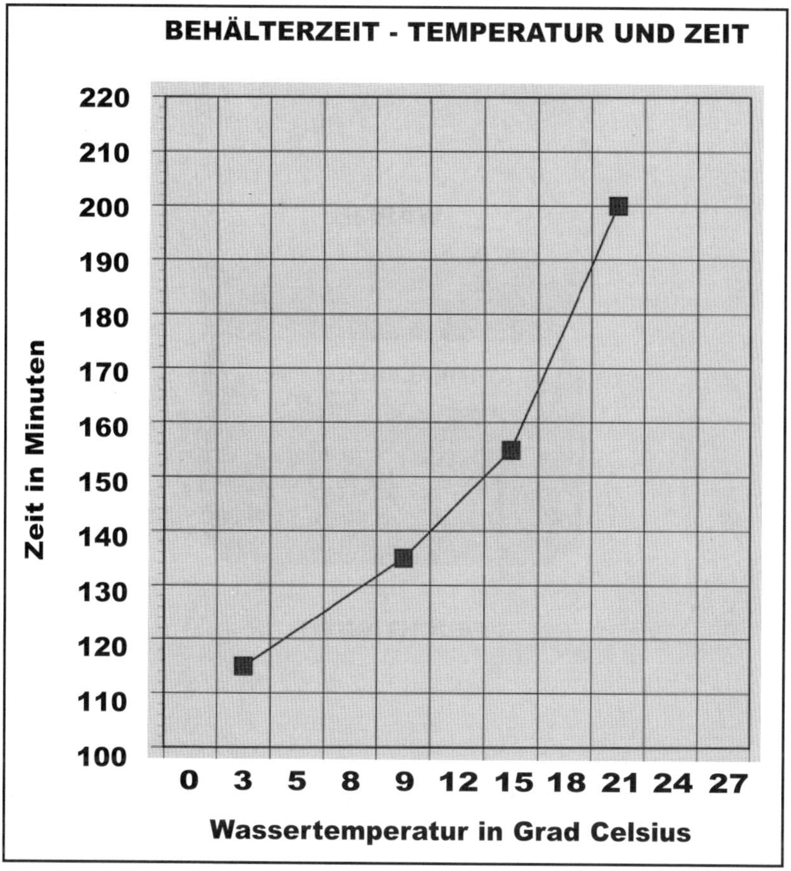

Die Effektivität des Atemkalks ist in hohem Maße von der Umgebungstemperatur abhängig. Diese Tabelle zeigt die ungefähren Gebrauchszeiten für den Atemkalkbehälter eines Dräger LAR V Sauerstoffkreislaufgerätes bei verschiedenen Temperaturen. Wie Sie sehen können nimmt die Effektivität des Atemkalks bei abnehmender Wassertemperatur ab.
(Tabelle: U.S. Navy Diving Manual, Band 2, Mixed Gas Diving)

tät von Atemkalk einschätzen zu wollen. Der Farbwechsel des Atemkalks ist z.B. nie einheitlich im ganzen Kanister, sondern ist meistens am stärksten an der Einlaßseite des Behälters. Sorten, die einen Farbindikator verwenden, weisen ein Phänomen auf, das man Farbumkehrung nennt. Das bedeutet, daß die Verfärbung wieder verschwindet, wenn der Atemkalk für einige Stunden ungenutzt gelagert

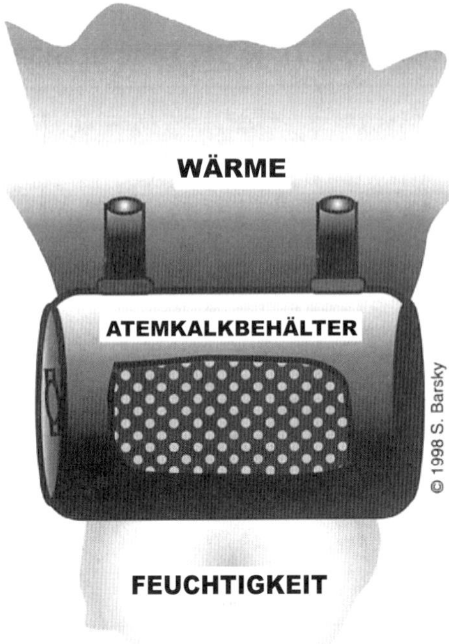

Die Nebenprodukte der Atemkalkreaktion sind Wärme und Feuchtigkeit.

wird. Manchmal wird das dann irrtümlich als Regeneration bezeichnet. Wenn Atemkalk aber einmal verwendet wurde, kann er sich nicht mehr selbst regenerieren. Verbrauchter Atemkalk kann nur noch entsorgt werden.

Soda Lime ist in verschiedenen Körnungen erhältlich. Die Nutzungsdauer jedes Atemkalkbehälters steht in direktem Verhältnis zur relativen Oberfläche des Atemkalks. Aus diesem Grunde ist es wichtig zu wissen, welche Körnung des Atemkalks für Ihr Kreislaufgerät vorgesehen ist und ob Sie andere Körnungen verwenden können. Unterschiedliche Körnung des Atemkalks führt zu unterschiedlichen Tauchzeiten. In den meisten Fällen wird eine kleinere Körnung des Atemkalks eine längere Tauchzeit ermöglichen. Dies wird jedoch unter Umständen damit erkauft, daß es schwieriger wird, das Gas durch den Kreislauf zu bewegen. Dadurch wird der Atemwiderstand erhöht. Atemkalk mit kleinerer Körnung kann bis zu doppelt so teuer sein wie solcher mit gröberer Körnung.

Wenn Sie Ihren Atemkalkbehälter ausleeren, werden Sie häufig feststellen, daß der Atemkalk an einigen Stellen verklumpt ist. Dies muß vermieden werden, da hierdurch der Atemwiderstand Ihres Systems ansteigt und die Absorptionsfähigkeit Ihres Atemkalks abnimmt.

Weder gebrauchter noch neuer Soda Lime gilt als gefährlicher Abfall. Dies bedeutet jedoch nicht, daß dieses Material ohne gebührende Sorgfalt entsorgt werden sollte. Fragen Sie bei Ihrem örtlichen Entsorgungsunternehmen nach, welche Entsorgungsmöglichkeit an Ihrem Wohnort angeboten wird. In den meisten Fällen kann gebrauchter Soda Lime mit Ihrem normalen Hausmüll entsorgt werden.

Andere Methoden der Kohlendioxidentfernung

In Zukunft werden Methoden der Atemgasreinigung entwickelt werden, die das Kohlendioxid nicht auf der Basis einer chemischen Reaktion entfernen, sondern mittels eines elektronischen Verfahrens.

Verschiedene Kreislaufgerätehersteller arbeiten derzeit an solchen Mechanismen. Eine elektronische Gasreinigung käme ohne Chemikalien aus. Sie wäre erheblich kleiner und leichter, würde aber Batterien benötigen.

Eine andere Art Kohlendioxid zu entfernen, besteht in der Verwendung eines Molekularsiebes. Dabei handelt es sich um eine Art Filter, durch das nur Moleküle einer bestimmte Größe durchgelassen werden. Dieses Konzept wird im industriellen Bereich in einer Reihe von Anwendungen verwendet, benötigt aber ein großes Druckgefälle (Druckdifferenz zwischen zwei Kammern) um effizient zu funktionieren.

Weiterhin liegt die Verwendung teildurchlässiger Membranen oder von Kältemitteln aus der Tieftemperaturtechnologie im Bereich des Möglichen. Durch teildurchlässige Membranen können sich Gase nur in einer Richtung hindurchbewegen. Es ist denkbar, eine Membran zu entwickeln, die z.B. nur von Kohlendioxid passiert werden könnte.

Die Tieftemperaturtechnologie würde sich Superkühlmittel zunutze machen. Dies würde auf der theoretischen Basis geschehen, daß der Gefrierpunkt verschiedener Gase bei verschiedenen Temperaturen liegt, wodurch Kohlendioxid von den anderen Gasen in einem Atemgasgemisch getrennt werden könnte.

Atemkalkbehälter-Design

Seit die ersten Kreislaufgeräte entwickelt wurden, hat das Design von Atemkalkbehältern keine nennenswerten Änderungen durchlaufen. Ein Kanister muß folgende Grundfunktionen erfüllen:

- Er muß eine Einlaßöffnung haben, durch die das Gas, das gerade ausgeatmet wurde, in den Behälter gelangen kann.
- Er muß eine Auslaßöffnung haben, durch die das gereinigte Gas aus dem Atemkalkbehälter entweichen kann.
- Er muß einen abnehmbaren Deckel haben, durch den der Behälter vor dem Tauchgang leicht aufgefüllt werden kann. Wenn der Atemkalk nach dem Tauchgang verbraucht ist, kann der Behälter so auch leicht entleert werden.
- Er muß ein Verwirbelungssystem haben, das einen unregelmäßigen Gasfluss bewirkt, so daß das Gas mit so viel Atemkalk wie möglich in Kontakt kommen kann.
- Er muß so aufgebaut sein, daß kein Atemkalk aus dem Behälter in den Atemkreislauf gelangen kann.
- Er sollte Verbindungsstücke mit unterschiedlicher Größe, Form oder Farbcodierung haben, so daß es unwahrscheinlich ist, daß beim Zusammenbau eines Kreislaufgerätes Fehler auftreten.
- Er muß so dicht sein, daß während des Tauchgangs kein Wasser in den Kanister eindringen kann.
- Er muß nach jedem Tauchgang leicht gereinigt werden können.

Auch wenn es auf den ersten Blick als gute Idee erscheinen mag, den größtmöglichen Atemkalkbehälter zu verwenden, damit eine genügend lange Tauchzeit ermöglicht wird, so ist doch zu bedenken, daß ein großer Atemkalkbehälter mehr Volumen und Gewicht hat. Die ideale Größe für einen Atemkalkbehälter ist die kleinste, die Ihnen den längsten Tauchgang ermöglicht, den Sie mit diesem Gerät durchführen wollen.

Beachten Sie aber, daß die Leistungsfähigkeit des Atemkalks von verschiedenen Faktoren abhängt, wie z.B. Ihrer Bewegungsintensität, der Sorte des verwendeten Atemkalks, der Wassertemperatur und dem Feuchtigkeitsgehalt des Atemkalks. Von den

Die Atemkalkbehälter des Prism Topaz sind sehr klein aber sehr effizient.

(Photo mit freundlicher Genehmigung von Steam Machines, Inc.)

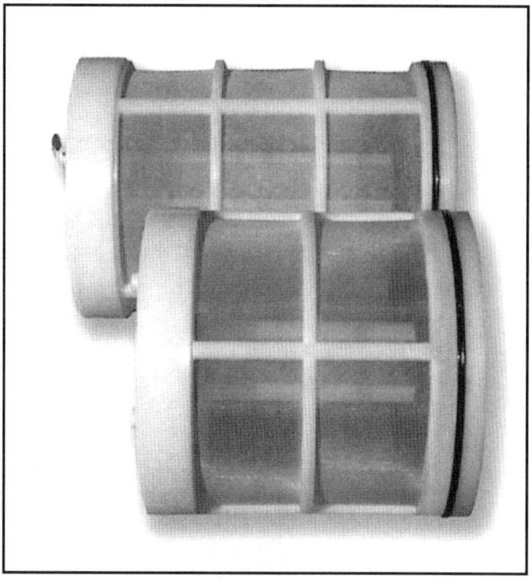

genannten Faktoren sind hier Wassertemperatur und Bewegungsintensität von größter Bedeutung.

Schon bei niedrigen Wassertemperaturen sinkt die Leistungsfähigkeit des Atemkalks dramatisch. Aus diesem Grunde müssen Sie den Atemkalkbehälter isolieren, wenn Sie vorhaben, Eistauchgänge durchzuführen oder in Gegenden zu tauchen, wo die Wassertemperatur unter 10° C liegt. Meist kann dies mittels eines Überzugs aus Neopren erreicht werden. Wenden Sie sich an den Hersteller Ihres Kreislaufgeräts, um Empfehlungen für Ihre speziellen Bedürfnisse zu bekommen.

Bedenken Sie, daß die Angaben Ihres Geräteherstellers zur Nutzungszeit des Atemkalkbehälters auf bestimmte Bedingungen zugeschnitten sind. Falls Ihre Art des Tauchens von diesen Bedingungen abweicht, können Sie nicht erwarten, dieselben Leistungswerte zu erhalten.

Die meisten Atemkalkbehälter sehen wie große Suppendosen aus, auch wenn der Gasfluß durch die verschiedenen Behälterdesigns auf verschiedene Weise erfolgt. Es gibt zwei hauptsächliche Arten von Kanisterdesigns für chemische Absorber; einmal das radiale, zum anderen das lineare (oder axiale) Design.

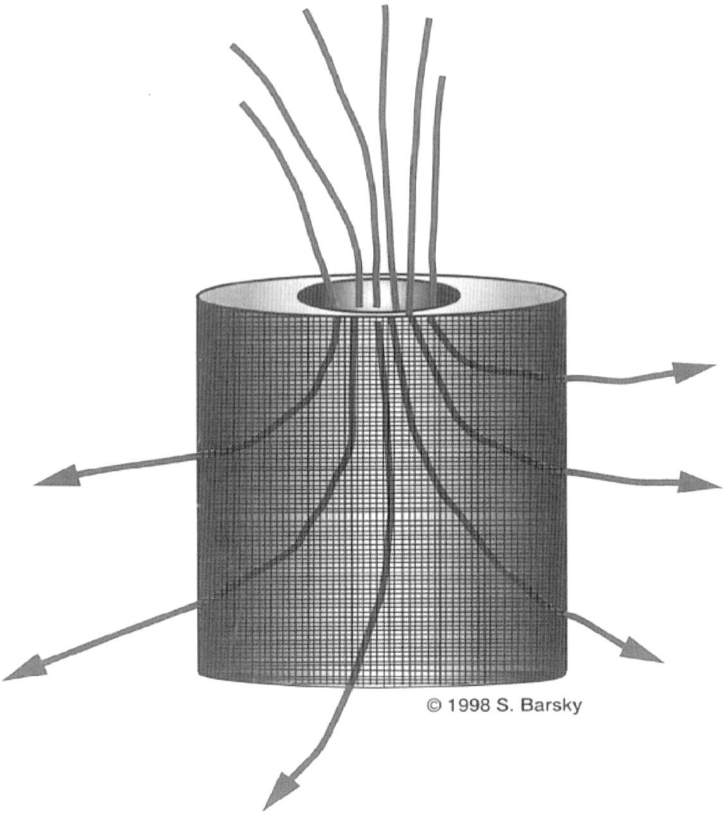

So wird das Atemgas durch einen radialen Atemkalkbehälter geleitet

Beim radialen Behälterdesign fließt das Gas üblicherweise durch die Mitte des Behälters, um dann an den Seiten auszutreten. Bei einem linearen Design fließt das Gas in einer - zumindest theoretisch - geraden Linie von einem Ende des Behälters zum anderen. Einige Kreislaufgerätedesigner halten das radiale Design für besser geeignet, um den Atemwiderstand gering zu halten.

Atemkalkbehälter mit glatten inneren Wänden weisen ein Phänomen auf, bei dem das Gas eine Tendenz, hat entlang dieser glatten Oberfläche zu strömen. Es sucht sich dabei den Weg durch den Atemkalkbehälter, bei dem es den geringsten Widerstand zu über-

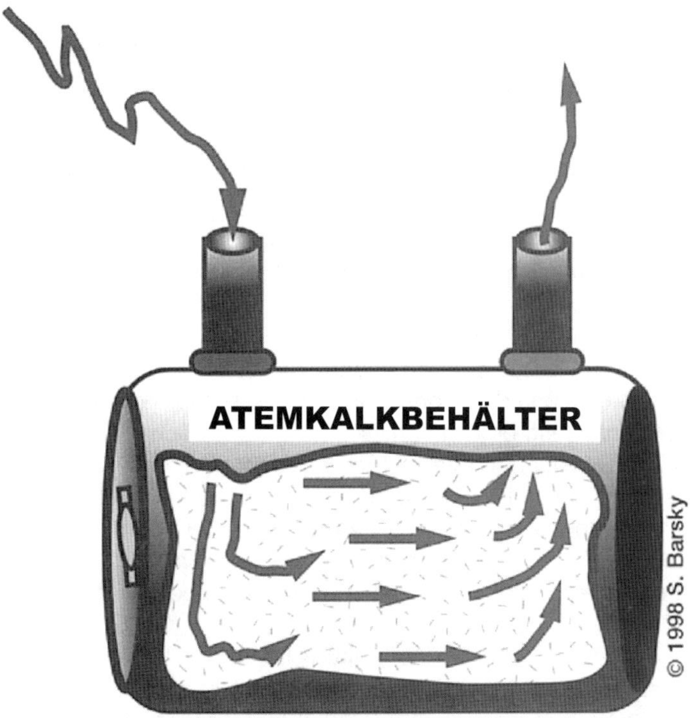

So wird das Atemgas durch einen linearen Atemkalkbehälter geleitet

winden hat. Aus diesem Grunde verwenden Firmen wie Dräger im Inneren ihrer Atemkalkbehälter einen herausnehmbaren Gummi-einsatz. Dieser wird eingesetzt, wenn der Atemkalk eingefüllt wird. Dadurch wird das Gas durch die Mitte des Behälters geleitet. Dort kommt es in engeren Kontakt mit dem Atemkalk, wodurch der Reinigungsvorgang effizienter gestaltet wird.

Atembeuteldesign

Die ersten Atembeutel wurden aus Segeltuch hergestellt. Das Tuch wurde dazu mit verschiedenen Chemikalien beschichtet, um es wasserdicht zu machen. Dies war bis zum Zweiten Weltkrieg Industriestandard. Seit dieser Zeit wurden eine Vielzahl neuer synthetischer Materialien mit unterschiedlichem Erfolg verwendet, um Atembeutel herzustellen.

Je nach Art des Atembeutelaufbaus haben die meisten Systeme eine Reihe von Aufgaben. Die erste und wichtigste ist, daß sie ein flexibles Volumen bieten, das etwa der durchschnittlichen menschlichen Lungenkapazität entspricht. Ohne dieses Gasvolumen wäre ein normaler Ein- und Ausatemvorgang nicht möglich. Zusätzlich bestimmen Größe, Form und Volumen der Atembeutel die Leistungsmerkmale des Kreislaufgerätes. Sie legen auch fest, auf welche Weise sich das aus dem Atemkalkbehälter kommende Gas mit dem neu hinzukommenden Gas aus den Druckflaschen vermischt.

Die Atembeutel können außerdem direkt auf die Leistung des Atemkalkbehälters einwirken, indem Sie die Durchflußgeschwindigkeit des Gases und damit die Zeitspanne, die das Gas mit dem Atemkalk in Kontakt ist, bestimmen.

Einige Kreislaufgeräte verfügen sowohl über einen Einatembeutel als auch über einen Ausatembeutel, während andere einen einzelnen Atembeutel haben. Bei den meisten Geräten mit zwei Atembeuteln handelt es sich um halbgeschlossene Systeme.

Folgende Leistungmerkmale hat ein Atembeutel im Idealfall:

- Die Beutel müssen aus einem haltbaren Material hergestellt sein. Dieses Material muß unempfindlich, gegenüber Salzwasser, Sonnenlicht, hohen und niedrigen Temperaturen sowie den Absorbermaterialien, die in Kreislaufgeräten verwendet werden, sein.
- Das Material der Beutel muß von gleichmäßiger Stärke sein, weil der Atembeutel durch einzelne dünne Stellen empfindlicher für Abnutzungserscheinungen ist.
- Die Beutel müssen über ein ausreichendes Gasvolumen verfügen, um auch dem größten Taucher ein angenehmes Atmen zu ermöglichen.
- Die Beutel müssen über ein System von Zwischenwänden verfügen. Selbst wenn Wasser eindringen, oder Feuchtigkeit aus Ihrem Ausatemgas in ihnen kondensieren sollte, so kann dieses Wasser nicht in den Atemkalkbehälter oder die Atemschläuche austreten .
- Die Atembeutel sollten mit Verbindungsstücken ausgestattet sein, die es von Form, Größe oder Farbcodierung her weniger wahrscheinlich machen, daß Sie einen Fehler beim Zusam-

menbau Ihres Kreislaufgeräten machen. Diese Unterscheidungshilfen tragen dazu bei, die Möglichkeit eines nicht sachgerechten Zusammenbaus zu vermeiden.

Die meisten Atembeutel haben eine Art Abstandhalter in ihrem Inneren, um zu vermeiden, daß der Atembeutel bei stärkerer Atemarbeit vollständig zusammenfällt. Dieser Abstandhalter muß weich genug sein, um den Atembeutel nicht zu beschädigen.

Atembeutel können in einer von drei Positionen angebracht werden: auf dem Rücken, auf der Brust, oder über die Schultern des Tauchers, vom oberen Teil der Brust zum oberen Teil des Rückens. Die Positionierung der Atembeutel kann einen entscheidenden Einfluß auf die Atemcharakteristik Ihres Kreislaufgerätes haben.

Wenn sich die Atembeutel auf Ihrem Rücken befinden, kann das Einatmen ein klein wenig schwieriger sein als das Ausatmen, wenn Sie mit dem Gesicht nach unten schwimmen. Das liegt daran, daß Ihre Lungen einem größeren Druck ausgesetzt sind als das Gas in Ihrem Atembeutel. Sie müssen dann versuchen, das Gas beim Einatemvorgang in Ihre Lungen hinunterzuziehen. Wenn Sie sich auf

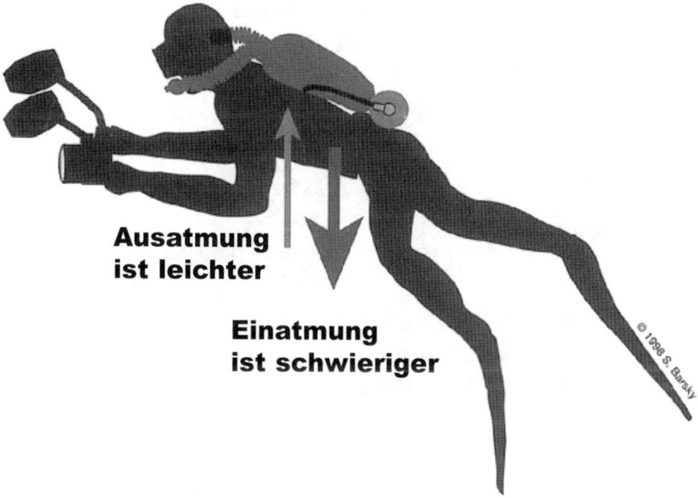

Wenn sich der Atembeutel auf dem Rücken des Tauchers befindet, kann das Einatmen schwieriger sein, wenn der Taucher mit dem Gesicht nach unten schwimmt.

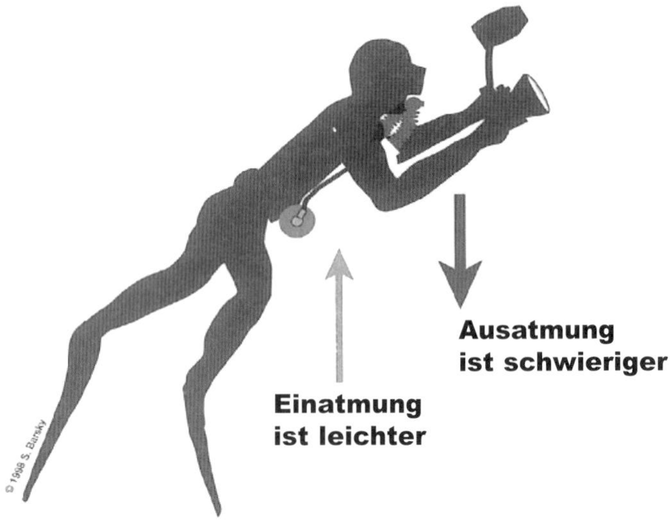

Wenn sich der Atembeutel auf der Brust des Tauchers befindet, kann das Ausatmen schwieriger sein, wenn der Taucher mit dem Gesicht nach unten schwimmt.

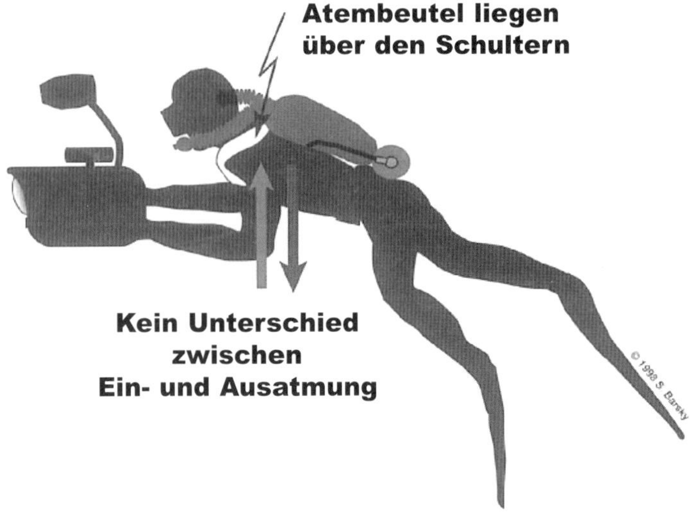

Ein Kreislaufgerät hat weniger Atemwiderstand, wenn die Atembeutel über die Schultern des Tauchers verlaufen.

den Rücken drehen, während Sie mit einem Gerät tauchen, bei dem die Atembeutel auf ihrem Rücken angebracht sind, wird das Einatmen auf einmal erheblich leichter und es wird schwieriger sein, auszuatmen.

Kreislaufgeräte, bei denen die Atembeutel auf Ihrer Brust angebracht sind, ermöglichen Ihnen ein einfaches Einatmen, wenn Sie mit dem Gesicht nach unten schwimmen; aber das Ausatmen ist in dieser Position schwieriger. Dies kommt daher, daß Sie in einen Atembeutel ausatmen, der tiefer liegt und damit einem größeren Druck ausgesetzt ist als Ihr Brustkorb. Wenn Sie sich auf den Rücken drehen, wird das Einatmen schwieriger werden, während das Ausatmen erheblich leichter wird.

Verlaufen die Atembeutel hingegen über Ihre Schultern, ist der Atemwiderstand verringert, wenn Sie sich in einer aufrechten Position im Wasser befinden. Der Nachteil dieses Designs besteht in der Schwierigkeit, die Atembeutel in einer schützenden Schale unterzubringen. Durch diese Schale könnten die Kopfbewegungen des Tauchers eingeschränkt werden. Atembeutel, die in dieser Position angebracht sind können aber auch ohne Schale einen höheren Wasserwiderstand beim Schwimmen bieten. Von allen drei Positionen bieten Atembeutel, die über die Schulter verlaufen, den geringsten Atemwiderstand.

Schale

Die meisten Kreislaufgeräte sind mit einer Art Schale ausgestattet, die die Atembeutel, den Atemkalkbehälter, die Elektronik (soweit vorhanden) und die Verbindungsteile bedeckt. Diese Schale dient mehreren Zwecken, einschließlich des mechanischen Schutzes für empfindliche Teile, der Verminderung des Wasserwiderstandes und der Verbesserung der optischen Erscheinung. Die Schale kann auch als Rahmen dienen, um einige Teile des Kreislaufgerätes daran zu befestigen. So kann z.B. eine Bailoutflasche, oder auch der Auftriebskörper daran befestigt werden.

Die meisten Schalen sind entweder aus Glasfaser oder aus polymeren Kunststoffen hergestellt. Beide Materialien sind geeignet, um der Schale im Wasser, wie auch während des Transportes, die nötige Stabilität zu verleihen. Idealerweise sollte die Schale so stabil wie möglich, aber dennoch vom geringen Gewicht sein.

Die Schale sollte so gestaltet sein, daß sie alle Komponenten des Kreislaufgerätes problemlos aufnehmen kann. Da Atembeutel aus flexiblem Material bestehen, können Sie beim Einbau einige

Falten bekommen. Das ist nicht weiter problematisch, sofern die Schale nicht die normalen Bewegungen der Atembeutel behindert.

Mundstücke

Bei einem Kreislaufgerät steht der Ausdruck "Mundstück" üblicherweise für eine Einheit, die aus verschiedenen Teilen besteht. Zu diesem "Mundstück" gehört das eigentliche auswechselbare Mundstück, das Ein- und Auslaßventil, der Schieber und dem T-förmigen Mundstück, in und an dem sich alle diese Einzelteile befinden. Die Mundstücke der verschiedenen Kreislaufgeräte sind üblicherweise recht ähnlich aufgebaut.

Das Einlaßventil wird auf der Seite sein, auf der das Atemgas in das Mundstück strömt. Das Auslaßventil wird auf der Seite sein, auf der das Atemgas das Mundstück verläßt. Üblicherweise sind diese Ventile einfache Flatterventile aus Gummi, die so konstruiert sind, daß der Gasfluß nur in eine Richtung gehen kann. Sie müssen richtig funktionieren, da anderenfalls ein Teil des Gases, das Sie einatmen, nicht durch den Atemkalkbehälter fließt.

Bei einigen Modellen wird die Seite, auf der das Gas in das Mundstück strömt, auf der rechten Seite sein, während sie bei ande-

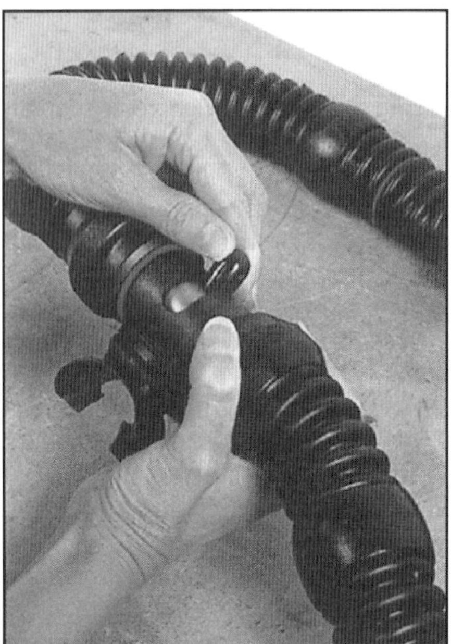

Der Schieber muß sich leicht bewegen lassen, aber dennoch genug Widerstand bieten, damit er nicht unbeabsichtigt geöffnet oder geschlossen werden kann.

ren auf der linken ist. Hinsichtlich dieses wichtigen Aspektes gibt es keine Standardisierung. Jedes Kreislaufgerät ist in dieser Hinsicht verschieden. Wenn Sie mehr als ein Kreislaufgerätemodell verwenden, müssen Sie darauf achten, daß Sie das Mundstück immer richtig herum anschließen. Einige Mundstücke verfügen außerdem über einen integrierten Bailoutatemregler.

Der Schieber dient dazu, das Mundstück zu schließen um beim Herausnehmen des Mundstückes im Wasser einen Wassereinbruch in das System zu verhindern. Der Schieber muß sowohl groß genug - als auch leichtgängig genug sein - damit Sie ihn auch mit Handschuhen bedienen können.

Ein Schieber, der zu schwergängig ist, ist schwer zu bedienen, einer der zu leichtgängig ist, könnte sich aber im falschen Moment unbeabsichtigt öffnen oder schließen. Die Gängigkeit des Schiebers kann üblicherweise nicht verändert werden. Einzig Einfetten kann ihn etwas leichtgängiger machen. Sprechen Sie mit Ihrem Händler oder Tauchlehrer, wenn Sie das Gefühl haben, daß der Schieber Ihres Kreislaufgerätes nicht richtig arbeitet.

Schläuche

Die Faltschläuche, durch die das Atemgas zu Ihrem Mundstück fließt, um von dort zurück zum Kreislaufgerät transportiert zu werden, sind bei den meisten Kreislaufgeräten die empfindlichsten und am wenigsten geschützten Komponenten. Diese Schläuche sollten so gut wie möglich geschützt werden. Ihr Durchmesser sowie die Glätte ihrer Innenwände beeinflussen nachhaltig den Atemwiderstand Ihres Systems. Generell kann man sagen, daß es um so besser ist, je größer der Durchmesser der Schläuche ist, auch wenn es hier natürlich ein praktisches Limit gibt.

Häufig finden sich Versteifungsringe an der Innenseite der Schläuche und zwar dort, wo diese wieder in das Gerät hineingehen. Diese Ringe verhindern, daß die Schläuche unter ihrem eigenen Gewicht zusammenfallen. Sie lassen sich üblicherweise entfernen und fallen auch häufig aus den Schläuchen heraus, wenn Sie Ihr Kreislaufgerät zur Wartung auseinandernehmen. Achten Sie darauf, daß Sie sie nicht verlieren.

Außerdem befinden sich an den Schläuchen kleine Gewichte, die deren Auftrieb ausgleichen. Dieser Auftrieb entsteht durch das Atemgas in ihrem Inneren. Normalerweise befindet sich dort, wo die Schläuche mit den Atembeuteln verbunden sind, ein Satz Gewichte. Einen zweiten Satz Gewichte finden Sie normalerweise einige Zentimeter links und rechts vom Mundstück.

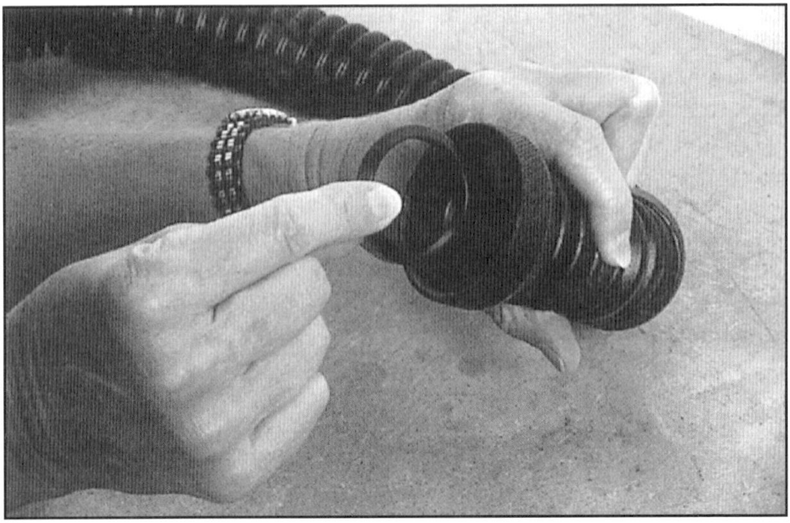

Solche Versteifungsringe finden sich im Inneren der Schläuche um zu verhindern, daß sie in sich zusammenfallen.

Zusätzliche Überlegungen

Auch wenn Handbuch, Garantie und Händlerservice nicht direkt zum Kreislaufgerät gehören, handelt es sich hierbei doch um wichtige Aspekte, die beim Kauf eines solchen Gerätes berücksichtigt werden sollten. Ein gutes Handbuch ist wichtig, wenn es an der Zeit ist, das Kreislaufgerät zu warten und den Service durchzuführen. Die beste Garantie ist die, die Sie nie in Anspruch nehmen müssen.

Händlerservice

Wenn Sie ein Kreislaufgerät kaufen, so ist ein guter und sachkundiger Händlerservice sehr wichtig. Stellen Sie sicher, daß Ihr Händler mit Bedienung, Wartung und Reparatur des Kreislaufgerätes vertraut ist, das Sie zu kaufen beabsichtigen.

Fragen Sie den Händler, ob er an den Reparaturkursen der Kreislaufgerätehersteller für die von ihm verkauften Modelle, teilgenommen hat. Vergewissern Sie sich, daß der Händler die gebräuchlichsten Ersatzteile für Ihr Kreislaufgerät auf Lager hat und auch über alle Spezialwerkzeuge verfügt, die für die Serviceleistungen nötig sind. Es gibt nichts Schlimmeres, als ein teures Kreislaufgerät zu besitzen und dann herausfinden zu müssen, daß der Händler nicht in der Lage ist, Servicearbeiten daran durchzuführen.

Die Unterstützung, die der Händler vom Hersteller des Kreislaufgerätes bekommt, ist Teil eines guten Händlerservices. Der beste Händler kann nicht besser sein als die Unterstützung, die er von der Fabrik bekommt. Selbst wenn der Händler gut ausgebildet oder entsprechend ausgerüstet ist, um Servicearbeiten an Ihrem Kreislaufgerät vorzunehmen, hilft das wenig, wenn er nicht in der Lage ist, die entsprechenden Ersatzteile vom Hersteller zu bekommen.

Welches Modell sollten Sie kaufen?

Wenn Sie sich mit dem Gedanken beschäftigen, ein Kreislaufgerät zu kaufen, sollten Sie eine bestimmte Anwendung im Auge haben. Sie müssen die Vor- und Nachteile jedes Kreislaufgerätetyps abwägen, um sicherzustellen, daß das vorgesehene Gerät, für die Tiefe, die Tauchzeiten und die Umweltbedingungen, unter denen Sie Ihre Tauchgänge durchführen werden, geeignet ist. Die beste Art dies herauszufinden, besteht darin, einen Kreislaufgerä-tekurs zu absolvieren.

Einer der wichtigsten Aspekte bei der Auswahl eines Kreislaufgerätes bezieht sich auf die Entwicklung und den Test des betreffenden Kreislaufgerätes. Unterziehen Sie die diesbezüglichen Behauptungen des Herstellers einer genauen Prüfung! Wie lange wird das Gerät schon hergestellt? Wer hat es verwendet? Welche Art von Tauchgängen sind mit diesem spezifischen Modell durchgeführt worden? Wie viele Testtauchgänge wurden mit Prototypen dieses Gerätes durchgeführt, bevor es in Serie ging?

Prüfen Sie nach, ob der Hersteller die Tests, die mit diesem Modell unternommen wurden, dokumentiert hat. Wurde z.B. die Einsatzdauer des Atemkalkbehälters bei einer leichten, mittleren oder schweren Arbeitsbelastung getestet? Manchmal werden auch typische Einsatzbedingungen kombiniert, um einen genaueren Eindruck davon zu bekommen, wie das Gerät sich verhalten wird.

Viele Hersteller arbeiten mit Testlabors zusammen, um ihre Geräte zu prüfen. Sie unternehmen bemannte oder unbemannte Testtauchgänge in eigener Regie. In einigen Ländern überwachen Regierungsbehörden Standards sowie Testreihen, die zur Ausstellung von Zertifikaten führen, oder sie akzeptieren einfach die Testdaten der Herstellerstudien.

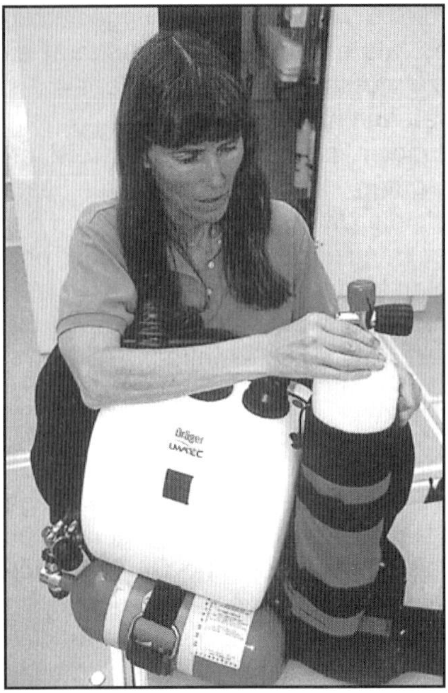

Für flachere Sporttauchgänge wird ein halbgeschlossenes Kreislaufgerät den Bedürfnissen der meisten Taucher entsprechen.

Für flache Sporttauchgänge in Tiefen von weniger als 30 Metern wird für die meisten Taucher wahrscheinlich eine halbgeschlossene Einheit den Bedarf abdecken. Außerdem wird sie mit dem Budget übereinstimmen. Falls Sie aber ein Technical Diver oder ein Berufstaucher sind, konzentriert sich ihr Interesse wahrscheinlich eher auf ein geschlossenes elektronisch gesteuertes System.

Checkliste für den Kauf

Die folgende Checkliste beinhaltet die wichtigsten Punkte, die vor dem Kauf eines Kreislaufgerätes zu berücksichtigen sind.

- Nach welchem Prinzip funktioniert das Gerät? Handelt es sich um eine halbgeschlossene oder eine geschlossene Einheit?
- Wie schwer ist die komplette Einheit an Land und im Wasser?
- Welche Abmessungen hat das Gerät?
- Bis in welche maximale Tiefe kann mit dieser Einheit getaucht werden?

- Wie tief ist der vorgesehene Einsatzbereich?
- Wie groß ist der Durchmesser der Atemschläuche? Größer ist meist wirklich besser. Irgendwann kommt jedoch der Punkt, an dem die Schläuche die Bewegungen Ihres Kopfes behindern.
- Wie groß ist die Kapazität des Atemkalkbehälters, das heißt wieviel Kilo Atemkalk benötigen Sie, um ihn zu füllen?
- Mit welchem Atemkalk muß das Gerät gefüllt werden?
- Für welche Atemkalkkörnung ist das Gerät geeignet?
- Wieviel Tauchzeit haben Sie mit einem Atemkalkbehälter, bei welcher Temperatur und bei welcher Arbeitsleistung?
- Welche maximale Tauchzeit erlaubt das System?
- Über welche Kontrollsysteme verfügt die Einheit; das heißt, haben Sie eine Kontrollmöglichkeit über Sauerstoff, Atemgase und Bypassfunktionen?
- Ist das Gerät mit Alarmmechanismen ausgestattet?
- Welche Tarierhilfe hat das Gerät?
- Über welches Bailoutsystem verfügt das Gerät?
- Welche Testdaten zur Leistung des Systems sind zugänglich?
- Wer hat das System getestet, wo und wie?
- Wird bei dem Gerät reiner Sauerstoff verwendet?
- Wer hat das Sauerstoffüberwachungssystem und die elektronischen Kontrolleinheiten hergestellt?
- Wie lange hält die Systembatterie und wie teuer sind Austauschbatterien?
- Wie leicht sind Austauschbatterien erhältlich?
- Verfügt die Einheit über ein Computerinterface, oder benötigen Sie gar ein solches?
- Welche Accessoires und zusätzliche Ausrüstungsteile sind er-hältlich?
- Gibt es ein umfangreiches Handbuch für das Gerät, in dem der Zusammenbau und die Wartung im Detail beschrieben werden?
- Wieviele Geräte dieses speziellen Modells sind schon verkauft worden?

- Wie sehen die Garantieleistungen aus?
- Wie lange baut der Hersteller diese Art von Ausrüstung schon?

Wenn Sie wissen, auf welche Besonderheiten Sie beim Kauf eines Kreislaufgerätes achten müssen, wird Ihnen das helfen, die richtige Kaufentscheidung zu treffen, mit der Sie auch später noch zufrieden sind. Bevor Sie ein Kreislaufgerät kaufen oder verwenden, sollten Sie sich deshalb auch ausführlich mit Tauchern unterhalten, die sich mit diesen Geräten gut auskennen.

Kapitel 4

Die Gefahren des Kreislaufgerätetauchens

Tauchen ist nie ganz ohne Risiko, ob Sie nun an einem flachen Riff in der Karibik schnorcheln, oder einen 100 Meter Tauchgang in einer Höhle unternehmen. Der vorsichtige Taucher tut alles, was in seinen Möglichkeiten steht, um diese Gefahren so gering wie möglich zu halten. Er ist aber auch gleichzeitig für die Einsicht offen, daß er niemals alle Risiken vollständig vermeiden kann.

Das Tauchen mit einem geschlossenen oder halbgeschlossenen Kreislaufgerät ist problematischer als Drucklufttauchgänge mit normaler offener Ausrüstung. Kreislaufgeräte haben aber auch eine Vielzahl von Vorteilen und erweitern Ihre Möglichkeiten über den Rahmen hinaus, den Ihnen die traditionelle Tauchausrüstung setzt. Indem wir versuchen, die mit der Verwendung von Kreislaufgeräten verbundenen Risiken zu verstehen, können wir sie vermindern und die nötigen Sicherheitsvorkehrungen treffen. So kann z.B. eine angemessene Backupausrüstung verwendet werden, um das Tauchen so sicher wie möglich zu machen. Richtige Ausrüstung und Vorbereitung vorausgesetzt, ist die Wahrscheinlichkeit, daß ein Kreislaufgerätetaucher einen ernsthaften Unfall erleidet, gering.

Alle Probleme, die beim Gebrauch eines Kreislaufgerätes auftreten können, bringen das Risiko gesundheitlicher Schäden mit sich. Nicht alle Gefahren beim Tauchen mit Kreislaufgeräten sind jedoch gerätespezifisch. Bestimmte Risiken, wie z.B. die ZNS-Sauerstoffvergiftung, können die direkte Folge eines Überschreitens des Tiefenlimits sein. Diese Tiefenlimits sind durch den Sauerstoffpartialdruck vorgegeben. Ein solcher Unfall könnte auch bei Verwendung eines offenen Systems auftreten, wenn Luft in extremen Tiefen verwendet wird oder wenn bei Nitroxtauchgängen die relativ flachen

Tiefengren-zen überschritten werden. Eine Sauerstoffvergiftung kann aber bei Verwendung eines Kreislaufgerätes auch das Resultat einer falsch montierten halbgeschlossenen Einheit sein. Auch ein ausgefallener Sauerstoffsensor bei Verwendung eines geschlossenen Kreislaufgerätes kann zu einer Sauerstoffvergiftung führen. Unabhängig davon, wie diese Probleme auftreten, der Schlüssel zur Problemlösung besteht hier eher in der Vorbeugung, als in dem Versuch, das Problem nach seinem Auftreten zu beheben.

Folgende unmittelbaren Gefahren sind für das Tauchen mit Kreislaufgeräten typisch: Sauerstoffvergiftung (Hyperoxie), Sauerstoffmangel (Hypoxie), Kohlendioxidvergiftung (Hyperkapnie), sowie chemische Verbrennungen (Verätzungen). Allein der Versuch, diese Risiken zu buchstabieren, wird einige Taucher vom Tauchen mit Kreislaufgeräten abhalten!

Natürlich kann eine Stickstoffnarkose auch mit einem Kreislaufgerät auftreten, sobald Stickstoff ein Teil des verwendeten Atemgasgemisches ist; das ist auch nicht anders als beim Tauchen mit einem offenen System. Und natürlich lauern auch all die anderen Gefahren ständig im Hintergrund die jeden Tauchgang begleiten. Diese reichen von Druckausgleichproblemen im Bereich der Ohren und Nebenhöhlen, zu Lungenüberdruckunfällen, Dekoerkrankungen, Verletzungen durch Meerestiere, Ertrinken, Haiangriffe bis hin zum profanen Windelausschlag durch urinieren in den Naßtauchanzug.

Um mit einem Kreislaufgerät mit einem gewissen Maß an Sicherheit tauchen zu können, müssen Sie die möglichen Gefahren dieser Art von Ausrüstung wirklich verstanden haben. Einige der Gefahrensituationen treten plötzlich und ohne Vorwarnung auf. Andere machen während kürzerer oder längerer Vorwarnzeiten durch mehr oder weniger deutliche Anzeichen auf die herannahende Katastrophe aufmerksam. Für einen Kreislaufgerätetaucher kann das Wissen um die Anzeichen und Symptome dieser Gefahren sowie das Erkennen einer Gefahrensituation den Unterschied zwischen Leben und Tod bedeuten.

Sauerstoffvergiftung

Wissenschaftler unterscheiden zwischen zwei Typen von Sauerstoffvergiftung: der pulmonalen Sauerstoffvergiftung und der ZNS-Sauerstoffvergiftung. Die pulmonale Sauerstoffvergiftung kann auftreten, wenn eine Person für einen längeren Zeitraum einem erhöhten Sauerstoffpartialdruck ausgesetzt ist. Dasselbe ist etwa bei einem Krankenhauspatienten, der unter einem Sauerstoffzelt liegt, der Fall. Das Hauptsymptom dieser Erkrankung sind Atembeschwerden durch eine Reizung der Lungen.

Eine ZNS-Sauerstoffvergiftung tritt auf, wenn ein Taucher in der Tiefe einem hohen Sauerstoffpartialdruck (PO_2) ausgesetzt ist. Aus praktischen Erwägungen heraus werden wir einen Partialdruck, der über 1.4 bar liegt, als hohen Sauerstoffpartialdruck bezeichnen. Ein Sauerstoffpartialdruck von 1.4 bar entspricht der Atmung von reinem Sauerstoff in einer Tiefe von ungefähr vier Metern. Eine ZNS-Sauerstoffvergiftung wird manchmal auch als "akute" Sauerstoffvergiftung bezeichnet.

Einige Experten betrachten bei Verwendung von Kreislaufgeräten Sauerstoffpartialdrücke von bis zu 1.6 bar als akzeptabel. Wir vertreten aber in Einklang mit wissenschaftlichen Untersuchungen den konservativeren Ansatz, der unserer Ansicht nach sowohl dem Sporttaucher als auch dem Technical Diver ausreichende Entfaltungsmöglichkeiten bietet. Die wenigen zusätzlichen Meter, die Sie durch einen höheren PO_2 gewinnen, sind das Risiko nicht wert, das sauerstoffbedingte Krampfanfälle mit sich bringen. Unserer Ansicht nach ist ein maximaler PO_2 von 1.4 bar eine vernünftige Entscheidung für Sporttaucher.

Eine Vollgesichtsmaske könnte Ihr Leben retten, sollten Sie unter Wasser einen sauerstoffbedingten Krampfanfall erleiden.

Eine ZNS-Sauerstoffvergiftung kann unabhängig davon eintreten, ob Sie ein halbgeschlossenes oder geschlossenes Kreislaufgerät verwenden. Auch wenn die toxische Wirkung des Sauerstoffs unter Druck Sie nicht direkt tötet, könnte ein sauerstoffbedingter Krampfanfall unter Wasser diese Wirkung haben. Diese Gefahr besteht besonders, wenn Sie alleine sind und/oder keine Vollgesichtsmaske tragen.

Die Ursache einer Sauerstoffvergiftung ist ein Überschuß von jenen chemischen Elementen, die als “freie Radikale” bekannt sind. Sie sind in hohen Konzentrationen anwesend, wenn der Körper hohen Sauerstoffpartialdrücken ausgesetzt ist. Diese chemischen Elemente sind giftig für den menschlichen Körper. Auch wenn die genauen Entstehungsmechanismen der Sauerstoffvergiftung nicht bekannt sind, so wird vermutet, daß diese toxischen Elemente eine negative Wirkung auf das Nervensystem haben. Sie findet ihren Ausdruck in den Symptomen der Sauerstoffvergiftung.

Die Symptome einer Sauerstoffvergiftung sind unter anderem Beeinträchtigungen des Sehvermögens, ein Klingeln in den Ohren und haluzinatorisches Hören von Geräuschen, Übelkeit, Zucken der Lippen, Reizbarkeit (Verwirrungszustände, Nervosität, Müdigkeit) sowie Schwindel und Benommenheit.

Die schwerwiegendsten Symptome einer Sauerstoffvergiftung aber sind die Kämpfe, die vergleichbar sind mit denen von Epileptikern während eines großen epileptischen Anfalls.

Während es für jeden Taucher einsichtig ist, daß ein Krampfanfall unter Wasser sehr problematisch ist, so sind sauerstoffbedingte Krämpfe besonders gefährlich. Diese können fast oder sogar völlig ohne Vorwarnung auftreten. Manchmal gehen sauerstoffbedingten Krampfanfällen die oben aufgelisteten Symptome voraus. Manchmal aber ist auch der Krampfanfall selbst das erste Anzeichen dafür, daß etwas nicht in Ordnung ist.

Wenn Sie während eines sauerstoffbedingten Krampfanfalls in der Tiefe Ihr Mundstück verlieren, werden Sie wahrscheinlich ertrinken. Dies ist einer der Gründe, warum eine Vollgesichtsmaske beim Tauchen mit Kreislaufgeräten sehr empfehlenswert ist.

Forschungsergebnisse zeigen, daß die Krämpfe selbst nicht zu dauerhaften Schäden führen, vorausgesetzt Sie überleben den Krampfanfall. Wenn Sie natürlich während der Krämpfe Wasser einatmen, oder als Resultat eines raschen Rettungversuchs einen Lungenüberdruckunfall erleiden, so zieht das andere Probleme nach sich. Mit diesen können Sie sich aber nach dem Tauchgang auseinandersetzen. Die Erholungsphase nach den Krämpfen dauert gewöhnlich weniger als fünf Minuten, nachdem wieder ein Wechsel auf Luftatmung erfolgte.

Zu den Faktoren, die eine Sauerstoffvergiftung auslösen können, gehören ein Überschreiten der maximal zulässigen Tiefe Ihrer Atemgasmischung, das Überschreiten der maximalen Sauerstoffdosis (entweder während eines Tauchgangs oder mehrerer Tauchgänge), körperliche Anstrengung, erhöhte Insulinwerte sowie ein hoher Kohlendioxidpegel. Die ZNS-Sauerstoffvergiftung ist in erster Linie eine Funktion aus Tiefe und Zeit. Wenn Sie aber unter Wasser hart arbeiten oder kräftig schwimmen, ein insulinabhängiger Diabetiker sind oder aber Ihr Atemkalk an Wirkung zu verlieren beginnt, sind Sie anfälliger für das Einsetzen einer Sauerstoffvergiftung.

Ein Versagen des Atemkalks ist ein Problem, das ganz offensichtlich auf Kreislaufgeräte beschränkt ist. Ein Taucher mit offenem System muß sich damit nicht beschäftigen. Dies ist einer der Gründe dafür, warum Sie peinlich genau Buch darüber führen müssen, wie lange Sie den Atemkalk in Ihrem Kreislaufgerät benutzen und warum Sie diesen auch rechtzeitig austauschen müssen.

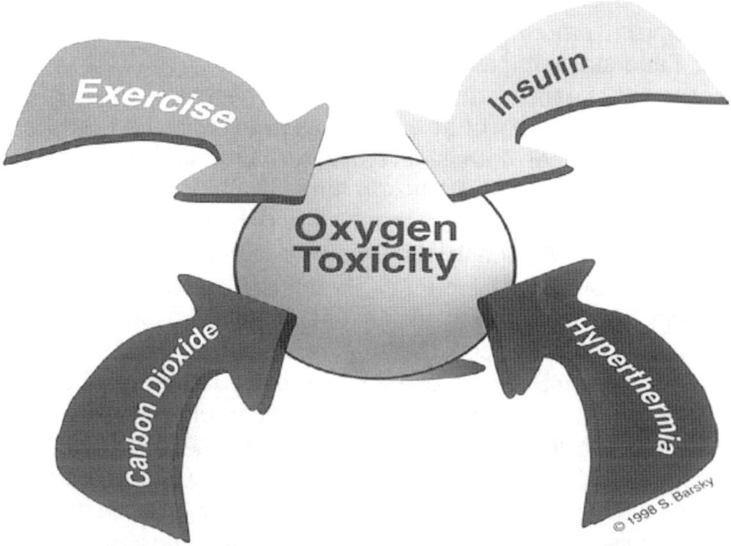

Faktoren, die eine Sauerstoffvergiftung beeinflussen sind Exercise (körperliche Anstrengungen), Insulin, Carbon Dioxide (Kohlendioxid), Hyperthermia (Hyperthermie = Überhitzung) und Oxygen Toxicity (Sauerstoffvergiftung).

Dr. Kenneth Donald, einem Angehörigen der Königlich Britischen Marine, verdanken wir wesentliche Erkenntnisse über das Phänomen der Sauerstoffvergiftung. Seine Forschungen begannen 1942 und basierten auf der Nutzung von geschlossenen Kreislaufgeräten durch Taucher der Königlich Britischen Marine. Sein Buch "Oxygen and the Diver" (Sauerstoff und der Taucher) gilt als das Standardwerk über die Sauerstoffvergiftung und deren Umfeld.

Donald fand heraus, daß es enorme Abweichungen in der individuellen Toleranz von Tauchern gegenüber hohen Sauerstoffdrücken gab. Der Grad dieser Abweichungen schwankte täglich. Während ein Taucher an einem Tag einen relativ hohen Sauerstoffpartialdruck tolerieren konnte, war es möglich, daß es am folgenden Tag nach einer relativ kurzen Zeit in geringer Tiefe zu Krämpfen kam. Die einzige Möglichkeit, die Wahrscheinlichkeit einer Sauerstoffvergiftung wirksam zu reduzieren, lag darin, den maximalen PO_2 auf einen Level, auf dem fast nie Krämpfe auftraten, zu beschränken.

Der wahrscheinlich häufigste Grund einer Sauerstoffvergiftung ist zugleich der am leichtesten zu vermeidende: das Überschreiten der Tiefen- und Zeitlimits für die aktuelle Gasmischung. Diese Grenzwerte sollten mit geradezu religiöser Genauigkeit beachtet werden. Jedes Überschreiten der maximalen Tiefen- oder Zeitlimits für Ihr Gasgemisch erhöht massiv die Wahrscheinlichkeit des Auftretens einer Sauerstoffvergiftung.

Wenn Sie ein elektronisch gesteuertes geschlossenes Kreislaufgerät verwenden, so gibt es einige zusätzlich mögliche Ursachen für das Auftreten einer Sauerstoffvergiftung. Zum einen kann die Elektronik, die den Sauerstoffgehalt in Ihrem System kontrolliert, versagen. Wenn Sie das nicht bemerken, kann sich der Sauerstoffgehalt in Ihrem System aufbauen und zu Problemen führen. Wenn Sie Ihr System unbeabsichtigt mit reinem Sauerstoff spülen, oder dies im Rahmen Ihrer Deko absichtlich tun und dabei nicht sorgfältig auf Ihre Tiefe achten, könnte auch dies zu einer Sauerstoffvergiftung führen.

Selbst wenn Sie beim Einsetzen einer Sauerstoffvergiftung nicht alleine sein sollten, können Sie sich nicht darauf verlassen, daß Sie Ihr Partner vor dem Ertrinken retten kann. Der helfende Taucher hat es nämlich schwer, einen von Krämpfen geschüttelten Taucher im Wasser ruhig zu halten. Zusätzlich muß er natürlich noch das Mundstück in dessen Mund fixieren, und dabei Tarierung und Tiefenkontrolle für beide Taucher übernehmen. Aus diesem Grunde ist eine Vollgesichtsmaske ein Muß für jeden, der unter Sauerstoffpartialdrücken taucht, die das Risiko einer Sauerstoffvergiftung mit sich bringen.

Bei Verwendung eines Kreislaufgerätes muß eine Sauerstoffvergiftung immer als ernste Bedrohung Berücksichtigung finden. Zum Glück ist sie relativ einfach zu vermeiden. Versuchen Sie nicht, die Grenzen immer weiter hinauszuschieben. Spielen Sie nicht mit dem Risiko einer Sauerstoffvergiftung, wenn Sie glauben, die Symptome rechtzeitig erkennen zu können. Es kann passieren, daß Sie sich ohne jegliche Vorwarnung plötzlich im Würgegriff einer Sauerstoffvergiftung wiederfinden.

Sauerstoffunterversorgung (Hypoxie)

Hypoxie ist der Zustand, bei dem Sie zu wenig Sauerstoff in Ihrer Atemgasmischung haben. Diese Situation kann zum Tode führen.

Menschen können ein relativ breites Spektrum von Sauerstoffanteilen tolerieren. Ein Sauerstoffanteil von nur 16% ist ausreichend, um einen Menschen am Leben zu halten, obwohl es zugegebenerweise schwierig wäre, mit einer derart sauerstoffarmen Mischung hohe Arbeitsleistungen zu vollbringen.

Die Symptome einer solchen Hypoxie äußern sich durch Sehstörungen (üblicherweise treten diese als Tunnelsehen auf), Atemlosigkeit, Kribbeln, Schwindel, Gefühllosigkeit in den Lippen sowie Bewußtlosigkeit. Es fällt Ihnen vielleicht auf, daß diese Symptome denen einer Hyperoxie (Sauerstoffvergiftung) recht ähnlich sind, so daß die Ursache des Problems unklar sein kann. Üblicherweise gibt es nur eine sehr kleine Zeitspanne zwischen dem Auftreten dieser Symptome und einer Bewußtlosigkeit. Sie müssen also darauf vorbereitet sein, augenblicklich auf Ihr Bailoutsystem zu wechseln, sobald Sie auch nur vermuten, daß es ein diesbezügliches Problem mit Ihrem Kreislaufgerät gibt.

Wenn Sie mit einem Kreislaufgerät tauchen, können Sie auf verschiedene Weise mit dem Problem einer Hypoxie konfrontiert werden. Ein Szenario ist mit fast allen Kreislaufgeräten möglich, während andere nur bei Verwendung eines halbgeschlossenen Systems auftreten können.

Unabhängig vom verwendeten Typ des Kreislaufgerätes, können Sie in eine Hypoxie geraten, wenn Sie vergessen, das System einzuschalten, bevor Sie ins Wasser gehen. Anders als bei offenen Systemen, wo sofort klar wird, daß der Atemregler kein Gas liefert, können Sie mit einem Kreislaufgerät immer noch atmen, obwohl kein neuer Sauerstoff nachgeführt wird. Da Luft aus 21% Sauerstoff besteht und Sie nur 16% Sauerstoff benötigen, um bei Bewußtsein zu bleiben, können Sie für ein oder zwei Minuten mit der verbliebe-

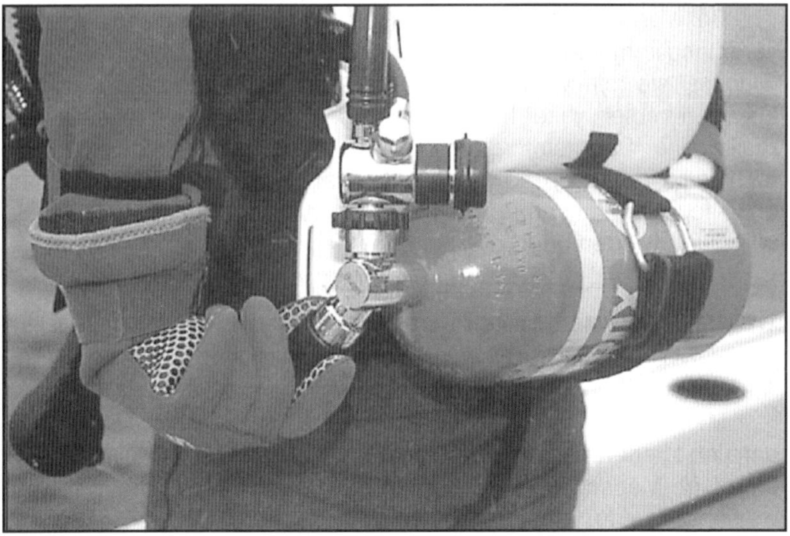

Vergessen Sie nie, Ihr Kreislaufgerät einzuschalten bevor Sie ins Wasser gehen!

nen Luft im Atembeutel und in Ihren Lungen überleben. Mit der Zeit aber verbrauchen Sie den Sauerstoff in Ihrem Atemkreislauf und werden aufgrund einer Hypoxie bewußtlos, falls Sie den Fehler nicht korrigieren und das Ventil Ihrer Druckgasflasche öffnen.

Wenn jetzt kein Helfer in der Nähe ist, werden Sie mit hoher Wahrscheinlichkeit ertrinken, sollte Ihr System nicht mit einem Sauerstoffsensor ausgerüstet sein, der Sie vor dem Problem warnen könnte. Letzteres würde aber auch nur dann helfen, wenn Sie in der Lage wären, rasch die Ursache des Problems zu erkennen und zu beseitigen. Beim Einsatz eines halbgeschlossenen Kreislaufgerätes sind verschiedene gerätespezifische Situationen denkbar, die zu einer Hypoxie führen können. Es kann z.B. vorkommen, daß eine für die aktuelle Gasmischung ungeeignete Konstantdosierdüse mit einer hohen Arbeitsleistung zusammenfällt. Wenn zu dieser Kombination noch ein Aufstieg hinzukommt, der ohne vorangehendes Spülen des Atembeutels durchgeführt wird, ist eine Hypoxie recht wahrscheinlich.

Ein korrekt durchgeführter Test der Dosiereinstellung vor dem Tauchen läßt Sie sehr schnell erkennen, ob Sie die korrekte Düse verwenden. Mit einem halbgeschlossenen Kreislaufgerät können Sie auch dann ein Problem haben, wenn die Konstantdosierdüse defekt oder beschädigt ist. Dadurch kann das Atemgas dem Kreislauf nicht mehr mit der richtigen Dosierung zugeführt werden.

Die Hersteller von halbgeschlossenen Kreislaufgeräten machen normalerweise Angaben über den Zeitraum, den ein bestimmtes Volumen an Atemgas benötigt, um durch die mitgelieferte Konstantdosierdüse zu strömen. Üblicherweise wird auch eine einfache Testvorrichtung im Lieferumfang beinhaltet sein, mit der Sie das Dosiervolumen testen können.

Hersteller von halbgeschlossenen Einheiten empfehlen meist, einen regelmäßigen Test dieses Dosiervolumens. Sie sollten auf keinen Fall ein halbgeschlossenes Kreislaufgerät von einem Hersteller kaufen, der keine Testvorrichtung mitliefert. Wenn Sie eine halbgeschlossene Einheit mit einem sauerstoffarmen Gemisch tauchen, dabei aber eine Dosierdüse verwenden, deren Dosierung für eine sauerstoffreiche Gasmischung ausgelegt ist, kann dies zu einem Sauerstoffmangel (Hypoxie) führen. Die Ursache hierfür liegt darin, daß die für eine sauerstoffreiche Mischung entwickelte Düse, eine Dosierung hat, die um bis zu zwei Drittel geringer sein kann als die Dosierung einer Düse, die für die sauerstoffärmere Mischung konzipiert wurde. Dies führt dazu, daß Sie die sauerstoffärmere Mischung über einen wesentlich längeren Zeitraum atmen werden und dabei den vorhandenen Sauerstoff stark reduzieren.

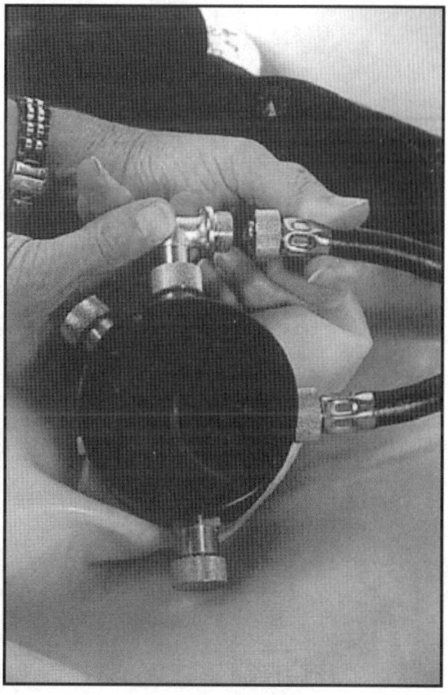

Wenn Sie ein halbgeschlossenes Kreislaufgerät mit Fertiggas verwenden, müssen Sie besondere Sorgfalt darauf verwenden, die Düse mit dem richtigen Dosiervolumen für die verwendete Gasmischung einzusetzen.

Ein anderes Problem bei halbgeschlossenen Kreislaufgeräten ist, daß Sie, unabhängig von Ihrer Arbeitsintensität, immer die gleiche Gasmischung geliefert bekommen. Das ist ein Nachteil, wenn Sie schwer arbeiten und viel Sauerstoff verbrauchen. Im Ruhezustand verbraucht unser Körper nur einen kleinen Teil des eingeatmeten Sauerstoffs, bei hoher Arbeitsintensität hingegen wird mehr davon verbraucht. Physiologen nennen dies Sauerstoffaufnahme oder Sauerstoffverbrauch. Das ist ein wichtiges Konzept, das jeder Taucher, der eine halbgeschlossene Einheit verwendet, verstehen muß.

Ein Taucher im Ruhezustand verbraucht etwa 1 Liter Sauerstoff pro Minute. Bei diesem Sauerstoffverbrauch beträgt der Sauerstoffanteil im Atembeutel eines Tauchers mit einem halbgeschlossenen Gerät von Dräger 47.6% und zwar trotz eines 50/50 Gemisches, das dem Atembeutel aus der Druckgasflasche zugeführt wird. Wenn der gleiche Taucher im oberen Bereich seiner Leistungsmöglichkeit arbeiten würde, könnte der Sauerstoffanteil in seinem Atembeutel bis auf 19.1% abfallen! Auch wenn dieser Sauerstoffanteil nicht niedrig genug ist, um eine Hypoxie zu bewirken, so können sauerstoffärme-

Bevor Sie einen direkten Aufstieg zur Oberfläche durchführen, müssen Sie Ihr halbgeschlossenes System spülen, indem Sie durch die Nase ausatmen.

re Mischungen Sie doch in eine ungünstige Position bringen, sollte Ihnen dieses Problem nicht bewußt sein.

Hypoxie kann auch während eines Aufstiegs mit einem halbgeschlossenen Kreislaufgerät auftreten. Dies geschieht, wenn der Partialdruck der Einzelgase, einschließlich des Sauerstoffs, abfällt, während sich der Taucher der Oberfläche nähert. Dies kann besonders dann gefährlich sein, wenn Sie einen Notaufstieg durchführen und dabei heftig atmen.

Es ist deshalb von großer Wichtigkeit, daß Sie Ihren Atembeutel mehrere Male durchspülen, bevor Sie einen direkten Aufstieg zur Oberfläche durchführen. Damit können Sie sicherstellen daß Sie vor Ihrem Aufstieg einen ausreichenden Sauerstoffanteil im Atembeutel haben.

Der Körper erholt sich sehr rasch von einer Hypoxie, meist innerhalb weniger Minuten, nachdem wieder Luft oder reiner Sauerstoff geatmet werden. Auch Spätschäden brauchen Sie nicht zu befürchten, vorausgesetzt, Sie waren nicht lange genug bewußtlos, um einen Gehirnschaden davonzutragen.

Es wäre gut, wenn jedes Kreislaufgerät über eine Sauerstoffkontrolleinrichtung verfügen würde. Das könnte helfen, das Risiko der Hypoxie zu entschärfen. Vergessen Sie aber nicht, daß, falls diese Kontrolleinrichtung ausfällt, ebenfalls keine Warnung vor einem gefährlichen Absinken des Sauerstoffgehalts erfolgt.

Kohlendioxidvergiftung

Kohlendioxid (CO_2) ist das hauptsächliche Stoffwechselprodukt des Körpers aus unserer Atmung. Ein bestimmter Anteil von Kohlendioxid muß in unserem Körper vorhanden sein, um den Atemanreiz zu steuern. Ein Zuviel ist aber auch hier schädlich und kann zu schweren Unfällen führen. Eine Kohlendioxidvergiftung (Hyperkapnie) tritt dann auf, wenn sich zuviel Kohlendioxid im Atemkreislauf befindet. Das deutlichste Symptom für eine Kohlendioxidvergiftung ist ein Gefühl von Atemlosigkeit, das auch in Verbindung mit schweren Kopfschmerzen auftreten kann. Wenn nichts unternommen wird, um das Problem zu lösen, kann der Taucher schließlich bewußtlos werden.

Die Symptome der Kohlendioxidvergiftung entwickeln sich nicht so schnell wie die einer Sauerstoffvergiftung. Wenn Sie auf der Hut sind, sollten Sie in vielen Fällen die Zeit haben, das Problem zu erkennen und entsprechend zu handeln.

Wenn Sie plötzlich das Gefühl haben, nicht mehr unbeschwert atmen zu können, sollte dies eine Warnung sein, daß ein ernsthaftes Problem vorliegt. Die offensichtliche Lösung besteht darin, sofort auf Ihr Bailoutsystem zu wechseln und den Tauchgang abzubrechen.

Eine Kohlendioxidvergiftung kann immer bei Problemen mit dem Atemkalk auftreten. Dies kann verschiedene Ursachen haben und einmal an Problemen mit dem Behälter selber liegen, oder daran, wie dieser Behälter gefüllt wurde. Sie kann auch durch ein Versagen der Einwegventile im Mundstück des Kreislaufgerätes verursacht sein. Das würde dazu führen, daß Sie das Gas, das Sie ausatmen sofort wieder einatmen, ohne daß es zuvor durch den Atemkalkbehälter bewegt wurde. Wenn das Problem beim Atemkalkbehälter zu finden ist, so kann das entweder an einem beschädigten Behälter oder einem Versagen der Dichtung des Behälters liegen. In beiden Fällen ist die eigentliche Ursache des Problems das Eindringen von Wasser in den Behälter, was dazu führt, daß der Atemkalk nicht richtig funktioniert. Zusätzlich wirft der nasse Atemkalk auch noch das Problem möglicher Verätzungen auf.

Wurde der Atemkalkbehälter nicht richtig gefüllt wurde, so daß der Inhalt nicht dicht genug gepackt ist, könnte das Ausatemgas so durch den Kanister strömen, daß das Kohlendioxid nicht ausreichend mit dem Atemkalk in Berührung kommt. Wir sprechen dann von einer

Wasser in Ihrem Atemkalkbehälter ist ein ernsthaftes Problem!

Achen Sie darauf, daß Sie den Deckel Ihres Behälters mit Atemkalkvorrat immer gut verschließen.

Kanalbildung, die zu einem Kohlendioxidaufbau im Atemkreislauf führt.

Ein Problem kann auch entstehen, wenn der Atemkalk nicht richtig gelagert wurde, sich also z.B. in einem unzureichend oder gar nicht verschlossenen Behälter befand. Der Kalk ist dann vielleicht unbrauchbar, weil er seine Feuchtigkeit verloren und schon Kohlendioxid aus der Umgebungsluft absorbiert hat. Das ist besonders gefährlich. Auch Kalksorten mit Farbindikator, die sich zwar unmittelbar nach Verwendung blau (oder violett) verfärben, werden nach einer Lagerung von etwa 24 Stunden wieder weiß. Das bedeutet, daß ein Atemkalk, der über einen längeren Zeitraum nicht sachgemäß gelagert wurde, seinen Zustand nicht sichtbar anzeigt. Wenn Sie irgendwelche Zweifel hinsichtlich des vorgesehenen Atemkalks haben, sollten Sie diesen umgehend gegen frisches Material austauschen.

Auch niedrige Temperaturen bewirken, daß die meisten Atemkalksorten nicht richtig funktionieren. Vor allem bei Umgebungstemperaturen unter dem Nullpunkt ist es wichtig, den Atemkalk richtig zu lagern. In einem extrem kalten Klima ist es wichtig, den Atemkalk für eine Periode von 24 Stunden vor Gebrauch, bei einer Temperatur von mindestens 21° C zu lagern. Bei Eistauchgängen oder Tauchgängen in Gewässern mit einer Temperatur nahe dem Nullpunkt, kann es nützlich sein, den Atemkalkbehälter mittels einer Neoprenhülle zu isolieren, um eine möglichst hohe Leistungsfähigkeit des Atemkalks zu gewährleisten.

Die Effizienz des Atemkalks ist also in hohem Maße abhängig von der Wassertemperatur. Militärische Tests haben gezeigt, daß diese Effizienz bei Temperaturen von weniger als 4° C um die Hälfte zurückgehen kann.

Wenn der Atemkalk in einem korrekt gefüllten Behälter in der Wirksamkeit nachläßt, sprechen wir davon, daß er das Ende seiner Anwendungsdauer (engl. breakthrough point) erreicht hat. Die bis dahin verstreichende Zeit, kann als Kanisterdauer (engl. breakthrough time) bezeichnet werden. Wenn dieser Punkt erreicht ist, ist es an der Zeit den Tauchgang zu beenden, weil sich das Kohlendioxid ab diesem Zeitpunkt schnell im Atemkreislauf aufbaut. Es kommt aber eher selten vor, daß ein Taucher einen einzelnen Tauchgang unter Ausnützung der vollen Kapazität des Atemkalkbehälters durchführt. Darum ist es nicht unüblich, daß Taucher den teilweise verwendeten Atemkalk für mehrere Tauchgänge verwenden und ihn zwischen den Tauchgängen im Atemkalkbehälter belassen. Wenn Sie diese Praxis übernehmen, ist es wichtig, daß Sie die Einsatzzeiten des Atemkalks sorgfältig festhalten. Bewahren Sie gebrauchten Atemkalk nie im Originalbehälter auf, es sei denn, dieser ist klar als Behälter für gebrauchten Atemkalk gekennzeichnet. Wenn im Atemkalk eine Farbumkehrung stattfindet und dieser wieder weiß wird, gibt es keine Möglichkeit festzustellen, ob er bereits verwendet wurde.

Selbst wenn Sie den Atemkalk in Ihrem Gerät nicht vollständig verbraucht haben, sollten Sie eine neue Füllung verwenden, falls die empfohlene Gesamtnutzungszeit dieser Kalkfüllung während des nächsten geplanten Tauchgangs überschritten würde. Überschreiten Sie nie die empfohlene Tauchzeit des Atemkalkbehälters, weder während eines einzelnen Tauchgangs noch während mehrerer kürzerer Tauchgänge.

Einige Hersteller, wie z.B. Dräger, empfehlen, einen gefüllten Atemkalkbehälter unter keinen Umständen länger als ein paar Stunden zu lagern, ob dieser nun gebraucht, teilweise gebraucht oder frisch ist. Folgen Sie hier den Empfehlungen des Geräteherstellers.

Wenn Sie überhaupt keinen Atemkalk in Ihrem Atemkalkbehälter haben, steigt natürlich der Kohlendioxidgehalt in Ihrem System äußerst schnell an. Falls Sie unter diesen Bedingungen einen raschen Abstieg durchführen, könnte das tödliche Folgen haben, falls Sie nicht über ein offenes Bailoutsystem verfügen.

Erstickungstod

Ersticken ist definiert als eine Kombination von zuviel Kohlendioxid und nicht genug Sauerstoff.

Ein Ersticken kann eintreten, wenn Sie ein Kreislaufgerät verwenden, dessen Atemkreislauf nicht genügend Sauerstoff enthält und dessen Atemkalk nicht richtig funktioniert. Das Hauptsymptom des Erstickens ist starke Atemnot, die nach kurzer Zeit in Bewußtlosigkeit übergeht.

Verätzungen

Soda Lime ist der Stoff, der am häufigsten als Atemkalk in Kreislaufgeräten Verwendung findet. Soda Lime ist eine Mischung aus zwei Chemikalien, Ätznatron und gelöschtem Kalk. Ätznatron ist eine Mischung aus Natrium, Sauerstoff und Wasserstoff und hat die chemische Formel "NaOH". Gelöschter Kalk ist eine Mischung aus Kalzium, Sauerstoff und Wasserstoff, seine chemische Formel ist "$Ca(OH)_2$".

Wenn Kohlendioxid mit dem Atemkalkgranulat in Kontakt kommt, findet eine chemische Reaktion statt. Die sauren Eigenschaften des Kohlendioxids werden neutralisiert, und Wärme sowie Feuchtigkeit werden freigesetzt. Übrig bleibt einfacher Kalk. Wenn der Atemkalk aber mit größeren Mengen Wasser in Kontakt kommt, während er noch chemisch aktiv ist, entsteht ein "Ätzender Cocktail", der schwerwiegende Verätzungen an Lippen, Mund, Speiseröhre, Luftröhre sowie den Lungen hervorrufen kann.

Die meisten modernen Kreislaufgeräte versuchen mit Wasserfallen und Filtersystemen körperliche Schäden zu verhindern, falls ein Wassereinbruch in den Atemkalkbehälter stattfindet. Trotz

Ein "Ätzender Cocktail" ist eine "Spezialität", von der Sie besser die Finger lassen!

dieser Sicherheitsmaßnahmen bleibt jedoch ein kleines aber reales Risiko, daß dies trotzdem passiert. Wenn Sie den Verdacht haben, daß Wasser in Ihren Atemkalkbehälter eingedrungen ist oder spätestens beim ersten Auftreten eines Brennens im Mund, sollten Sie sofort auf Ihr Bailoutsystem überwechseln und den Tauchgang abbrechen. Taucher, die schon Erfahrungen mit einem "Ätzenden Cocktail" gemacht haben, berichten, daß sich die ätzende Flüssigkeit seifig anfühlt und auch so schmeckt. Einige Kreislaufgerätehersteller empfehlen für ihre Geräte die Verwendung von Lithiumhydroxid anstelle von Soda Lime. Sie sollten aber wissen, daß Lithiumhydroxid noch ätzender wirkt als Soda Lime und so bei einem Wassereinbruch in Ihr Gerät noch stärkere Verletzungen hervorrufen kann.

Wenn bei Ihnen eine Verätzung auftritt, sollten Sie die betroffenen Bereiche mit viel sauberem Wasser spülen und sofort einen Arzt aufsuchen.

Extreme Dekoverpflichtungen

Ein geschlossenes Kreislaufgerät ermöglicht Ihnen das Aufsuchen größerer Tiefen für längere Zeiträume. Bio-Marine z.B. gibt für sein geschlossenes BMR 500 eine mögliche Tauchtiefe von 150 Meter für 3.5 Stunden an. Bio-Marine und andere vergleichbare Kreislaufgeräte ermöglichen Ihnen Tauchtiefen und Tauchzeiten, die Sie in ernsthafte Schwierigkeiten bringen können, wenn Sie nicht sehr vorsichtig sind.

Eine sorgfältige Tauchgangsplanung und geeignete Backupsysteme sind ein Muß für jeden Taucher, der mit Kreislaufgeräten taucht. Aber auch solche Sicherheitsmaßnahmen können uns nur helfen, die Risiken des Tauchens mit Kreislaufgeräten zu verringern. Sie können diese niemals vollständig ausschließen.

Kapitel 5

Kreislaufgeräte mit halbgeschlossenem System

WARNUNG

In diesem Kapitel wird beschrieben, wie mit halbgeschlossenen Kreislaufgeräten getaucht wird. Die hier geschilderten Verfahren dienen nur der allgemeinen Information, da jedes Kreislaufgerät eigene, gerätespezifische Anforderungen an die Bedienung stellt. Auch wenn die Grundprinzipien der Gerätebedienung für jedes System gleich oder doch ähnlich sind, sollten Sie nur die Verfahrensweise anwenden, die man Ihnen für Ihr eigenes Gerät beigebracht hat.

Halbgeschlossene Kreislaufgeräte sind wahrscheinlich das ideale System für Sporttaucher, die Nullzeittauchgänge in Tiefen von weniger als 30 Metern durchführen wollen.

Für tiefere Tauchgänge oder Dekotauchgänge ist wahrscheinlich ein geschlossenes System die bessere Wahl. Manchmal werden halbgeschlossene Geräte auch als "Massenfluß"-Systeme bezeichnet. Diese Bezeichnung beschreibt die Tatsache, daß die meisten halbgeschlossenen Systeme einen kleinen, kontinuierlichen Strom von Atemgas in den Atemkreislauf einleiten. Einige halbgeschlossene Einheiten arbeiten aber auf Basis eines Proportionalsystems.

(Anm. d. Ü.: Barsky und die Co-Autoren gehen auf dieses System nicht näher ein. Gemeint ist hier aber offensichtlich eine

mechanische Tiefenkompensation, die auch bei einem halbgeschlossenen Gerät eine mit zunehmender Tiefe effizientere Gasausnützung bewirkt. Bedingt durch den mit steigender Tiefe zunehmenden Sauerstoffpartialdruck im Atembeutel, kann die Dosierung des Atemgases in der Tiefe verringert werden. Beim Wiederaufstieg wird die Dosierung dann wieder erhöht. Laut Herstellerangaben soll damit auch eine Hypoxie beim Aufstieg, selbst unter ungünstigen Bedingungen, vermieden werden können. Ein Beispiel für diese Art von Geräten sind die Entwicklungen Jack Kellons. Dieser hat Anfang der 90er Jahre für die kanadische Firma BMD das BMD SCR4 entwickelt, das einer der Vorgänger für das Halcyon war, das derzeit von der WKPP in Nordflorida zum Betauchen des Wakulla Höhlensystems verwendet wird.)

Für Tiefen von weniger als 30 Meter ist Nitrox bei Verwendung in Kreislaufgeräten ökonomischer und praktischer als alle anderen Atemgase. Der optimale Tiefenbereich mit den längsten Grundzeiten liegt für ein halbgeschlossenes Nitrox-Kreislaufgerät im Bereich bis 21 Meter. Unterhalb von 21 Metern verkürzt sich die maximale Grundzeit erheblich durch die Notwendigkeit, eine sauerstoffärmere Nitroxmischung mit einer im Verhältnis höheren Dosierrate zu verwenden.

Selbstmischende halbgeschlossene Kreislaufgeräte haben einen breiteren Einsatzbereich als Systeme, die auf vorgemischtes Gas angewiesen sind. Einige selbstmischenden Systeme können mit Helium-Sauerstoff-Mischungen bis in Tiefen von 82 Metern eingesetzt werden.

Wie halbgeschlossene Kreislaufgeräte mit Konstantdosierung funktionieren

Systeme mit vorgemischten Gasen

Hier gelangt das Atemgas aus einer oder mehreren Flaschen zunächst zu einem Druckminderer - meist der Hochdruckstufe eines Lungenautomaten. Dort wird es auf einen Druck von etwa 10 bar über Umgebungsdruck entspannt. Zwei Mitteldruckschläuche versorgen von dort aus sowohl die Konstantdosierdüse, wie auch das Bedarfsdosierventil, die sich meist im gleichen Gehäuse befinden. Bei einigen Systemen wird das Bedarfsdosierventil auch als Bypassventil bezeichnet. In den meisten Fällen ist ein Bypassventil ein manuell bedienbares Ventil, während das Bedarfsdosierventil automatisch funktioniert.

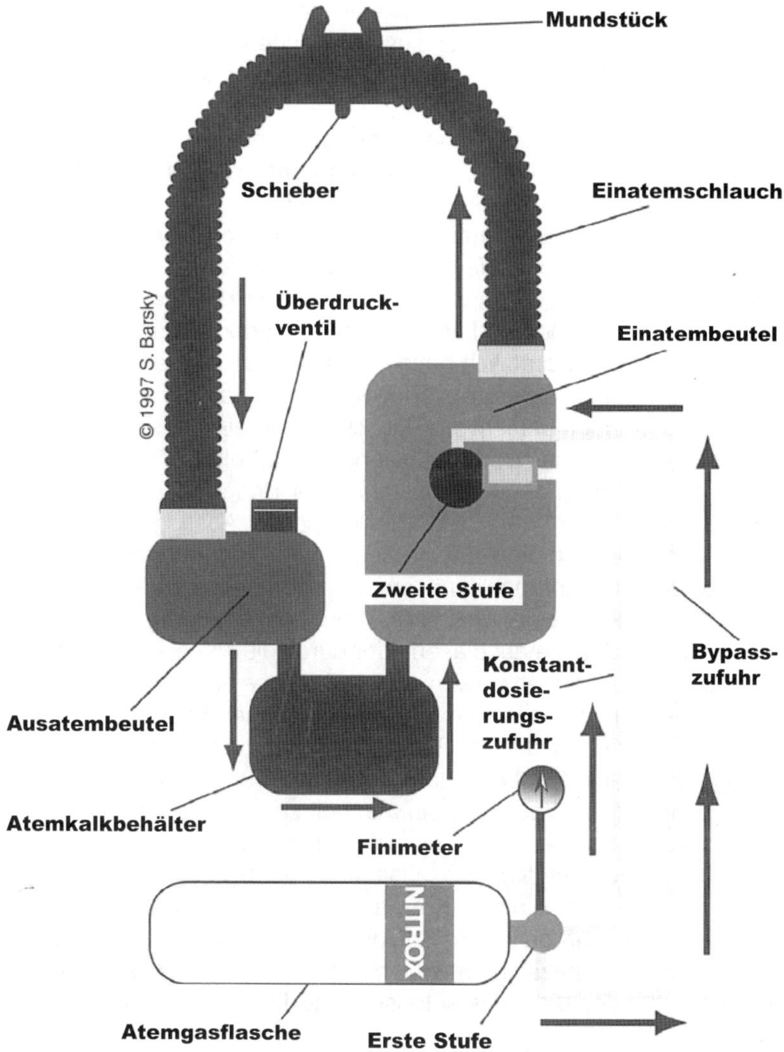

Bei diesem Schema ist der Gasfluß durch ein halbgeschlossenes Kreislaufgerät für vorgemischtes Nitrox dargestellt.

Die Konstantdosierdüse läßt eine konstante Atemgasmenge in den Atemkreislauf einströmen. Für die verschiedenen Nitroxmischungen sind üblicherweise Ventile mit unterschiedlich großen Öffnungen erhältlich. Solange das Flaschenventil geöffnet ist, strömt Nitrox kontinuierlich in das System. Aus diesem Grunde wird ein halbgeschlossenes Kreislaufgerät auch erst unmittelbar bevor Sie ins Wasser steigen, eingeschaltet.

Wenn Sie ein gutes Gehör haben und keine Kopfhaube tragen, sind Sie wahrscheinlich in der Lage, während des Tauchens das Gas durch die Konstantdosierdüse strömen zu hören.

Das Bedarfsdosierventil arbeitet auf ähnliche Weise wie eine konventionelle zweite Stufe eines offenen Kreislaufs. Das Bedarfsdosierventil schaltet sich dann ein, wenn es ein geringes Volumen in den Atembeuteln bemerkt. Es läßt dann Nitrox in den Atembeutel strömen, um das zusätzlich nötige Volumen zu schaffen.

Einige Kreislaufgeräte verfügen über zwei separate Ventile; eines das manuell bedient werden kann, und ein anderes, das ausschließlich wie ein Bedarfsdosierventil arbeitet. Dies hält das Volumen des Atembeutels konstant. Das Bedarfsdosierventil setzt normalerweise ein, wenn Sie einen raschen Abstieg durchführen. Dann reicht nämlich die ständige Zufuhr von Atemgas über die Konstantdosierdüse nicht mehr aus, um den Atembeutel zu füllen.

Das Bedarfsdosierventil wird auch dann Atemgas zuführen, wenn Sie Ihre Maske ausblasen oder durch die Nase ausatmen. Das Geräusch, das entsteht, wenn das Bedarfsdosierventil einsetzt, hört sich ähnlich an, wie der Atemregler eines offenen Systems beim Einatmen. Sie werden dieses Geräusch wahrscheinlich hören, gleichgültig ob Sie eine Haube tragen oder nicht.

Wenn Ihr Kreislaufgerät ein manuell zu bedienendes Ventil hat, so funktioniert dieses durch einfachen Knopfdruck. Sobald Sie den Ventilknopf drücken, fließt das Gas so lange, bis Sie den Knopf wieder loslassen. Bei einigen Kreislaufgeräten wird dieses Ventil bei raschen Abstiegen oder zum Spülen des Atemkreislaufs benutzt. Es wird als Bypass bezeichnet, weil das Gas nicht durch das Bedarfsdosierventil oder die Konstantdosierdüse fließt, sondern diese umgeht.

Das Atemgas aus den genannten Ventilen fließt an einer Stelle in den Atemkreislauf, die hinter dem Atemkalk liegt. Dieser Teil des Atemkreislaufs kann auch als Bedarfs- oder Einatmenseite bezeichnet werden. Hierhin fließt das Gas aus dem Atemkalkbehälter, nachdem es dort gereinigt wurde. Dieses Gas hat einen geringeren Anteil von Sauerstoff, da es sich um das Gas handelt, das Sie gerade ausgeatmet haben und das sich noch nicht mit dem neuen Gas aus dem Dosiersystem vermischt hat. Wenn sich dieses sauerstoffarme Gemisch mit dem neuen Nitrox aus Ihrer Flasche vermischt, so findet sich im Atembeutel ein geringerer Sauerstoffanteil als in der Nitroxflasche.

Wenn Sie einatmen, strömt das Gas aus dem Atembeutel in Ihre Lungen. Dabei gibt es bei den meisten Kreislaufgeräten keine mechanische Unterstützung, wie das z.B. bei Atemreglern mit Venturi-System der Fall ist.

Einwegventile auf jeder Seite des Mundstücks verhindern zum einen, daß Sie das ausgeatmete Gas unmittelbar wieder einatmen und zum anderen, daß das ausgeatmete Gas zurück in den Einatembeutel fließt. Wenn Sie ausatmen, wird eine kleine Menge dieses ausgeatmeten Gases in Form von sehr kleinen Bläschen durch das Überdruckventil abgegeben. Der Rest des Gases wird entweder in den Ausatembeutel geleitet oder, wie bei einigen Kreislaufgeräten, direkt in den Atemkalkbehälter.

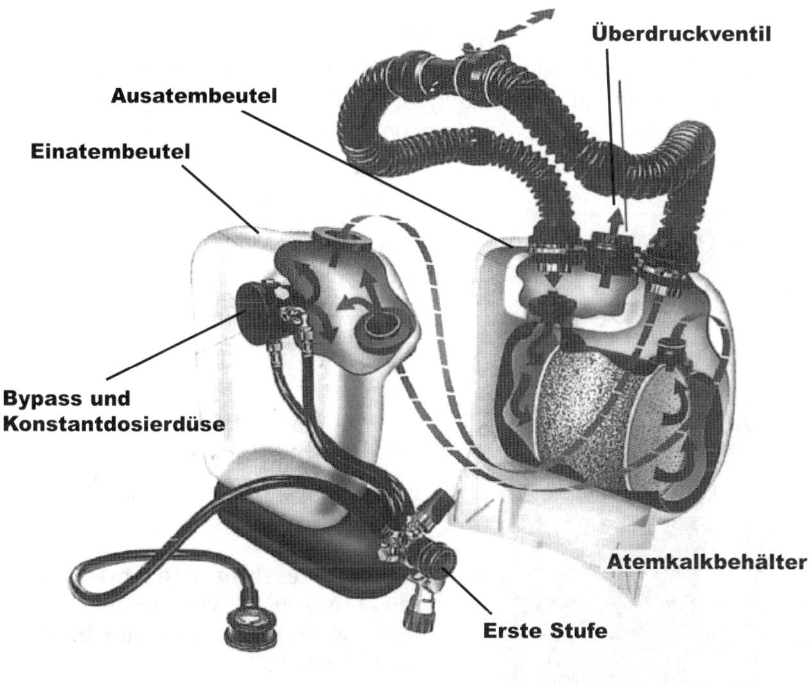

Diese Schnittzeichnung des Atlantis und Dolphin von Dräger wird Ihnen helfen zu verstehen, wie dieses System funktioniert. (Abdruck mit freundlicher Genehmigung von Dräger Dive, Travemünde.)

Der Atemkalkbehälter ist üblicherweise ein zylindrischer Behälter, in dem sich der Atemkalk befindet, der das Kohlendioxid aus dem Gas, das Sie ausatmen, entfernt. Danach wird das Gas, dem beim Atemvorgang Sauerstoff entzogen wurde, in den Einatembeutel weitergeleitet, wo es sich mit dem neuen Gas aus der Flasche vermischt.

Selbstmischende Systeme

Die Gasversorgung erfolgt hier über zwei Flaschen. Eine Flasche enthält reinen Sauerstoff, während die zweite Flasche entweder Nitrox oder Heliox (Helium und Sauerstoff) beinhaltet. Jede dieser Flaschen verfügt über einen Druckminderer, der den Flaschendruck auf etwa 10 bar über Umgebungsdruck reduziert. Das Gas aus jeder Flasche strömt durch eine Konstantdosierdüse, die einen kontinuierlichen Gasstrom in den Einatembeutel sendet. Zusätzlich gibt es eine Rückmeldungsleitung vom Überdruckventil zum Ausatembeutel, das den Zufluß von Füllgas und Sauerstoff in Abhängigkeit von der Tiefe steuert.

Im Einatembeutel vermischt sich dieses Gas mit dem gereinigten Gas aus dem Atemkalkbehälter und gelangt von dort in den Einatemschlauch und von da in Ihre Lungen. Ein Einwegventil auf jeder Seite des Mundstücks bewirkt eine Lenkung des Gasstrom in ausschließlich eine Richtung.

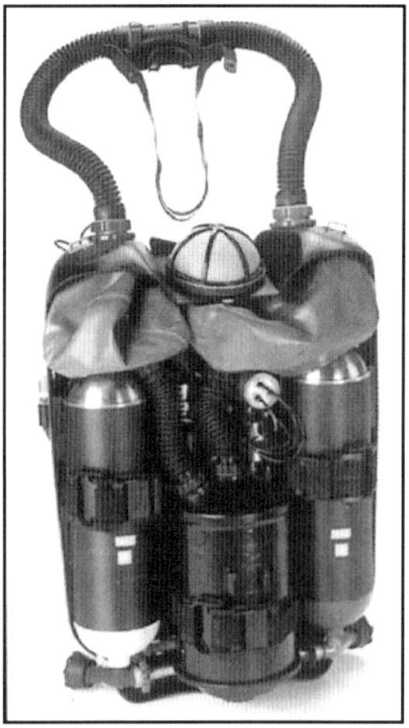

Das halbgeschlossene Kreislaufgerät M100 M von Dräger ist eine selbstmischende mechanische Einheit.

(Abdruck mit freundlicher Genehmigung von Dräger Dive, Travemünde.)

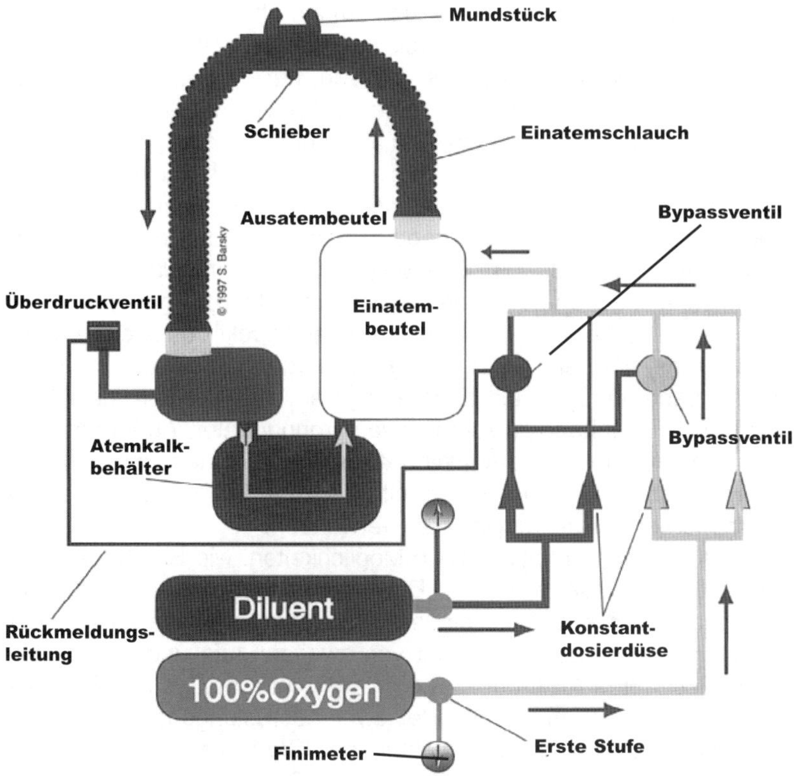

Selbstmischende halbgeschlossene Kreislaufgeräte benötigen zwei Gasflaschen, eine mit reinem Sauerstoff und eine zweite mit einem Füllgas.

Wenn Sie ausatmen, fließt das Gas zurück in das Mundstück, dann durch das Einwegventil in den Ausatemschlauch und wird von dort in den Ausatembeutel geleitet. Durch das Überdruckventil wird eine kleine Menge des ausgeatmeten Gases in das umgebende Wasser abgeleitet. Das Überdruckventil ist mit einer Rückmeldungsleitung verbunden. Diese kontrolliert den Gasdurchfluß durch die Bypassventile, welche die Sauerstoff- und Füllgaszufuhr regulieren.

Hinter dem Ausatembeutel fließt das Gas in den Atemkalkbehälter, wo es vom Kohlendioxid gereinigt wird. Die nächste Station im Kreislauf ist der Einatembeutel, wo es für den nächsten Atemzug bereitgestellt wird.

Zusammenbau des Systems vor dem Tauchen

Unabhängig davon, ob es sich um ein offenes Tauchgerät, eine Unterwasserkamera oder ein Kreislaufgerät handelt, werden Sie einige Zeit und Mühen aufwenden müssen, um Ihr System optimal zu konfigurieren. Hierfür gibt es eine Reihe von Möglichkeiten, von denen einige besser funktionieren als andere.

Die meisten Kreislaufgeräte sind nicht wirklich tauchfertig, wenn Sie sie auspacken. Einige Komponenten müssen hierzu noch an Ihre individuellen Bedürfnisse angepaßt werden. Neben anderen Komponenten sind hier z.B. Bailoutsystem, Inflatorschlauch für den Trockentauchanzug sowie die Gewichtsverteilung zu nennen.

Bailoutsysteme sind ein wesentlicher Aspekt des Kreislaufgerätetauchens. Für den Fall, daß Ihr Kreislaufgerät ausfällt, müssen Sie in der Lage sein, auf ein anderes System zu wechseln, das Ihnen eine völlig unabhängige Atemgasversorgung bietet. Außerdem werden Sie kaum Ihren Atemgasvorrat dafür verwenden wollen, Ihr BC oder Ihren Trockentauchanzug mit Gas zu füllen. Es bietet sich an, auch hierfür Ihr Bailoutsystem zu verwenden.

Es gibt zwei grundsätzliche Möglichkeiten, wie Sie Ihre Bailoutversorgung gestalten können. Entweder verwenden Sie hierzu eine gewöhnliche zweite Stufe eines Atemreglers, oder Sie entscheiden sich für eine integrierte Einheit von zweiter Stufe und Inflator, wie etwa Scubapros Air II oder für ein vergleichbares System. Eine solche integrierte Einheit verbindet zwei Ausrüstungsgegenstände in einem, hat aber auch den Nachteil, daß Sie keine zweite Stufe mit langem Schlauch zur Verfügung haben. Diese würde es in einem Notfall leichter machen, einen Tauchpartner über Ihr Bailoutsystem zu versorgen.

Einige Kreislaufgeräte verfügen über eine Vorrichtung, die eine Bailoutflasche aufnimmt. Bei anderen Geräten muß diese mittels Schlauchklemmen oder anderer Verbindungstücke befestigt werden. Im letzteren Falle müssen Sie sich sorgfältig überlegen, wie und wo Ihre Bailoutflasche am sinnvollsten befestigt werden kann. Hierzu sollten Sie folgende Faktoren berücksichtigen:

- Wie wird die Bailoutflasche das Gleichgewicht Ihres Systems beeinflussen?
- Wird die Positionierung der Bailoutflasche die Benutzung eines anderen Ausrüstungsstücks behindern oder erschweren?
- Können Sie die Bailoutflasche leicht erreichen, wenn Sie diese öffnen oder schließen müssen?

Mit einem Scubapro Air II oder einem vergleichbaren System können Sie bei Ihrem Bailoutsystem einen zusätzlichen Schlauch einzusparen.

- Wie einfach ist es, die Flasche anzubringen oder zu entfernen?
- Stellt die Art, wie die Bailoutflasche angebracht ist, ein Risiko dar, sich mit dieser in Unterwasserpflanzen, Angelleinen, Netzen etc. zu verfangen?
- Ist die Flasche genügend groß, um sowohl die Atemgasversorgung als auch das zur Tarierung benötigte Gas zur Verfügung zu stellen?

Die empfohlene Flaschengröße für Tauchgänge von weniger als 30 Metern Tiefe beträgt im allgemeinen 2 Liter. Dies ist genügend Gas, um Ihnen das Tarieren sowie einen normalen Aufstieg einschließlich eines Sicherheitsstops zu ermöglichen, falls Ihr Kreislaufgerät ausfallen sollte. Für tiefere Tauchgänge sollten Sie die Benutzung einer größeren Bailoutflasche erwägen.

Die meisten Taucher, die halbgeschlossene Kreislaufgeräte verwenden, füllen Ihre Bailoutflasche mit Druckluft statt mit Nitrox. Wenn Sie das auch so halten, müssen Sie wissen, daß ein Wechsel auf eine mit Preßluft gefüllte Bailoutflasche zu einer Dekoerkrankung

Ihr Bailoutsystem muß so an Ihrem Kreislaufgerät befestigt sein, daß es einfach zu erreichen ist und nicht die Benutzung anderer Ausrüstungsteile beeinträchtigt. Hier befindet sich die Bailoutflasche auf der rechten Seite des Kreislaufgerätes.

führen kann, wenn Sie mit Nitrox im Grenzbereich zu einer Dekoverpflichtung sind. Das liegt daran, daß Sie durch den Wechsel von Nitrox auf Druckluft auf einmal ein sauerstoffärmeres (und damit stickstoffreicheres) Gas atmen. Dies kann zu einer zusätzlichen Stickstoffaufsättigung Ihrer Gewebe führen. Wenn Sie regelmäßig an den Grenzen der Nullzeit tauchen, sollten Sie sich überlegen, Ihre Bailoutflasche mit Nitrox zu füllen.

Sie können hierzu das gleiche Gas verwenden, das sich in Ihrem Kreislaufgerät befindet. Aber auch eine andere Mischung ist denkbar, diese muß es Ihnen aber ermöglichen, aus Ihrer maximalen Tiefe aufzusteigen und Ihre Deko durchzuführen.

In Abhängigkeit von der Position Ihrer Bailoutflasche ist es möglich, daß Sie einen ungewöhnlich langen Schlauch benötigen, um die Flasche mit dem Inflator Ihres BC zu verbinden. Es kann auch sein, daß Sie einen Inflatorschlauch benötigen, der kürzer als üblich ist, um die Bailoutflasche mit Ihrem Trockentauchanzug zu verbinden, wenn diese auf der rechten Seite Ihres Kreislaufgerätes befestigt ist. Ein Fachhändler sollte in der Lage sein, Ihnen zu helfen, diese Schläuche in der richtigen Länge zu erhalten, so daß sie nach der Montage nicht in alle Richtungen abstehen.

Viele Kreislaufgeräte verfügen über kleine Taschen an der Gerätebebänderung oder am BC. Diese dienen zur Aufnahme zusätzlicher Bleistücke, die in erster Linie zum Ausgleich des Auftriebs der Atembeutel dienen. Die benötigte Bleimenge wird dann auch in erster Linie vom Volumen der Atembeutel bestimmt.

Ihr Tauchlehrer kann Ihnen sicher ein paar Tips dazu geben, wieviel zusätzliches Blei Sie benötigen. Es kann sein, daß Ihr tatsächlicher Bleibedarf in der Praxis etwas davon abweicht. Wenn Sie also das Gefühl haben, daß Sie entweder zu schwer oder zu leicht sind, müssen Sie etwas experimentieren. Führen Sie Änderungen der Bebleiung aber besser schrittweise durch, also etwa ein halbes Kilo pro Tauchgang. Das ist besser, als gleich eine größere Menge Blei auf einmal abzulegen.

Viele Kreislaufgeräte verfügen über kleine Gewichte in der Nähe des Mundstücks um den Auftrieb der Atemschläuche auszugleichen. Wo diese Gewichte an den Atemschläuchen befestigt sind, hat einen großen Einfluß darauf, wie angenehm Ihr Mundstück während des Tauchens im Mund liegt. Die optimale Positionierung dieser Gewichte ist individuell sehr unterschiedlich.

Mit großer Wahrscheinlichkeit werden Sie die Auftriebseigenschaften Ihres Kreislaufgerätes mit einigen zusätzlichen Bleistücken verändern müssen.

Je näher sich diese Gewichte am Mundstück befinden, desto schwerer wird sich das Mundstück in Ihrem Mund anfühlen. Gleichermaßen gilt, daß das Mundstück um so leichter in Ihrem Mund liegt, je weiter die Gewichte vom Mundstück entfernt sind. Sie sollten sich unbedingt die Zeit nehmen, das Mundstück auf diese Weise richtig auszutarieren. Andernfalls kann es während des Tauchgangs sehr unbequem sein. Kleinere Taucher bevorzugen meist ein Mundstück, das sich etwas leichter anfühlt, während große Taucher häufig lieber ein etwas schwereres Mundstück verwenden.

Die Gewichte können hierzu auch unter Wasser entlang der Faltschläuche verschoben werden, bis sie sich in der richtigen Position befinden. Nicht jeder Taucher aber ist in der Lage, dies unter Wasser selber durchzuführen. Das liegt an dem Winkel, in dem Sie mit Ihren Armen zurückreichen müssen, um die Gewichte zu erreichen. Wenn Sie mit anderen Tauchern unterwegs sind, sollten Sie diese schon vorher darauf aufmerksam machen, daß Sie möglicherweise deren Hilfe benötigen werden, um Ihre Gewichte zu verschieben, während Sie sich unter Wasser befinden. So sind diese auf die Hilfestellung vorbereitet.

Auch das Überdruckventil eines halbgeschlossenen Kreislaufgerätes muß individuell so eingestellt werden, daß Sie angenehm

Scheuen Sie nicht davor zurück, die Gewichte an den Atemschläuchen so lange zu verschieben, bis das Mundstück für Ihre Bedürfnisse optimal ausbalanciert ist.

atmen können. Die meisten Systeme verwenden ein Ventil, das dem Auslaßventil eines Trockentauchanzugs ähnlich ist. Wenn Sie das Ventil schließen, indem Sie es im Uhrzeigersinn drehen, werden Sie feststellen, daß der Atemwiderstand Ihres Systems zunimmt und es schwieriger wird auszuatmen. Öffnen Sie das Ventil indem Sie es entgegen dem Uhrzeigersinn drehen, werden Sie feststellen, daß der Atemwiderstand abnimmt und das Ausatmen wesentlich leichter wird. Wenn das Ventil vollständig geöffnet ist, werden Sie Ihr Atemgas sehr rasch verbrauchen, weil dann das Bedarfsdosierventil häufig aktiviert wird.

Kleine Taucher werden normalerweise das Überdruckventil weiter öffnen müssen als große Taucher. Mit ihrem kleineren Lungenvolumen kann es für sie schwieriger sein auszuatmen, wenn das Überdruckventil nicht weit genug geöffnet ist. Bei einem weiter geöffneten Überdruckventil sind die Atembeutel weniger voll, das Ausatmen fällt dann leichter. Einer der positiven Aspekte hierbei ist, daß der Auftrieb dieses Systems nicht so groß ist, wodurch der kleinere Taucher weniger Blei mitführen muß.

Sehr große Taucher können feststellen, daß sie problemlos mit einem fast geschlossenen Überdruckventil tauchen können. Aber auch hier muß der Tauchpartner wissen, wie er Ihr Überdruckventil

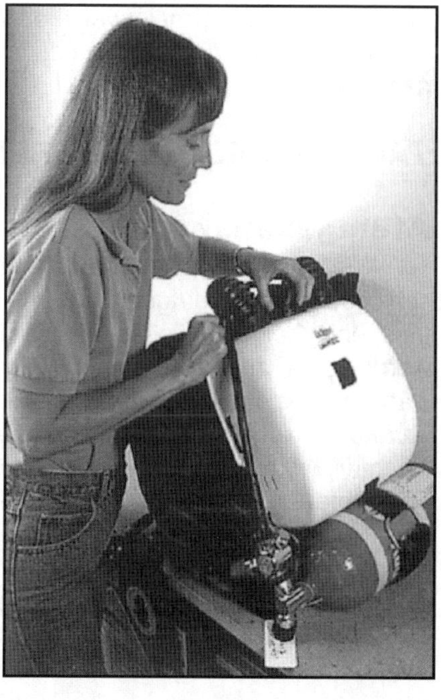

Sie müssen das Überdruckventil so einstellen, wie es für Ihre persönlichen Bedürfnisse am besten ist. Kleinere Taucher werden das Überdruckventil weiter öffnen müssen als grössere Taucher.

richtig einstellt, besonders wenn dieses sich hinter Ihnen befindet, so daß Sie es selber nicht erreichen können. Denn wenn das Überdruckventil während des Tauchens nicht richtig eingestellt ist, dann wird es die Aufgabe Ihres Tauchpartners sein, diese Einstellung für Sie zu verändern.

Um das Optimum aus Ihrem halbgeschlossenen Kreislaufgerät herauszuholen, ist die richtige Auswahl des Tauchcomputers sehr wichtig. Idealerweise sollte Ihr Tauchcomputer den Sauerstoffanteil in Ihrem Atembeutel kontinuierlich mit in die Dekoberechnung einbeziehen. So bekommen Sie ein genaues Bild Ihres Dekostatus wie auch Ihrer ZNS-Sauerstoffdosis. Wenn der Tauchcomputer nicht für beide Funktionen geeignet ist, müssen Sie entscheiden, welcher Parameter wichtiger ist und Ihren Computer entsprechend einstellen.

Die meisten Kreislaufgerätetaucher empfinden die Verwendung eines Schnorchels zusammen mit Doppelschläuchen als unbequem und greifen so auch beim Schwimmen an der Oberfläche auf das Kreislaufgerät zurück. Das ist durchaus akzeptabel, vorausgesetzt Sie haben in Ihrem Tauchplan die Schwimmzeit an der Oberfläche berücksichtigt. Tatsächlich wird häufig empfohlen, daß Sie das Mundstück im Wasser nie aus dem Mund nehmen sollen, um die Möglichkeit auszuschließen, daß Wasser in das Kreislaufgerät eindringen kann. Sie können einen Schnorchel einfach für den Notfall mitnehmen, aber es ist normalerweise einfacher, das Kreislaufgerät zu verwenden oder auf dem Rücken zu schwimmen, falls Ihnen das Atemgas ausgegangen sein sollte.

TAUCHGANGSVORBEREITUNGEN

Atemgasauswahl

Wie bereits erwähnt, besteht einer der Nachteile eines halbgeschlossenen Kreislaufgerätes darin, daß Sie vor Beginn eines Tauchtrips entscheiden müssen, in welchem Tiefenbereich Sie tauchen werden. Da diese Geräte Konstantdosierdüsen verwenden, kann während des Tauchgangs nichts an der aktuellen Atemgasmischung verändert werden. Auch, wenn dies zunächst wie ein ernsthafter Nachteil wirken mag, so wissen die meisten Taucher doch schon vor dem Abtauchen, wie tief Sie ungefähr tauchen wollen.

Halbgeschlossene Einheiten, die fertige Gase verwenden, werden normalerweise mit mehreren unterschiedlichen Konstantdosierdüsen geliefert. Die typischen Gasgemische, die in solchen Einheiten verwendet werden, sind Nitroxgemische mit 40, 50 oder 60% Sauerstoffanteil. Wenn Sie Ihre Flasche füllen lassen, müssen Sie sich entscheiden, welche Gasmischung Sie verwenden wollen.

Mit einem halbgeschlossenen System ist die Nutzungsdauer einer Gasflasche um so länger, je mehr Sauerstoff die gewählte Gasmischung enthält. Dies liegt daran, daß bei Verwendung sauerstoffreicher Gasmischungen ein geringerer Gasfluß eingestellt wird. So können Sie zum Beispiel mit einem Dräger Atlantis oder Dolphin bei Verwendung einer Nitroxmischung aus 60% Sauerstoff und 40% Stickstoff mit einer 4 Liter Flasche 121 Minuten in Tiefen bis zu 15 Meter tauchen. Die gleiche Flasche, diesmal gefüllt mit 40% Sauerstoff von 60% Stickstoff, ermöglicht Ihnen aber nur 67 Minuten Grundzeit in Tiefen bis zu 30 Meter.

Tabelle 5.1 gibt Ihnen einen Überblick über die maximalen Tauchzeiten für eine 4 Liter Flasche mit einem Dräger Atlantis oder Dolphin. Anders als beim offenem Kreislauf, wo Sie um so mehr Gas verbrauchen, je tiefer Sie tauchen, ist der Verbrauch eines halbgeschlossenen Kreislaufgerätes unabhängig von der Tiefe konstant. Dies ist einer der Hauptvorteile bei der Verwendung eines Kreislaufgerätes.

Zu der Tabelle ist anzumerken, daß in den angegebenen Maximaltiefen Sauerstoffpartialdrücke von 1.5 bis 1.6 auftreten. Viele Ausbildungsorganisationen verwenden einen konservativeren Grenzwert von 1.4 als maximal zulässigen Sauerstoffpartialdruck, während andere Organisationen einen liberaleren Grenzwert von 1.6 tolerieren.

Bei Verwendung eines Atlantis oder Dolphin Kreislaufgerätes von Dräger erreicht der PO_2 in der Maximaltiefe bei Mischungen mit einem Sauerstoffgehalt von 32% und 40% fast diesen liberalen Grenzwert von 1.6. Sie sollten aus diesem Grunde bei Verwendung dieser Mischungen in dieser Tiefe sehr vorsichtig sein. Dies gilt insbesondere dann, wenn voraussehbar ist, daß Sie sich in der Tiefe anstrengen werden. Hohe körperliche Anstrengungen sind nicht mit hohen Sauerstoffpartialdrücken vereinbar und können zu sauerstoffbedingten Krämpfen führen, die unter Wasser meist tödlich enden.

Die in der Tabelle enthaltenen Zeiten sind unabhängig von Ihrer Tauchtiefe. Es handelt sich dabei nicht um Nullzeitgrenzen, sondern um die ungefähren Tauchzeiten, die Sie von einer 4 Liter Flasche erwarten können. Falls aber Ihr Überdruckventil nicht richtig eingestellt ist, oder Sie Ihre Maske häufig ausblasen, werden Sie Gas aus dem System verlieren. Ihre Tauchzeit kann dadurch erheblich verkürzt werden. Bitte beachten Sie, daß die mögliche Tauchzeit für

Mischungen mit Sauerstoffanteilen von 32% und 40% die Nullzeitgrenzen für die Maximaltiefen dieser Mischungen überschreitet.

Sie sollten bei jedem Tauchgang immer die sauerstoffreichste Mischung verwenden, die für die angestrebte Maximaltiefe noch

TABELLE 5.1

Tabelle der Atemgasauswahl halbgeschlossener Atlantis- oder Dolphin-Kreislaufgeräte von Dräger auf Basis einer 4 Liter Flasche.

Mischung	Maximale Einsatztiefe	Mögliche Tauchzeit
60% O_2 / 40% N_2	15 Meter **	121 Minuten
50% O_2 / 50% N_2	20 Meter **	96 Minuten
40% O_2 / 60% N_2	30 Meter ***	67 Minuten *
32% O_2 / 68% N_2	40 Meter ***	45 Minuten *

* Achtung: Diese Zeiten überschreiten die Nullzeitgrenzen für diese Tiefen!

** Der PO_2 beträgt hier 1.5

*** Der PO_2 beträgt hier 1.6

akzeptabel ist. Gleichzeitig dürfen Sie dann aber auf keinen Fall mehr die maximale Einsatztiefe der verwendeten Mischung überschreiten.

Im Ruhezustand verbraucht der Durchschnittsmensch normalerweise etwa 0.3 Liter Sauerstoff pro Minute. Bei einer Arbeitsleistung, die als gering bis moderat zu bezeichnen ist, wie etwa ein entspanntes Schwimmen entlang eines Riffs, steigt Ihr Sauerstoffverbrauch bis auf etwa 1.0 Liter pro Minute. Sehr hart arbeitende Taucher in körperlichem Bestzustand können bis auf einen Sauerstoffverbrauch von 2.5 Litern pro Minute kommen. Aber selbst ungewöhnlich Leistungsfähige Taucher können diese Arbeitsintensität nicht länger als wenige Minuten aufrechterhalten.

Wenn Sie unter Wasser gegen eine Strömung anschwimmen, so benötigen Sie ebenfalls mehr Sauerstoff, als wenn Sie auf dem Meeresgrund sitzen und Unterwasserphotos machen.

Wenn sich Ihr Sauerstoffverbrauch verändert, wirkt sich das auf den Sauerstoffanteil im Einatembeutel Ihrer halbgeschlossenen

Einheit aus. Je höher der Arbeitseinsatz wärend eines Tauchgangs ist, desto mehr Sauerstoff verbraucht der Körper. Bei sehr hohem Arbeitseinsatz kann der Sauerstoffanteil selbst bei einer sauerstoffreichen Gasmischung unter den Luftwert von 21% fallen. Wenn Sie hart arbeiten, verwendet Ihr Körper mehr von dem Sauerstoff, den Sie mit jedem Atemzug einatmen, anstatt ihn wieder dem Atemkreislauf zu zuführen. An der Oberfläche muß der Sauerstoffanteil eines Atemgases mindestens 16% betragen, damit Sie bei Bewußtsein bleiben.

Länger andauernde, schwere körperliche Arbeiten sollten mit den meisten Kreislaufgeräten nicht durchgeführt werden, es sei denn, das Gerät ist ausdrücklich für diese Art des Tauchens ausgelegt. Zusätzlich muß dann auch die nötige Backupausrüstung vorhanden sein. Das Durchführen von schweren Arbeiten mit einem Kreislaufgerät kann gefährlich sein. Wenn im militärischen Bereich tiefe Arbeitstauchgänge durchgeführt werden, werden die verwendeten Kreislaufgeräte über die Oberfläche versorgt. Zusätzlich haben diese Systeme einen Taucherhelm, eine Kommunikationseinrichtung sowie Backupatemgas und eine Heißwasserversorgung, um sowohl den Taucher wie auch den Atemkalkbehälter ausreichend warm zu halten.

Tabelle 5.2 wurde von Dräger erstellt und zeigt den prozentualen Sauerstoffanteil, den Sie bei den verschiedenen Gasmischungen und Arbeitsintensitäten in Ihrem Einatembeutel erwarten können. Diese Tabelle ist das Resultat ausführlicher Testreihen, die bei Dräger durchgeführt wurden. Wenn Ihr Kreislaufgerät nicht über einen integrierten Tauchcomputer verfügt, der den Sauerstoffanteil in Ihrem Atembeutel konstant überwacht, müssen Sie Ihren Tauchgang auf der Basis des höchsten angenommenen Sauerstoffverbrauchs planen. Geschieht dies nicht, könnte sich Ihre Dekoberechnung als falsch herausstellen. Dies könnte zum Auftreten einer Dekokrankheit führen.

Unter dem Strich sollten Sie die sauerstoffreichste Gasmischung wählen, die Sie in Ihrer geplanten Arbeitstiefe problemlos einsetzen können. Dies hilft Ihnen dabei, den höchstmöglichen Sauerstoffanteil in Ihrem Atembeutel zu haben. Ein Beispiel aus der Praxis:

Obwohl Sie in einer Tauchtiefe von 12 Metern eine Nitrox-Mischung mit 32% Sauerstoff einsetzen können, sollten Sie besser eine Mischung mit 60% Sauerstoff wählen. Dies führt zu einem geringeren Gasfluß, der Ihnen eine längere Gesamttauchzeit ermöglicht.

TABELLE 5.2

Prozentualer Sauerstoffanteil im Einatembeutel bei Atlantis- und Dolphin-Kreislaufgeräten von Dräger bei unterschiedlicher Arbeitsintensität.

Atemgas-mischung	Sauerstoffverbrauch des Tauchers	Sauerstoffanteil im Atembeutel
60% O_2 / 40% N_2	0.3 Liter / Minute	57.4%
	1.0 Liter / Minute	49.9%
	1.5 Liter / Minute	42.6%
	2.5 Liter / Minute	19.2%
50% O_2 / 50% N_2	0.3 Liter / Minute	47.6%
	1.0 Liter / Minute	41.0%
	1.5 Liter / Minute	35.1%
	2.5 Liter / Minute	19.1%
40% O_2 / 60% N_2	0.3 Liter / Minute	38.0%
	1.0 Liter / Minute	32.9%
	1.5 Liter / Minute	28.8%
	2.5 Liter / Minute	18.6%
32% O_2 / 68% N_2	0.3 Liter / Minute	30.5%
	1.0 Liter / Minute	26.8%
	1.5 Liter / Minute	23.9%
	2.5 Liter / Minute	17.4%

Atemgasanalyse

Falls Sie Ihre Gasflasche nicht beim Abholen im Tauchshop analysiert haben, müssen Sie den Sauerstoffanteil vor dem Tauchgang überprüfen. Falls Sie ein Gerät mit Fertiggas verwenden, sollte der prozentuale Anteil des Sauerstoffs, der Flaschendruck sowie das Fülldatum auf dem Nitroxanhänger, der sich an Ihrer Flasche befindet, eingetragen sein.

Wenn Sie ein selbstmischendes System verwenden, so werden Sie zwei Gasflaschen haben, von der eine mit reinem Sauerstoff und die andere mit Verdünnungsgas gefüllt ist.

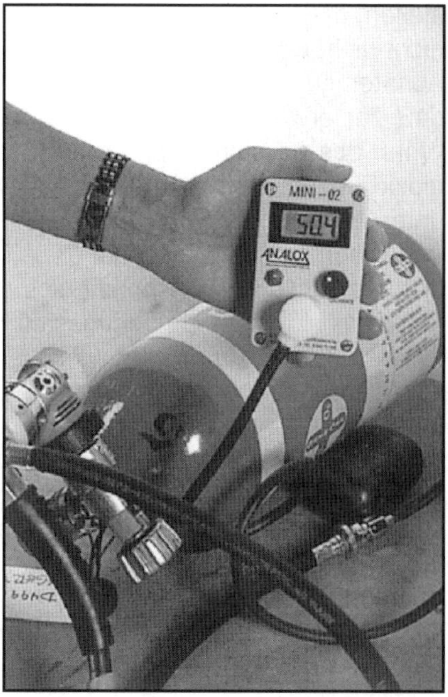

Bevor Sie mit Ihrem Kreislaufgerät tauchen, sollten Sie immer den prozentualen Sauerstoffanteil in Ihrer Flasche überprüfen!

Das Füllen des Atemkalkbehälters

Ihr Atemkalkbehälter sollte so kurz wie möglich vor dem Tauchgang gepackt werden. Idealerweise sogar erst kurz bevor Sie ins Wasser gehen. Das ist in der Realität jedoch nicht immer möglich, besonders, wenn Sie aus einem kleinen Boot, wie z.B. einem Schlauchboot, tauchen. Es wird jedoch allgemein akzeptiert, wenn Sie Ihren Atemkalkbehälter am Abend vor einem Tauchgang packen.

Packen Sie Ihren Atemkalkbehälter im Freien. Das hat den Vorteil, daß Sie keinen Kalkstaub in Ihr Haus oder Ihre Garage bekommen. Legen Sie ein sauberes Stück Stoff oder einen Teppich unter Ihren Atemkalkbehälter und füllen Sie diesen aus einer Höhe von mindestens 30 bis 60 Zentimetern. Hierdurch wird der Kalkstaub vom Wind weggetragen, anstatt in Ihren Atemkalkbehälter zu gelangen, wo er eingeatmet werden könnte. Übriggebliebenen Kalkstaub sollten Sie nach den Empfehlungen des Herstellers entsorgen. Spülen Sie das untergelegte Tuch nach dem Füllen des Atemkalkbehälters gründlich mit Süßwasser aus.

Füllen Sie den Atemkalkbehälter langsam und klopfen Sie zwischendurch öfter auf die Seitenwände des Behälters, um sicherzustellen, daß der Atemkalk dicht genug gepackt ist. Wenn der Behälter nicht dicht gepackt ist, kann das zu einer Kanalbildung führen. Das Ausatemgas fließt dann durch den Atemkalkbehälter hindurch, ohne daß der erwünschte enge Kontakte mit dem Atemkalk möglich ist. Wenn das passiert, kann es zu einem raschen Aufbau von Kohlendioxid im Atemkreislauf kommen. Dies kann dazu führen, daß Sie unter Wasser bewußtlos werden.

Wenn Ihr Atemkalkbehälter gefüllt ist, sollten Sie dessen Deckel dicht verschließen. Geschieht dies nicht, wird der Atemkalk mit dem Kohlendioxid in der Umgebungsluft reagieren und dadurch an Effektivität verlieren. Auch wenn viele Atemkalksorten über einen chemischen Indikator verfügen, der sich nach Verbrauch des Materials violett verfärbt, so wird diese Verfärbung nach 24 Stunden wieder verschwinden und der Atemkalk macht wieder einen "frischen" Eindruck. Ist der Atemkalk aber nicht violett, gibt es keine Möglichkeit festzustellen, ob er verwendbar ist oder nicht. Wenn es auch nur den leichtesten Zweifel daran gibt, ob er Atemkalk frisch ist oder nicht, so muß er entsorgt werden.

Bei einem durchsichtigen Atemkalkbehälter können Sie durch Schütteln des Behälters von außen erkennen, ob sich die Füllung

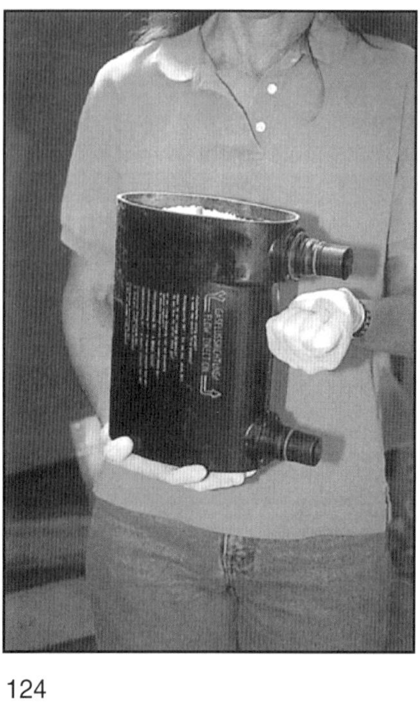

WARNUNG

Kalkstaub kann zu Verätzungen führen.

Klopfen Sie auf die Seitenwände des Atemkalkbehälters, damit sich das Granulat setzt. Das trägt dazu bei, eine Kanalbildung zu vermeiden.

verlagert. Dies wäre ein Hinweis darauf, daß der Atemkalk nicht richtig gepackt wurde. Bei einem undurchsichtigen Atemkalkbehälter schütteln Sie diesen und achten auf Geräusche, die darauf hinweisen, daß sich loser Atemkalk im Behälter bewegt. Wenn Sie den Eindruck haben, daß der Atemkalkbehälter nicht richtig gepackt ist, müssen Sie den Deckel wieder abnehmen und so lange Atemkalk hinzufügen, bis sich eine ausreichende Menge davon im Behälter befindet. Führen Sie den oben beschriebene Test dann wieder durch, um sicherzustellen, daß der Atemkalk sich nicht mehr verlagert.

Diese Atemkalkkontrolle sollten Sie außerdem immer dann durchführen, wenn Ihr Kreislaufgerät Vibrationen ausgesetzt war, also etwa nach einer längeren, holprigen Fahrt in einem Auto oder einem Boot. Lange andauernde Vibrationen können dazu führen, daß sich der Atemkalk stark absetzt. Einige Hersteller verwenden eine mit Federn versehene Deckplatte, um den Inhalt eines Behälters an einer Verlagerung zu hindern.

Halten Sie die Auslaßöffnung des Atemkalkbehälters mit Ihrer Handfläche zu und blasen Sie auf der anderen Seite hinein. Sie dürfen dabei keine Geräusche hören, die auf einen Luftaustritt aus dem Behälter hinweisen. Sollte das der Fall sein, so heben Sie den Deckel

Schütteln Sie den Behälter und achten Sie auf Geräusche, die auf losen Atemkalk hinweisen.

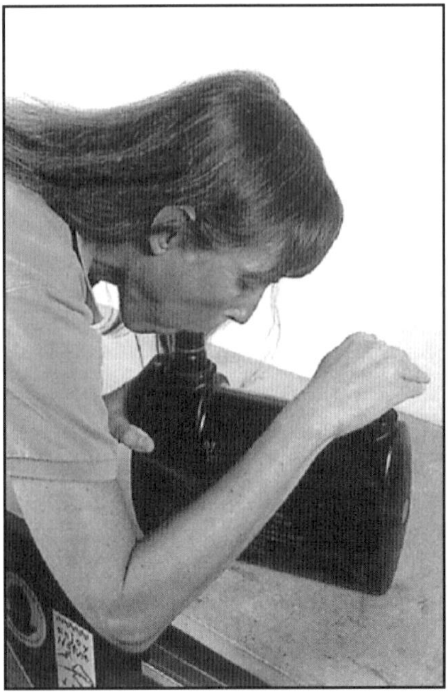

Verschließen Sie die Auslaßöffnung des Atemkalkbehälters mit Ihrer Hand und blasen Sie durch die andere Öffnung kräftig hinein. Sie dürfen dabei nicht das Geräusch von entweichender Luft hören.

wieder ab, stellen fest wo sich das Leck befindet und dichten den Kanister dann erneut.

Tauchen Sie nie mit einem undichten Atemkalkbehälter. Dort wo Gas austreten kann, kann Wasser eindringen. Sollte dies passieren, werden Sie mit dem bekannten Problem des “Ätzenden Cocktails” konfrontiert werden. Das ist das ätzende Ergebnis einer Vermischung von Wasser und Atemkalk. Diese Lösung kann zu ernsthaften Verätzungen von Haut, Lippen, Mund, Rachen, Luftröhre sowie der Lungen führen. Wenn Sie mit dieser Mischung in Kontakt kommen, ist es wichtig, daß Sie Ihre Haut, Ihren Mund und die Lippen mit viel Wasser spülen und sofort einen Arzt aufsuchen.

Zusammenbau und Inspektion vor dem Tauchgang

Jedes Kreislaufgerät wird nach einer anderen Methode zusammengebaut. Es ist wichtig, daß Sie sich dabei genau an die Herstellerempfehlung halten. Bestimmte Techniken aber haben universellen Charakter und sind gleichermaßen auf alle Kreislaufgeräte anwendbar. Darunter fällt z.B. die genaue Inspektion aller Zubehörteile vor dem Zusammenbau sowie das Überprüfen der Atembeutel und

Atemschläuche auf Verschmutzungen. Ziehen Sie keines der Verbindungsstücke an Ihrem System zu fest an. Sie sollten dafür auch nie Zangen oder Schraubschlüssel verwenden, es sei denn, es wären spezielle Werkzeuge für den Zusammenbau Ihres Kreislaufgerätes erforderlich.

So wie auch ein Fallschirmspringer immer seinen Fallschirm selber packt, so sollten auch Sie immer Ihr Kreislaufgerät selber zusammenbauen. Lassen Sie sich diese Arbeit von niemand anderem abnehmen. Es kann aber hilfreich sein, wenn Ihnen Ihr Tauchpartner, der sich ebenfalls mit dem Gerät auskennen sollte, zuschaut. Auf diese Weise wird Ihre Ausrüstung doppelt kontrolliert.

Nehmen Sie sich unbedingt genügend Zeit für den Zusammenbau Ihres Kreislaufgerätes. Gehen Sie dabei methodisch vor. Nach dem Zusammenbau sollten Sie Ihr Gerät einer kurzen Prüfung unterziehen, um sicher zu sein, daß Sie keine Fehler gemacht haben. Wenn der Hersteller keine Checkliste für den Zusammenbau mitgeliefert hat, tun Sie gut daran, sich selber eine solche zusammenzustellen. Sie können dann immer kontrollieren, daß Sie alle notwendigen Schritte ausgeführt haben.

Bei den meisten halbgeschlossenen Kreislaufgeräten wird der Zusammenbau folgende Einzelschritte umfassen:

- Analyse der Gasmischung
- Anschließen der Gasflasche(n)
- Gasflußrate der ausgewählten Düse testen
- Test der Einwegventile in den Schläuchen
- Füllen des Atemkalkbehälters
- Verbinden der Atembeutel mit dem Atemkalkbehälter
- Test des Bedarfsdosierventils (Bypass)
- Einsetzen von Atembeutel(n) und Atemkalkbehälter in die Hülle
- Bypass (Bedarfsdosierventil) und Konstantdosierdüse an den/die Atembeutel anschließen
- Atemschläuche anschließen
- Test des zusammengesetzten Systems
- Tauchen Sie das Gerät zum Lecktest in einen Behälter mit klarem Süßwasser

Alle Kreislaufgeräte haben auf jeder Seite des Mundstücks Einwegventile, die vor dem Zusammenbau des Gerätes getestet werden müssen. Um diesen Test durchzuführen, setzen Sie das offene Ende des Einatemschlauches so an Ihre Lippen, daß keine Luft entweichen kann. Dann versuchen Sie, Luft durch den Schlauch anzusaugen. Der Schlauch sollte sich dabei als völlig dicht erweisen.

Um das Ausatemventil mit dem Mundstück zu testen, setzen Sie das offene Ende des Ausatemschlauchs so an Ihren Mund, daß Ihre Lippen die Öffnung abdichten. Anschließend versuchen Sie, Luft durch den Schlauch zu blasen. Auch hier sollte sich der Schlauch als völlig dicht erweisen.

Ihr Kreislaufgerät muß vielleicht auf eine etwas andere Art zusammengebaut werden. Halten Sie sich dabei an die Empfehlungen des Geräteherstellers sowie Ihres Tauchlehrers. Kein Teil des Zusammenbaus sollte besonders schwierig sein. Der ganze Vorgang muß jedoch korrekt durchgeführt werden. Ein Tauchgang mit einem falsch zusammengesetzten Kreislaufgerät könnten Ihr letzter sein.

Je nachdem welches Gerät Sie verwenden, muß Ihr Bailoutsystem entweder vor oder nach Ihrem Kreislaufgerät zusammengebaut werden. Manchmal spielt es auch keine Rolle, in welcher

So testen Sie die Einwegventile im Mundstück.

Reihenfolge dies geschieht. Richten Sie sich nach den Empfehlungen Ihres Benutzerhandbuchs.

Ihre Bailoutflasche muß zu Beginn eines jeden Tauchgangs voll sein. Nachdem Sie den Atemregler an der Flasche angebracht haben, prüfen Sie deren Druck und testen Sie die zweite Stufe, um sicherzugehen, daß diese einwandfrei funktioniert.

Der Test des Kreislaufgerätes

Es gibt mehrere verschiedene Tests, die Sie zu Beginn eines jeden Tauchtages durchführen müssen. Hierzu gehört eine Überprüfung der Dosiereinstellung sowie ein Unterdrucklecktest. Außerdem sollten Sie das Bedarfsdosierventil testen, indem Sie versuchen durch dieses einzuatmen. Jeder dieser Tests ist notwendig.

Überprüfung der Dosiereinstellung

Die Überprüfung der Dosiereinstellung wird durchgeführt, um festzustellen ob die Konstantdosierdüse Ihres Gerätes die korrekte Gasmenge in Ihr System einleitet. Jede der Konstantdosierdüsen sollte einen Gasfluß mit einer vom Hersteller festgelegten Dosierung ermöglichen. Je sauerstoffreicher die Gasmischung ist, desto gerin-

Bevor Sie mit Ihrem Kreislaufgerät tauchen, müssen Sie immer den Druck in Ihrer Bailoutflasche überprüfen.

ger kann die Dosierung sein, während eine sauerstoffärmere Mischung eine höhere Dosierung erfordert.

Für jede einzelne Konstantdosierdüse gibt es ein Zeitfenster, innerhalb dessen ein bestimmtes Gasvolumen die Düse passieren muß. Wenn dies nicht funktioniert, könnten Sie auf einmal ein extrem sauerstoffarmes Gemisch in Ihrem Kreislauf haben. Sollte dieser Fall eintreten, ohne daß Sie ein Sauerstoffkontrollsystem an Ihrem Kreislaufgerät auf dieses Problem hinweist, dann ist ein Dekounfall möglich. Im schlimmsten Fall könnte ein Sauerstoffmangel mit einer daraus resultierenden Ohnmacht auftreten.

Ist die Dosiereinstellung durch die Konstantdosierdüse zu hoch, werden Sie Ihren Gasvorrat zu schnell verbrauchen. Wahrscheinlicher aber ist, daß das Gas aufgrund einer mit Rost oder anderen Fremdstoffen verstopften Düse zu langsam in das System einströmt.

Die meisten Kreislaufgerätehersteller stellen eine einfache Testvorrichtung zur Verfügung, mit der sich feststellen läßt, ob die Konstantdosierdüse die richtige Dosierung liefert. Als Beispiel kann hier die Testvorrichtung dienen, die Dräger für die Atlantis und Dolphin Geräte verwendet. Diese besteht aus einem Plastiksack, der auf einer Seite mit Bypass und Konstantdosierdüse verbunden wird, und auf der anderen Seite über ein Rohr mit einem Einwegflatterventil verfügt. Wenn Bypass und Konstantdosierdüse angeschlossen sind, wird das Rohr mit Wasser gefüllt. Sobald der Testsack gefüllt ist, muß der Gasdruck das Gewicht des Wassers in dem Rohr überwinden, bevor es durch das Flatterventil entweichen kann. Als Resultat gibt es ein kurzes gurgelndes Geräusch und das Wasser spritzt einige Zentimeter hoch in die Luft.

Die Zeit, die das Gas benötigt um den Plastiksack zu füllen und das Wasser aus dem Rohr zu drücken, muß für jede Düse innerhalb eines bestimmten Zeitfensters liegen. Der Gasfluß ist bei einer halbgeschlossenen Einheit nicht sehr präzise; er kann sich innerhalb eines relativ breiten Rahmens bewegen. Wenn er außerhalb dieses Zeitrahmens fällt, weist das allerdings auf ein Problem hin.

Eine vom Soll abweichende Dosierung könnte Ursachen haben. Zunächst müssen Sie noch einmal kontrollieren, ob die gewählte Konstantdosierdüse zu dem verwendeten Nitrox-Gemisch paßt. Stimmt die Dosierung hier nicht, kann Sie das in ernste Schwierigkeiten bringen.

Wenn Sie über die nötigen Meßinstrumente verfügen und die richtigen Werte kennen, können Sie versuchen, den Mitteldruckwert des Druckminderers zu messen. Dann können Sie erkennen, ob der

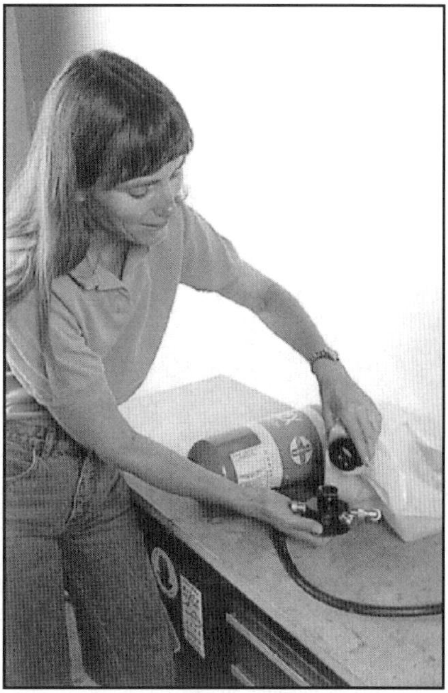

Verbinden Sie den Testsack mit der Düse für die zweite Stufe.

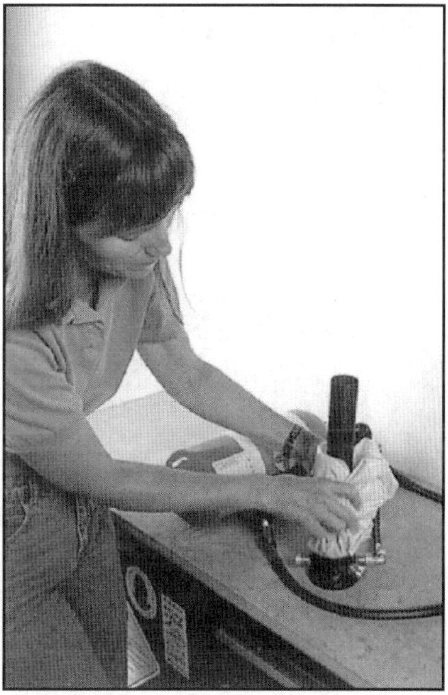

Drücken Sie nun alle Luft aus dem Testsack.

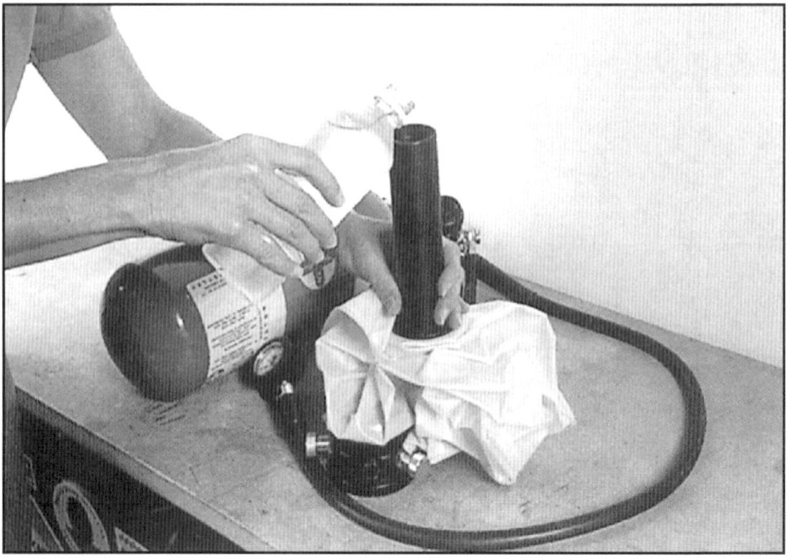

Füllen Sie das Rohr bis zur Innenmarkierung mit Wasser.

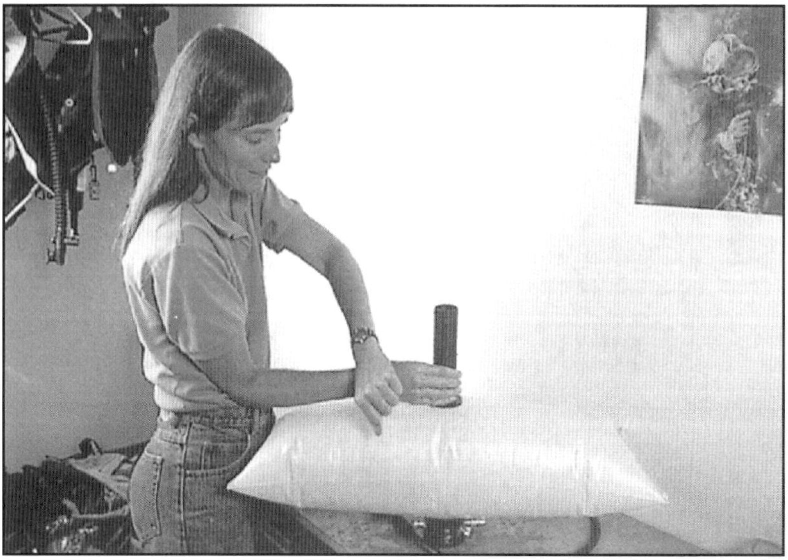

Öffnen Sie die Gaszufuhr und messen Sie den Zeitraum, der verstreicht bis sich der Sack mit Luft gefüllt hat und das Wasser aus dem Testrohr spritzt. Vergleichen Sie diesen Wert mit der Tabelle der akzeptablen Zeitwerte, die Ihrem Benutzerhandbuch beigelegt ist.

Druckminderer einen höheren oder niedrigeren Druck liefert als erwartet. Eine solche Abweichung könnte z.B. an einem eingedrungenen Fremdkörper oder aber an mangelnder Wartung liegen.

Eine gute Idee ist es auch, ein Logbuch zu führen, in dem die gemessenen Dosiereinstellungen Ihres Kreislaufgerätes notiert werden. Wenn Sie sehen, daß diese Werte sich langsam verändern, sind Sie rechtzeitig vor dem Auftreten eines möglichen Problems gewarnt, bevor das Gerät an einen Punkt gelangt, wo Sie es nicht mehr verwenden können. In diesem Log sollten Sie auch den jeweiligen Druck der ersten Stufe notieren.

Wenn Sie nicht in der Lage sind, die Ursache des Problems herauszufinden und es zu korrigieren, dann müssen Sie Ihr Kreislaufgerät von einem authorisierten Fachbetrieb überholen lassen. Verwenden Sie Ihr Kreislaufgerät auf keinen Fall, wenn die Dosierung nicht innerhalb der akzeptablen Bandbreite für das von Ihnen verwendete Dosierventil und das dazugehörige Gasgemisch liegt.

In Ihrem Benutzerhandbuch finden Sie Angaben dazu, wie der hier beschriebene Test für Ihr persönliches Gerät durchzuführen ist.

Unterdrucklecktest

Nachdem Sie Ihr Kreislaufgerät vollständig zusammengesetzt haben, müssen Sie sicherstellen, daß das Gerät dicht ist. Der hierzu notwendige Test ist sehr einfach. Nehmen Sie das Gerätemundstück in den Mund, öffnen Sie den Schieber und atmen Sie so tief wie möglich ein. Während Sie einatmen, werden die Atembeutel zusammenfallen. Schließen Sie nun den Schieber, bevor Sie ausatmen oder das Mundstück aus Ihrem Mund entfernen.

Beobachten Sie die Atembeutel für mindestens 30 Sekunden, um sicherzustellen, daß sie sich nicht von selber wieder ausdehnen. Dies wäre ein Anzeichen für ein Leck. Falls ein solches Leck auftreten sollte, müssen Sie es lokalisieren und dichten, bevor Sie mit dem Gerät tauchen können.

Lecks können an verschiedenen Stellen auftreten - in dem Atembeutel, den Schläuchen, im Bereich der Verbindungsstücke oder dem Atemkalkkanister. Kontrollieren Sie alle Verbindungsstücke um sicherzugehen, daß diese fest verschraubt sind. Kontrollieren Sie weiterhin die Atembeutel und Atemschläuche auf Löcher. Überprüfen Sie auch den Atemkalkbehälter noch einmal im Bereich der Deckeldichtung.

Selbst wenn Sie Ihr Kreislaufgerät zu Hause zusammengesetzt und dort schon einen Lecktest durchgeführt haben, sollten Sie einen weiteren Unterdrucklecktest durchführen, sobald Sie am Tauchplatz

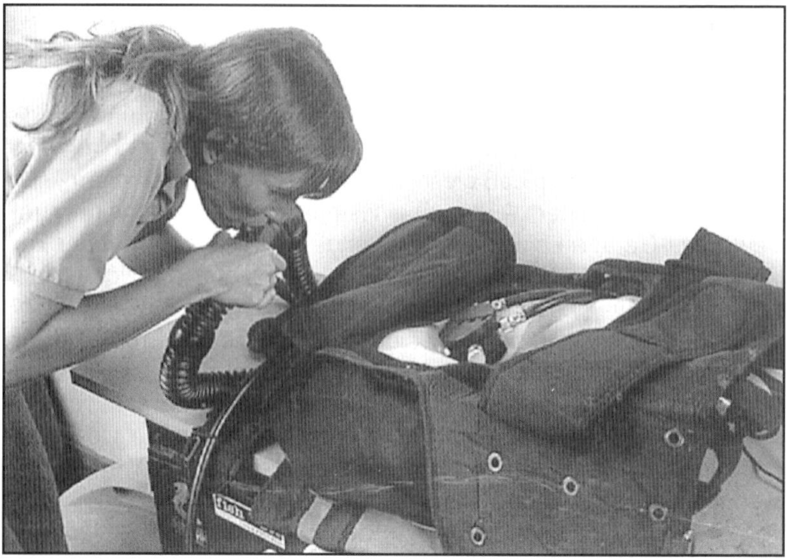

Atmen Sie tief ein und schließen Sie dabei den Schieber Ihres Mundstücks.

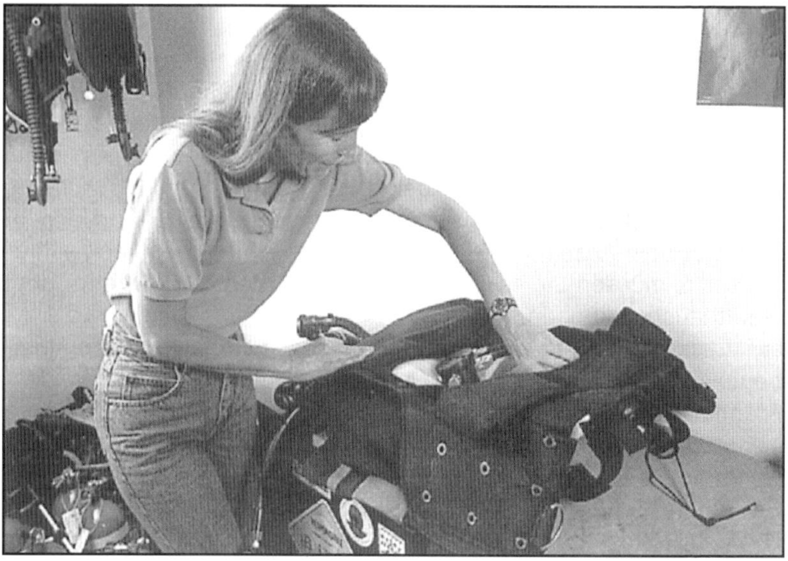

Beobachten Sie den Atembeutel mindestens 30 Sekunden lang, um sicherzustellen, daß keine Luft über ein Leck in das System eindringt. Das Vakuum im Atembeutel muß bestehen bleiben.

angekommen sind. Die Vibrationen, die bei einem Transport im Boot oder im Auto auftreten, können dazu führen, daß sich ein Verbindungsstück lockert und so ein Leck entsteht.

Überdrucklecktest

Um sicherzugehen, daß sich kein Leck im Atemkreislauf befindet, sollten Sie zusätzlich noch den Überdrucklecktest durchführen. Hierzu benötigen Sie ein etwa 2.5 kg schweres Bleistück und Ihr Kreislaufgerät, das vollständig zusammengebaut sein muß.

Legen Sie Ihr Kreislaufgerät auf eine stabile, flache Oberfläche und zwar so, daß die Atembeutel leicht zugänglich sind. Schließen Sie das Überdruckventil Ihres Kreislaufgerätes vollständig. Die meisten halbgeschlossenen Einheiten verwenden das gleiche Auslaßventil, wie wir es von Trockentauchanzügen kennen. Dieses wird durch Drehen im Uhrzeigersinn geschlossen.

Öffnen Sie das Flaschenventil und warten Sie, bis der Atembeutel vollständig gefüllt ist. Schließen Sie dann das Flaschenventil wieder. Wenn der Kreislauf vollständig mit Atemgas gefüllt ist, sollte der Atembeutel sich prall anfühlen. Legen Sie jetzt das Bleigewicht auf den Atembeutel und achten Sie auf die verstreichende Zeit. Der Atembeutel darf in einer Zeitspanne von 30 Sekunden nicht merkbar an Volumen verlieren.

Sollte dies der Fall sein, so ist das ein Hinweis auf ein Leck. Sie sollten mit diesem Gerät nicht tauchen, bevor Sie das Leck gefunden und gedichtet haben. Die zuverlässigste Art, ein Leck zu finden, besteht darin, das Kreislaufgerät mit geöffnetem Flaschenventil in einer Wanne mit klarem, sauberen Süßwasser zu versenken und dabei auf ausweichende Luftblasen zu achten.

Der Überdrucklecktest wird am besten an Land durchgeführt und nicht auf einem schaukelnden Boot. Bei rauher See würde das Gewicht umherrutschen. Der Test könnte so kaum zuverlässig durchgeführt werden. Außerdem könnte ein abrutschendes Gewicht zu Verletzungen führen oder Teile der Ausrüstung beschädigen. Vergessen Sie nicht, das Überdruckventil nach dem Test wieder in die alte Position zurückzudrehen. Wenn das Ventil vollständig geschlossen ist, könnte das die Atmung mit dem Gerät sehr erschweren.

Eine weitere Möglichkeit den Überdrucklecktest durchzuführen, besteht darin, die Gasversorgung zu öffnen, das Mundstück zu schließen, das Gerät in eine Wanne mit Wasser zu legen und auf aufsteigende Blasen zu achten. Die einzige Stelle, an der Gas austreten darf, ist das Überdruckventil. Dies ist die zuverlässigste Art, um festzustellen, ob Ihr System ein Leck hat oder nicht.

Schließen Sie das Überdruckventil vollständig, um den Überdrucklecktest durchzuführen.

Öffnen Sie das Flaschenventil, füllen Sie den Atembeutel, schließen Sie das Flaschenventil wieder und legen Sie ein etwa 2.5 Kilo schweres Bleigewicht auf den Atembeutel.

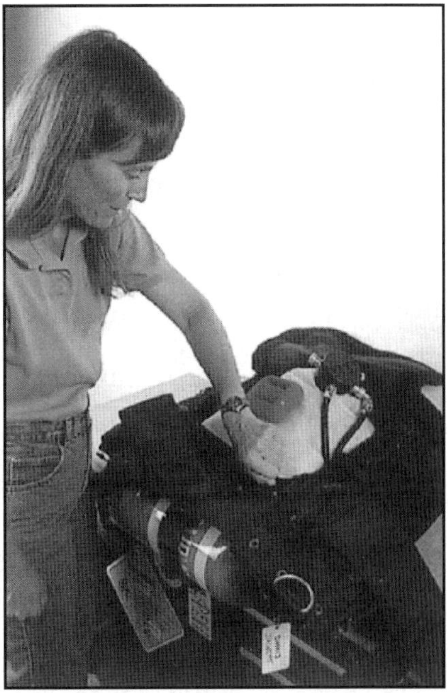

Beobachten Sie den Atembeutel für 30 Sekunden. Er darf unter dem Druck des Bleigewichts nicht nachgeben.

Tauchgangsplanung

Einer der wichtigsten Aspekte der Tauchgangsplanung mit einem halbgeschlossenen Kreislaufgerät ist das Berechnen der Sauerstoffdosis sowie der Nullzeit bzw. der Dekoverpflichtung. Unabhängig davon, ob Sie einen Tauchcomputer verwenden oder nicht, müssen Sie diese Parameter des Tauchgangs bestimmen.

Berechnung der ZNS-Sauerstoffdosis

Selbst wenn Ihr halbgeschlossenes Kreislaufgerät mit moderner Sauerstoffsensorik ausgestattet ist, kommen Sie immer noch nicht ganz ohne Mathematik aus. Sie müssen nämlich sowohl die maximale Einsatztiefe (MOD) sowie den PO_2 für Ihre Mischung bestimmen. Letzteres ist wichtig für den Fall, daß die Sauerstoffüberwachung ausfällt. Sie kennen dann trotzdem Ihre Sauerstoffdosis.

Ein integrierter Sauerstoffsensor gibt Ihnen auch bei einem halbgeschlossenen Kreislaufgerät die Möglichkeit festzustellen, ob Ihr PO_2 zu niedrig oder zu hoch ist. Das ist besonders dann nützlich, wenn Ihr PO_2 niedrig ist und Sie mit hoher Intensität arbeiten oder einen Aufstieg durchführen. Ein Sauerstoffsensor warnt Sie außerdem, wenn Ihr PO_2 aufgrund eines Überschreitens Ihrer maximalen Einsatztiefe zu hoch ist.

Auch wenn der prozentuale Anteil des Sauerstoffs in Ihrem Einatembeutel geringer sein wird als der Sauerstoffanteil in Ihrer Atemgasflasche, so müssen Sie doch im Rahmen Ihrer Tauchgangsplanung von dem höheren Sauerstoffanteil in der Flasche ausgehen. Der ständige technische Fortschritt birgt das Versprechen neuer Computer und neuer Sauerstoffsensoren in sich. Diese können das Tauchen mit Kreislaufgeräten mit hoher Wahrscheinlichkeit sicherer und effizienter machen. Wenn Sie schon ein halbgeschlossenes Kreislaufgerät besitzen, kann es vorteilhaft sein, nachträglich einen Sauerstoffsensor einzubauen.

Vergessen Sie außerdem nicht, bei jedem Nitroxtauchgang, ein mindestens 90minütiges Oberflächenintervall zwischen den Tauchgängen einzulegen, um die ZNS-Uhr wieder "zurückzustellen". Es ist dabei gleichgültig, ob der Tauchgang mit einem halbgeschlossenen Kreislaufgerät oder mit offenem Kreislauf durchgeführt wird. Die meisten Ausbildungsorganisationen empfehlen auch, nicht mehr als zwei Nitroxtauchgänge pro Tag durchzuführen.

Außerdem sollten Sie natürlich niemals die maximale Sauerstoffdosis für einen gegebenen Partialdruck in einem Zeitraum von 24 Stunden überschreiten, sowie Ihre ZNS-Uhr niemals zu mehr als 80% ausschöpfen. Sobald Sie diesen Wert erreicht haben, sollten Sie das Wasser für ein Minimum von zwei Stunden verlassen.

Vergegenwärtigen Sie sich immer, daß Sie selbst dann, wenn Sie innerhalb der Werte der ZNS-Sauerstoffdosistabellen bleiben, nicht völlig sicher vor sauerstoffbedingten Krämpfen sind. Es genügt völlig, daß Sie einfach einmal einen schlechten Tag haben, einen Tag, an dem Sie körperlich nicht hundertprozentig "auf der Höhe" sind. Es gibt dokumentierte Fälle von ZNS-Sauerstoffvergiftungen, bei denen die Taucher einen PO_2 von weniger als 1.3 hatten und wobei auch die Einwirkungszeiten in einem Bereich waren, der als "sicher" gilt.

Dekoberechnung

Die einfachste Methode, um Ihre Deko zu berechnen, besteht darin, einen Tauchcomputer zu benutzen, der in Ihr Kreislaufgerät integriert ist. Dieser bezieht den prozentualen Anteil von Sauerstoff in Ihrem Atembeutel in die Berechnung ein.

In der Vergangenheit wurden in halbgeschlossen Kreislaufgeräten keine Sauerstoffsensoren verwendet, da Bedenken hinsichtlich deren Zuverlässigkeit bestanden. Einige Taucher sehen es immer

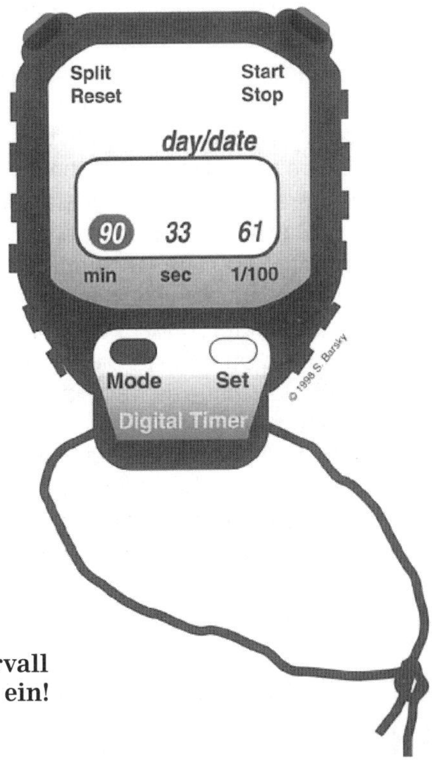

Halten Sie zwischen zwei Nitroxtauchgängen immer ein Oberflächenintervall von mindestens 90 Minuten ein!

noch als einen Vorteil an, nicht von elektronischen Bauteilen abhängig zu sein. Eine Kombination hochentwickelter Tauchcomputer und ebensolcher Sauerstoffsensoren mit der robusten Mechanik eines halbgeschlossenen Kreislaufgerätes bringt aber durchaus Vorteile mit sich. Die Verläßlichkeit des mechanischen Systems verbindet sich mit den Vorteilen einer laufenden Berücksichtigung der Sauerstoffwerte für die Dekompression sowie einer automatischen Berechnung der Sauerstoffdosis. Das kann dazu beitragen, das Tauchen sicherer zu machen.

Wenn Sie schon einen Nitroxcomputer haben, den Sie zusammen mit Ihrem Kreislaufgerät verwenden wollen, dann sollten Sie zunächst feststellen, ob Sie ihn für den gewünschten prozentualen Sauerstoffanteil programmieren können. Die nächste Entscheidung besteht darin, ob der Computer Ihre maximale ZNS-Sauerstoffdosis oder Ihre Dekompression berechnen soll. Die meisten Computer bieten Ihnen nicht beide Optionen gleichzeitig. Die Problematik liegt in dem unterschiedlichen Sauerstoffanteil, der sich in der Flasche und im Atembeutel findet. Im ersten Fall verwenden Sie den Sauerstoffanteil in Ihrer Flasche, wodurch Ihre Dekompression ernsthaft beeinträchtigt werden kann. Im zweiten Fall, geben Sie den prozentualen Sauerstoffanteil ein, den Sie für Ihren Atembeutel berechnet haben, wobei dann Ihre ZNS-Sauerstoffdosis inkorrekt berechnet würde.

Das ist ein wirkliches Problem, weil es einfach nicht möglich ist, für beide Berechnungen auf einen einzigen Nitrox-Computer zurückzugreifen. Die möglicherweise einfachste Lösung dieses Problems besteht darin, Ihren Tauchcomputer auf den kleinsten Sauerstoffanteil einzustellen, den Sie in Ihrem Atembeutel erwarten. Sie benutzen den Computer dann zum Berechnen Ihrer Dekozeiten. Ihre Sauerstoffdosis berechnen Sie anhand des Flascheninhalts mit Hilfe der ZNS-Sauerstoffdosis Tabelle, die Sie in Ihrem Nitrox-Kurs verwendet haben.

Einige Taucher stellen ihre Nitrox-Computer auf den Sauerstoffanteil ein, den sie in ihrem Atembeutel vermuten. Sie verwenden diesen Prozentsatz sowohl zur Berechnung der Dekompression wie auch der Sauerstoffdosis. Auch wenn das eine Weile gutgehen mag, so gehen sie doch ein Risiko hinsichtlich der Dekompression wie auch der Sauerstoffdosis ein.

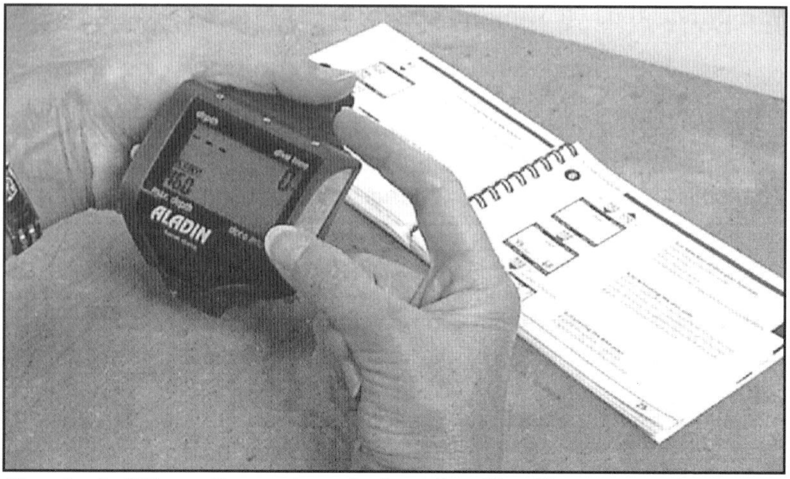

Standard Nitrox-Computer sind nicht für die Verwendung mit Kreislaufgeräten konzipiert worden. Sie berücksichtigen nicht die Schwankungen des Sauerstoffanteils im Atembeutel während des Tauchgangs und können aus diesem Grunde weder die ZNS-Sauerstoffdosis noch die Dekoverpflichtung akkurat wieder geben.

Wenn Sie keinen Nitrox-Computer haben, Ihre Grundzeiten aber dennoch auf Basis der Nitrox-Nullzeitgrenzen berechnen wollen, müssen Sie den prozentualen Sauerstoffanteil in Ihrem Atembeutel berechnen. Dabei handelt es sich nämlich um das Gas, das Sie tatsächlich atmen. Hierzu benötigen Sie die folgenden Informationen:

- Den Sauerstoffanteil des Gases in Ihrer Flasche.
- Die Dosiermenge (in Litern pro Minute), auf die Ihr Kreislaufgerät eingestellt ist. Diese Information können Sie Ihrem Benutzerhandbuch entnehmen. Davon hängt es ab, welche Konstantdosierdüse Sie verwenden.
- Das Sauerstoffvolumen, oder "VO_2", das Sie verbrauchen. Dieser Wert ist der am wenigsten verläßliche, da wir keine Möglichkeit haben, Ihren tatsächlichen VO_2 zu bestimmen. In dieser Hinsicht müssen wir einige Vermutungen anstellen. Um hier konservativ zu sein, werden wir einen hohen VO_2 annehmen.

Hier ist die Formel, mit der Sie berechnen können, welcher Sauerstoffanteil sich in Ihrem Atembeutel befindet:

Eingeatmeter Sauerstoffanteil =

$$\frac{(O_2\%\text{ Flasche x Dosiermenge}) - VO_2}{(\text{Dosiermenge} - VO_2)}$$

Lassen Sie uns nun als Beispiel den eingeatmeten Sauerstoffprozentsatz auf Basis der folgenden Annahmen berechnen:

- Ihre Flasche ist mit 50% Sauerstoff und 50% Stickstoff gefüllt.
- Die Dosiereinstellung der Konstantdosierdüse Ihres Kreislaufgerätes für diese Mischung beträgt 9.91 Liter pro Minute (Dieser Wert basiert auf den Angaben Ihres Benutzerhandbuchs.)
- Ihr Sauerstoffverbrauch (VO_2) ist 1.42 Liter pro Minute. (Diese Angaben basieren auf dem Verbrauch beim Schwimmen mit mittlerer Intensität.)

$$\text{Eingeatmeter Sauerstoffanteil in \%} = \frac{(0.50 \text{ x } 9.91) - 1.42}{9.91 - 1.42}$$

Eingeatmeter Sauerstoffanteil in % = 42% (aufgerundet)

In unserem Beispiel würden Sie Ihre Dekompression auf der Basis von 42% Sauerstoff im Atembeutel berechnen. Wenn der exakte prozentuale Sauerstoffanteil in Ihren Tafeln nicht auftaucht, verwenden Sie den nächstniedrigeren Sauerstoffanteil, der dort aufgeführt ist. Es ist besser, die Dekompression etwas konservativer zu berechnen und einen geringeren Sauerstoffanteil anzunehmen, als zu versuchen, Ihre Grundzeiten auf der Basis unrichtiger Annahmen maximieren zu wollen.

Wenn Sie hier ultrakonservativ sein wollen, können Sie alle Ihre Tauchgänge mit Kreislaufgeräten auf der Basis einer Lufttauchtabelle oder eines Luftcomputers durchführen. Diese Technik wird von vielen Nitroxtauchern angewendet und ist sehr einfach. Natürlich werden Sie immer noch Ihre ZNS-Sauerstoffdosis auf Basis des Sauerstoffanteils in Ihrer Flasche berechnen müssen.

Anlegen des Kreislaufgerätes

Das Anlegen eines Kreislaufgerätes ist nahezu identisch mit dem Anlegen eines gewöhnlichen offenen Systems. Bei den Kreislaufgeräten gibt es jedoch meistens mehr Schläuche und Instrumente unterzubringen.

Nach einer langen Bootsfahrt (über einer Stunde), sollten Sie etwas Zeit opfern, um alle Verbindungsstücke an Ihrem Kreislaufgerät noch einmal darauf zu kontrollieren, daß sie immer noch sicher verschraubt sind. Diese Vorsichtsmaßnahme ist nötig, weil die Verbindungsstücke sich durch die Bootsbewegungen oder die Vibrationen des Bootes lockern könnten.

Wahrscheinlich finden Sie es leichter, Ihre Bailoutflasche und Ihre Nitrox-Flasche während des Transports von Ihrem Kreislaufgerät getrennt zu halten. Wenn dies der Fall ist, werden Sie diese vor dem Tauchgang montieren müssen. Überprüfen Sie sowohl den Flaschendruck wie auch den Atemregler der Bailoutflasche, bevor Sie ins Wasser steigen.

Überprüfen Sie jetzt noch einmal die Einstellung Ihres Überdruckventils. Der Atemwiderstand Ihres Gerätes wird in hohem Maße von der Einstellung des Überdruckventils bestimmt. Es ist wichtig, eine Einstellung zu finden, die einen angenehmen Ausatemwiderstand ermöglicht. Gleichzeitig muß aber ein ausreichendes Volumen im Atembeutel verbleiben, um Schwankungen im Atemvolumen auszugleichen. Eine zu weiche Einstellung des Überdruckventils ist auch nicht wünschenswert, weil diese einen zu geringen Ansprechdruck bewirkt. Das führt dazu, daß der Bypass zu häufig aktiviert wird, was zu einer Atemgasverschwendung führt.

Bevor Sie Ihre Ausrüstung anlegen, sollten Sie sich die Zeit nehmen, alle Verbindungsstücke an Ihrem Gerät nochmals zu überprüfen, um zu sehen, ob Sie immer noch sicher verschraubt sind. Es ist nicht ungewöhnlich, daß sich Verbindungsstücke während einer langen, rauhen Bootsfahrt lockern.

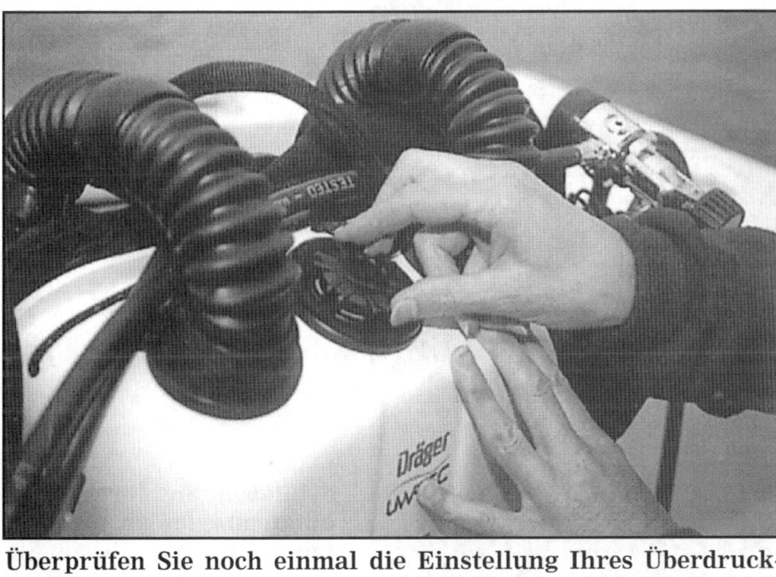

Überprüfen Sie noch einmal die Einstellung Ihres Überdruckventils.

Verwenden Sie Ihr halbgeschlossenes Kreislaufgerät immer mit einer Bailoutflasche.

Schließen Sie Ihren Bailoutatemregler an und testen Sie ihn kurz bevor Sie ins Wasser steigen.

Auch wenn die meisten Kreislaufgeräte nicht viel schwerer sind als ein gewöhnliches Tauchgerät, so sind sie doch etwas sperriger, sobald ein Bailoutsystem und ein BC montiert sind. Aus diesem Grunde ist es leichter und sicherer, wenn Ihnen Ihr Tauchpartner beim Anlegen Ihres Kreislaufgerätes hilft. Er kann entweder das System für Sie halten, während Sie die Begurtung anlegen oder er hält das Gerät für Sie fest, während es auf der Bootswand oder auf einer Bank Ihres Tauchboots steht.

Nach dem Anlegen des Gerätes müssen Sie Ihre Schläuche sorgfältig in die richtige Position bringen und für deren korrekte Befestigung sorgen. Mit Ausrüstungsteilen verbundene Schläuche, die quer über Ihre Brust verlaufen, sollten im Notfall rasch gelöst werden können, falls Sie Ihr System doch einmal abwerfen müssen.

Erst kurz bevor Sie ins Wasser steigen, sollten Sie Ihr Kreislaufgerät einschalten. Kontrollieren Sie Ihr Finimeter oder Ihren integrierten Tauchcomputer, um sicherzustellen, daß Ihre Flasche sowohl voll als auch geöffnet ist. Sie sollten hören können, wie das Gas durch Ihr System fließt und durch das Überdruckventil austritt.

Wie schon vorher erwähnt, dürfen Sie niemals vergessen, das Flaschenventil vor Beginn des Tauchgangs zu öffnen. Anderenfalls könnte das zu einer Hypoxie mit anschließender Bewußtlosigkeit

Lassen Sie sich beim Anlegen Ihres Kreislaufgerätes von Ihrem Tauchpartner helfen.

Schalten Sie Ihr Kreislaufgerät immer ein, bevor Sie ins Wasser steigen.

führen. Auch wenn Taucher, die Sauerstoffkreislaufgeräte oder geschlossene Kreislaufgeräte mit Helium-Sauerstoff-Mischungen verwenden, es vermeiden, in das Gerät auszuatmen und deshalb in die Umgebung ausatmen, bevor Sie das Mundstück in den Mund nehmen, so ist das bei einem Nitroxsystem nicht notwendig. Nehmen Sie das Mundstück einfach in den Mund und beginnen Sie zu atmen.

Einstieg ins Wasser und Abstieg

Der Einstieg ins Wasser unterscheidet sich nicht von einem normalen Einstieg mit offenem Tauchgerät, einschließlich der Rolle vorwärts und rückwärts sowie dem Fußsprung vorwärts. Keine dieser Methoden beeinträchtigt die Funktion Ihres Kreislaufgerätes.

Sobald Sie sich im Wasser befinden und einige Meter abgetaucht sind, sollten Sie und Ihr Tauchpartner Ihre Kreislaufgeräte gegenseitig auf Lecks untersuchen. Während Sie mit den Füßen voran abtauchen, drehen Sie sich um 360 Grad, so daß Ihr Partner Ihr gesamtes System überschauen kann. So kann er sicher gehen,

Lassen Sie sofort nach dem Abtauchen Ihren Partner Ihr System auf Lecks überprüfen.

daß Sie nirgendwo Atemgas verlieren. Kontrollieren auch Sie das System Ihres Partners auf Lecks.

Während Sie absteigen, sollten Sie Ihr Kreislaufgerät sorgfältig beobachten um sicherzustellen, daß es richtig funktioniert. Achten Sie auf das Geräusch des Gases, wenn es durch die Konstantdosierdüse strömt. Sie sollten auch das Geräusch des Bedarfsdosierventils hören können, wenn es sich öffnet und dem Kreislauf während des Abstiegs Gas zuführt. Werfen Sie auch gelegentlich einen Blick auf Ihr Finimeter, um zu sehen, ob der Druck fällt. Auch das zeigt Ihnen, daß Gas in Ihr System strömt.

Bei einigen Kreislaufgeräten können Sie die Bewegungen der Atembeutel fühlen, während diese sich im Rhythmus Ihrer Atmung bewegen. Das hängt davon ab, wie der Deckel des Gerätes konstruiert ist und wo die Atembeutel positioniert sind. Sobald Sie ein geübter Kreislaufgerätetaucher sind, entfällt die Notwendigkeit Ihr Kreislaufgerät dauernd zu überwachen. Sie sollten jedoch ein wachsames Auge auf jede Leistungsveränderung Ihres Systems haben, so daß es Ihnen sofort auffällt, wenn etwas nicht in Ordnung ist.

Während des Tauchgangs

Während des Tauchgangs werden Sie feststellen, daß Sie Ihr Kreislaufgerät nach kurzer Zeit überhaupt nicht mehr merken. Der Geräuschpegel eines Kreislaufgerätes unterscheidet sich erheblich von dem offener Geräte.

Ihre Tarierung können Sie unter Wasser verändern, indem Sie entweder Ihr BC oder gegebenenfalls Ihren Trockentauchanzug verwenden. Ein einfaches Ausatmen wird Sie nicht absinken lassen, weil das Gas dabei einfach nur im Atemkreislauf zirkuliert, dadurch aber nicht Ihren Auftrieb verändert. Versuchen Sie, ein Ausblasen Ihrer Maske oder ein Ausatmen durch die Nase soweit als möglich zu vermeiden. Bei jedem Ausatmen durch die Nase verlieren Sie Atemgas, das Ihr Gerät anderenfalls wiederverwendet hätte, und verkürzen dadurch Ihre Grundzeit.

Wenn Sie sich aber über einen längeren Zeitraum hinweg körperlich anstrengen, sollten Sie in regelmäßigen Abständen Ihren Atemkreislauf spülen. Dabei atmen Sie durch den Mund ein und durch die Nase aus. Das machen Sie so lange, bis Sie hören, wie das Bedarfsdosierventil anspricht. Dabei wird der Atembeutel mit frischem Gas gefüllt, wodurch der PO_2 wieder ansteigt.

Kontrollieren Sie während des Tauchgangs gelegentlich das Finimeter Ihrer Bailoutflasche um auf einen eventuellen Atemgasverlust rechtzeitig reagieren zu können.

Beobachten Sie sich während des Tauchgangs selbst, um rechtzeitig zu bemerken, falls sich Symptome für ein Ansteigen Ihres CO_2-Pegels oder einer Hypoxie anzukündigen beginnen. Das ist wichtig, denn beide Situationen könnten zu einem tödlichen Unfall führen.

Kontrollieren Sie laufend Ihre Tiefe und achten Sie darauf, daß Sie die Maximaltiefe für die eingesetzte Mischung nicht überschreiten. Eine Sauerstoffvergiftung kann ohne vorherige Warnung eintreten. Wenn niemand bei Ihnen ist, der Ihnen bei einem sauerstoffbedingten Krampfanfall sofort helfen kann, werden Sie mit großer Wahrscheinlichkeit sterben. Sollten Sie in irgendeiner Phase des Tauchgangs den Verdacht haben, daß irgend etwas nicht ganz in Ordnung ist, sollten Sie sofort auf Ihr Bailoutsystem wechseln und den Tauchgang abbrechen.

Kontrollieren Sie während des Tauchgangs gelegentlich das Finimeter Ihrer Bailoutflasche, um sicherzustellen, daß Sie hier nicht unbemerkt über ein Leck Atemgas verlieren. Das beugt einer Situation vor, in der Sie auf den Inhalt Ihrer Bailoutflasche angewiesen sind und plötzlich feststellen müssen, daß diese leer ist. Ohne Ihre Bailoutflasche werden Sie nicht in der Lage sein, Ihr BC zu füllen und werden kein Gas haben, um einen normalen Aufstieg oder gar einen Sicherheitsstop durchzuführen. Bei einem grenznahen Tauchgang, bei dem Sie zwischen Nullzeit und Dekoverpflichtung stehen, könnte dies zu einem Dekounfall führen.

Ein Sägezahnprofil, bei dem Sie während eines einzigen Tauchgangs mehrere Auf- und Abstiege durchführen, ist generell nicht empfehlenswert. Wenn Sie solche Tauchgänge mit einem Kreislaufgerät unternehmen, verschwenden Sie außerdem Atemgas. Jedesmal, wenn Sie mit Ihrem Kreislaufgerät aufsteigen, verlieren Sie Gas aus dem Atembeutel. Wenn Sie wieder absteigen, muß der Atembeutel erneut für diese größere Tiefe gefüllt werden. Führen Sie jetzt wieder einen Aufstieg durch, verlieren Sie dieses Gas erneut. Vermeiden Sie diese Art von Tauchgangsprofilen wann immer Sie können, besonders aber dann, wenn Sie ein Kreislaufgerät verwenden.

Normale Aufstiege

Vor jedem direkten Aufstieg zu Oberfläche sollten Sie eine kurze Pause in der Tiefe einlegen, in der Sie überprüfen, ob Sie auf den Aufstieg vorbereitet sind. Vergewissern Sie sich, wo der Inflator für Ihr BC ist. Seien Sie darauf vorbereitet, Gas aus diesem abzulassen, falls Sie während des Tauchgangs nachtariert haben. Wenn Sie einen Trockentauchanzug tragen, kontrollieren Sie, ob das Auslaßventil geöffnet ist und während des Aufstiegs Gas abgeben kann.

Beim Tauchen mit einem halbgeschlossen Kreislaufgerät ist es sehr wichtig, daß Sie den Atemkreislauf spülen, bevor Sie mit Ihrem Aufstieg beginnen. Damit erreichen Sie, daß Sie während des Aufstiegs den maximal möglichen PO_2 in Ihrem Atembeutel haben. Wenn Sie sich zum Beispiel unmittelbar vor Ihrem Aufstieg sehr angestrengt hätten, wäre der PO_2 in Ihrem Atembeutel ziemlich niedrig. Würden Sie den Atemkreislauf jetzt nicht spülen, könnte der PO_2 in Ihrem Atembeutel noch weiter abfallen, wenn der Umgebungsdruck bedingt durch den Aufstieg abnimmt. Wenn der PO_2 weit genug fällt, können Sie aufgrund eines Sauerstoffmangels während des Aufstiegs bewußtlos werden. Dies hätte möglicherweise tödliche Folgen.

Während des Aufstiegs werden Sie außerdem feststellen, daß das Gas im Atemkreislauf sich mit nachlassendem Umgebungsdruck ausdehnt. Wenn dies geschieht, tritt das überschüssige Gas durch das Überdruckventil aus. Je nach Einstellungen des Überdruckventils werden Sie möglicherweise feststellen, daß Ihr Auftrieb zunimmt, wenn sich das Gas im Atembeutel ausdehnt. Sind Sie darauf vorbereitet, können Sie Tariergas aus Ihrem BC oder Trockentauchanzug abgeben, um so dem zunehmenden Auftrieb in dem Atembeutel entgegenzuwirken. Es ist empfehlenswert, die ersten Aufstiege mit einem Kreislaufgerät in unmittelbarer Nähe zu einer gewichtsbeschwerten Sicherheitsleine durchführen. Dieser Praxis sollten Sie so lange folgen, bis Sie sich an die oben beschriebenen Auftriebsveränderungen des Systems gewöhnt haben.

Mancher Taucher wird auch feststellen, daß er während des Aufstieges einen größeren Ausatmenwiderstand überwinden muß. Trifft dies auch für Sie zu, können Sie während des Aufstiegs ohne weiteres gelegentlich durch die Nase ausatmen. Durch dieses Verfahren verschwenden Sie kein Gas, denn dieses Gasvolumen würde während des Aufstiegs ohnedies verlorengehen. Dasselbe Ergebnis erzielen Sie, indem Sie das Überdruckventil einfach etwas weiter öffnen.

Führen Sie auf jeden Fall am Ende eines Tauchgangs einen Sicherheitsstop durch, um hiermit einer möglichen Dekokrankheit vorzubeugen. Verwendung von Nitrox als Atemgas, bedeutet nicht, daß ein Dekounfall ausgeschlossen ist. Vergessen Sie nicht, Ihren Atembeutel nochmals zu spülen, bevor Sie von Ihrem Sicherheitsstop aus den endgültigen Aufstieg einleiten.

Führen Sie auf jeden Fall am Ende eines Tauchgangs einen Sicherheitsstop durch.

Notfallmaßnahmen

Die Notfallsituation, mit der Sie im Laufe Ihrer Kreislaufgeräteabenteuer wahrscheinlich am ehesten konfrontiert werden, dürfte der Verlust Ihres Mundstücks sein. Der Schuldige wird entweder ein sorgloser Buddy oder aber Ihre eigene Ungeschicklichkeit sein. Wenn das passiert, schwebt Ihr Mundstück auf einmal über Ihrem Kopf, während Ihr Atemgas in Kaskaden von Blasen aus dem Mundstück strömt. Solange dieser Blasenstrom aus dem Mundstück fließt, kann kein Wasser in Mundstück oder Gerät eindringen. Es ist aber trotzdem wichtig, daß Sie das Mundstück so schnell wie möglich wieder unter Kontrolle bekommen. So vermeiden Sie den Verlust einer größeren Menge Atemgas.

Um das Mundstück wieder unter Kontrolle zu bekommen, müssen Sie Ihren Kopf zurücklegen und sich aus Ihrer vertikalen Position leicht nach hinten beugen. Mundstück und Schläuche befinden sich so in einem Winkel, in dem sie einfacher zu erreichen sind. Ergreifen Sie nun das Mundstück und ziehen es zu Ihrem Mund hinunter, wobei Ihr Kopf zurückgelegt bleibt. Wenn Sie schnell genug sind, wird nur

Jetzt müssen Sie das Mundstück Ihres Kreislaufgerätes schnell wieder zu fassen bekommen.

wenig oder gar kein Wasser in das Kreislaufgerät eindringen. Sie sollten danach in der Lage sein, Ihren Tauchgang ohne Probleme fortzusetzen.

Wenn Sie eine fundierte Kreislaufgeräteausbildung absolviert haben, sollten Sie sich an das dort Gelernte halten. Wenn Sie das tun, dazu Ihre Ausrüstung entsprechend sorgfältig zusammenbauen und regelmäßig warten, so ist ein Geräteausfall während eines Tauchgangs unwahrscheinlich. Wie alles mechanische kann jedoch auch ein Kreislaufgerät versagen. Deshalb müssen Sie wissen, was Sie beim Eintreten einer Notfallsituation zu tun haben.

Sie müssen in der Lage sein, die Anzeichen einer Gerätefehlfunktion sofort zu erkennen. Einige davon sind ganz offensichtlich, während andere schwerer zu erkennen sind. Hier kann eine Früherkennung den Unterschied zwischen Leben und Tod bedeuten.

In nahezu jedem Fall wird Ihre Reaktion auf einen Notfall darin bestehen, daß Sie auf Ihr Bailoutsystem überwechseln. Denken Sie aber daran, daß Sie den Schieber Ihres Mundstücks schließen, bevor Sie dieses aus Ihrem Mund nehmen. Sobald Sie aus Ihrem Bailout-

Schließen Sie den Schieber Ihres Mundstücks, bevor Sie dieses aus dem Mund nehmen. Diese Handlung muß zu einem Reflex werden.

system atmen, müssen Sie sofort zu Ihrem Sicherheitsstop auftauchen, diesen hinter sich bringen und dann unmittelbar zur Oberfläche aufsteigen. Führen Sie, sobald Sie auf das Bailoutsystem gewechselt haben, Ihren Tauchgang auf keinen Fall weiter fort. Die einzige Ausnahme hiervon ist es, daß Sie einem anderen Taucher zu Hilfe kommen müssen. Letzteres ist die einzige Situation, in der eine Verzögerung des Aufstiegs gerechtfertigt wäre.

Der geflutete Atemkalkbehälter

Bei einem Wassereinbruch in Ihrem Atemkalkbehälter wird das Vorliegen eines Problems meist recht schnell deutlich. Es gibt einige Hinweise darauf, daß dieses Problem eingetreten ist. Dies sind unter anderem ein Auftriebsverlust, eine Erhöhung des Atemwiderstandes und ein ungewöhnlich großer Gasverlust, der mit jedem Ausatmen über das Überdruckventil erfolgt. Dies sind alles deutliche Hinweise darauf, daß Sie ein ernsthaftes Problem haben! Zusätzlich können Sie damit rechnen, daß der Kohlendioxidgehalt in Ihrem System ansteigen wird und außerdem das Risiko von Verätzungen besteht, wenn Sie nicht rasch auf Ihr Bailoutsystem überwechseln.

Sie müssen immer darauf vorbereitet sein, bei einem Notfall auf Ihr Bailoutsystem überzuwechseln.

Wasserfallen und verbesserte Atemkalksorten machen solche “Ätzenden Cocktails” zu wesentlich selteneren Erscheinungen als in der Vergangenheit. Dennoch kann Ihr Auftreten nicht völlig ausgeschlossen werden.

Geflutete Atemkalkbehälter sind üblicherweise entweder die Folge eines offenen Mundstückschiebers während des Schwimmens an der Oberfläche, schlechter Gerätewartung oder eines Fehlers beim Zusammenbau. Kontrollieren Sie Ihr Kreislaufgerät sorgfältig vor dem Zusammenbau und dann wieder, nachdem Sie es zusammengebaut haben. Wenn Sie Ihr System geflutet haben sollten, müssen Sie es unmittelbar nach dem Tauchgang auseinandernehmen und reinigen. In den meisten Fällen genügt zum Spülen des Systems sauberes Wasser, aber Sie sollten zur Sicherheit lieber in Ihrem Handbuch die Empfehlungen Ihres Geräteherstellers nachlesen.

Ausfall von Atemkalk und Atemkalkbehälter

Der Atemkalk in Ihrem Kreislaufgerät kann in einer Reihe von Fällen versagen. Atemkalk, der nicht sachgerecht - also z.B. unverschlossen - gelagert wird, hat die Tendenz mit dem Kohlendioxid in die Umgebungsluft zu reagieren. Dadurch verliert er seine Effektivität. Unter keinen Umständen sollten Sie den Atemkalk in Ihrem Atemkalkbehälter länger benutzen als vom Hersteller empfohlen. Atemkalk kann seine Fähigkeit, Kohlendioxid zu entfernen, sehr rasch verlieren und Sie dann gefährlich hohen Konzentrationen von CO_2 aussetzen.

Wie schon vorher erwähnt, kann Ihr Atemkalk auch dann versagen, wenn der Atemkalkbehälter nicht richtig gepackt ist. Dadurch entstehen Kanäle, die bewirken, daß das Atemgas den Behälter durchläuft, ohne von CO_2 gereinigt zu werden. Sie sollten es sich zur Gewohnheit machen, Ihren Atemkalkbehälter, bevor Sie diesen in Ihrem Kreislaufgerät installieren, kurz zu schütteln und dabei auf das Geräusch von losem Atemkalk zu achten. Wenn Sie den Eindruck gewinnen, der Atemkalkbehälter sei nicht dicht genug gepackt, sollten Sie zusätzlichen Atemkalk einfüllen.

Während des Tauchens sollten Sie immer sorgfältig Ihre Atmung beobachten. Wenn diese auffällig wird, kann das auf einen Kohlendioxidaufbau in Ihrem Atemkreislauf hinweisen. In allen Situationen, in denen Sie den Verdacht haben, der Atemkalk sei ausgefallen, sollten Sie umgehend auf Ihr Bailoutsystem wechseln und bis zu Ihrem Sicherheitsstop auftauchen.

Ausfall von Atembeutel oder Atemschläuchen

Wenn Ihr Atembeutel oder einer Ihrer Schläuche ausfällt, wird sich Ihr System nicht mehr richtig atmen lassen, Atemgas an die Umgebung abgeben und beginnen sich mit Wasser zu füllen. Diese Veränderungen sollten ziemlich schnell bemerkt werden. Zögern Sie nicht, sofort auf Ihr Bailoutsystem zu wechseln und Ihren Aufstieg einzuleiten.

Ausfall der Sauerstoffsensoren

Obwohl sich in den vergangenen zehn Jahren die Zuverlässigkeit der Unterwasserelektronik erheblich verbessert hat, ist die Möglichkeit nicht auszuschließen, daß Ihr Sauerstoffkontrollsystem während eines Tauchgangs ausfällt. Mit einem halbgeschlossenen mechanischen Kreislaufgerät können Sie zwar ohne das elektronische Kontrollsystem tauchen, aber dies ist nicht empfehlenswert, wenn Sie nicht speziell für diesen Fall ausgebildet worden sind.

Wenn Ihr Kreislaufgerät mit einer Elektronik ausgerüstet ist und diese versagt, sollten Sie auf Ihr Bailoutsystem wechseln und den Aufstieg einleiten.

Nach dem Tauchgang

Benutzen Sie nach dem Auftauchen wenn Sie zurück zum Boot oder zum Strand schwimmen Ihr Kreislaufgerät. Machen Sie es sich zur Gewohnheit, das Mundstück solange im Mund zu behalten, bis Sie wieder an Bord sind und Ihre Gasflasche geschlossen haben. Vergessen Sie nicht, daß Sie die Gasflasche eines halbgeschlossenen Kreislaufgerätes nie geöffnet lassen, wenn Sie nicht tauchen. Eine Ausnahme machen Sie nur, wenn Sie die Flasche absichtlich leeren wollen.

Wenn Sie genügend Gas in der Flasche zurückbehalten haben und der Atemkalk auch noch einige Zeit ausreicht, möchten Sie vielleicht einen weiteren Tauchgang durchführen, ohne die Flasche nachzufüllen oder den Atemkalk zu wechseln. Das ist völlig in Ordnung und weitverbreitete Praxis unter Kreislaufgerätetauchern. Der Tauchgang muß hierzu jedoch am gleichen Tag stattfinden. Wenn Sie nicht am selben Tag tauchen, sollte das Kreislaufgerät zerlegt, gereinigt und sachgerecht gelagert werden, bis Sie es wieder einsetzen.

Wenn Sie noch für den gleichen Tag einen Tauchgang planen, sollten Sie den Gerätedeckel abnehmen und Ihren Atembeutel kontrollieren. Sie müssen nämlich feststellen, wieviel Feuchtigkeit sich darin befindet. Etwas Feuchtigkeit ist normal. Diese besteht zum einen aus etwas Speichel, der über die Atemschläuche dorthin gelangt ist, zum anderen aus kleinen Wassermengen, die über das Mundstück in das System eingedrungen sind und außerdem aus Wasser, das bei dem chemischen Prozeß der CO_2 Bindung entstanden ist. Wenn Sie nicht mehr als einige Eßlöffel Wasser in Ihrem Atembeutel vorfinden, so besteht kein Grund zur Beunruhigung.

Legen Sie eine Oberflächenpause von mindestens 90 Minuten ein, um die ZNS-Uhr ihres Körpers vor dem nächsten Tauchgang "zurückzustellen". Denken Sie auch daran, daß die meisten Ausbildungsorganisationen höchstens drei Nitroxtauchgänge pro Tauchtag empfehlen.

Wenn irgend möglich, lagern Sie Ihr Kreislaufgerät auf der Heimfahrt so, daß es nicht direkt der Sonne ausgesetzt wird. Die Faltschläuche Ihres Kreislaufgerätes können durch direkte Sonneneinstrahlung Schaden nehmen.

Wartung und Lagerung

Um Ihr Gerät zu reinigen und zu warten, sollten Sie sich an die Anweisungen des Benutzerhandbuchs halten. Kreislaufgeräte verlangen einen höheren Wartungsaufwand als offene Systeme und die

Kontrollieren Sie zwischen den Tauchgängen Ihren Atembeutel, um festzustellen ob er ungewöhnlich viel Feuchtigkeit enthält.

Wartungsarbeiten sollten möglichst rasch erfolgen. Nach dem Tauchen sollte ein Kreislaufgerät so weit wie möglich zerlegt und gründlich gereinigt werden. Es ist sehr wichtig, die Atemschläuche, Atembeutel und Atemkalkkanister mit viel sauberen Süßwasser durchzuspülen.

Falls der Hersteller Ihres Gerätes die Verwendung eines Desinfektionsmittels empfiehlt, so sollten Sie dieses genau nach seinen Angaben einsetzen. Atembeutel und Faltschläuche sind hervorragende Nährböden für Bakterien, wenn diese Teile nicht sachgerecht gereinigt und getrocknet werden. Die Verwendung eines Desinfektionsmittels ist besonders dann wichtig, wenn Sie für ein Kreislaufgerät verantwortlich sind, welches von mehreren Tauchern benutzt wird und dessen Einzelteile zwischen den Tauchgängen nicht vollständig trocknen können.

Die Einzelteile Ihres Gerätes sollten an einer luftigen Stelle, geschützt vor der direkten Sonneneinstrahlung, getrocknet werden. Einige Taucher bauen sich auch spezielle Trockenschränke für ihre Kreislaufgeräte. Dort zirkuliert ein Luftstrom, der für ein rasches und gründliches Trocknen sorgt. Die Faltschläuche müssen zum Trock-

Nach dem Tauchen sollten Sie alle Teile Ihres Kreislaufgerätes nach der Anweisung des Herstellers gründlich abspülen.

nen aufgehängt werden, so daß das Wasser aus ihnen herauslaufen kann und sich nicht in den Falten festsetzt.

Die Atembeutel sind im allgemeinen schwerer völlig trocken zu bekommen und müssen hierzu häufig über einige Tage hinweg mehrmals entleert werden. Die Wasserfallen, die in modernen Kreislaufgeräten Anwendung finden (um Wasser daran zu hindern, in den Atemkalkbehälter einzudringen) machen es schwierig, die Atembeutel vollständig zu trocknen, nachdem sie ausgespült wurden.

Ihr Kreislaufgerät sollte an einem kühlen, trockenen Ort gelagert werden, fern von Elektromotoren und Wasserboilern. Diese Geräte produzieren Ozon, das die Gummiteile von Kreislaufgeräten angreift.

Bei den meisten Kreislaufgeräten sollte der Schieber des Mundstücks während der Lagerung geöffnet bleiben. Aber auch hier sollten Sie den Empfehlungen der Herstellerfirma folgen.

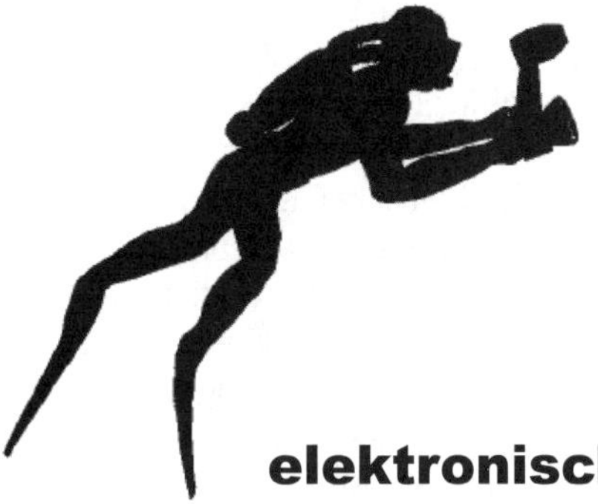

Kapitel 6

Geschlossene elektronische Kreislaufgeräte

WARNUNG

In diesem Kapitel wird das Tauchen mit geschlossenen Kreislaufgeräten beschrieben. Die hier geschilderten Verfahren dienen nur der allgemeinen Information, da jedes Kreislaufgerät eigene, gerätespezifische Anforderungen an die Bedienung stellt. Auch wenn die Grundprinzipien der Gerätebedienung für jedes System gleich oder doch ähnlich sind, sollten Sie nur die Verfahrensweise anwenden, die man Ihnen für Ihr eigenes Gerät beigebracht hat.

Der nächste Schritt in der Kreislaufgeräteevolution

Der nächste Schritt in der Entwicklungsgeschichte der Kreislaufgeräte sind die geschlossenen Kreislaufgeräte. Diese stellen die am weitesten entwickelte Kreislaufgerätetechnologie dar. Sie sind im allgemeinen teurer und wesentlich komplexer aufgebaut als halbgeschlossene Kreislaufgeräte.

Unter allen Kreislaufgeräten hat das geschlossene Mischgaskreislaufgerät (in der Folge auch als CCR – von “closed circuit rebreather” - bezeichnet) das breiteste Einsatzspektrum. Es ist wesentlich flexibler hinsichtlich Einsatztiefe und Einsatzzeit als Sauerstoffkreislaufgeräte oder halbgeschlossene Kreislaufgeräte.

CCR`s bieten dem Tauchprofi aufgrund ihrer hohen Effizienz Vorteile, mit denen kein anderes System aufwarten kann. Mit einem kleinen Atemgasvorrat sind, in Abhängigkeit von Gerätemarke, Konfiguration und Wassertemperatur, aber nahezu unabhängig von der Tauchtiefe, Grundzeiten von drei bis zehn Stunden möglich.

Viele professionelle Unterwasserphotographen sind auf geschlossene Kreislaufgeräte umgestiegen. Sie verlängern mit Hilfe dieser Geräte einerseits die Tauchzeit, in der sie sich mit einem Motiv beschäftigen können und erleichtern sich andererseits die Arbeit mit scheuen Tierarten, weil ein geschlossenes System nur während des Aufstiegs störende Blasen abgibt. Wenn Sie aber annehmen, daß Sie für Unterwasserlebewesen unsichtbar werden, dann irren Sie sich. Die Tiere können Sie immer noch sehen und reagieren auf Ihre Anwesenheit manchmal mit Flucht. Sie werden aber feststellen, daß es Ihnen aufgrund der fehlenden Blasen sowie der Geräuschlosigkeit dieser Geräte häufiger möglich sein wird, in die Nähe bestimmter Tiere zu gelangen.

Taucher, die tiefe Wracks betauchen, haben genau wie Technical Diver und Höhlentaucher CCR`s eingesetzt, um die große Anzahl von Druckgasflaschen zu vermeiden, die sie mitführen mußten, wenn sie mit einem offenen System tauchten. Es ist leicht, ein geschlossenes Kreislaufgerät zu erkennen. Wenn Sie einen Taucher sehen, der etwas auf dem Rücken trägt, das aussieht, wie ein sehr komplizierter Hoover-Staubsauger, so ist das wahrscheinlich ein CCR.

Ein weitverbreitetes Märchen besagt, daß Sie ein Raketenwissenschaftler sein müssen, um mit einem CCR zu tauchen. Das stimmt nicht ganz. Sie sind zugegebenerweise komplizierter als offene Systeme und auch höher entwickelt als halbgeschlossene Geräte, aber sobald sie einmal das Prinzip des Partialdrucks verstanden haben, ist der Umgang mit einem CCR relativ unkompliziert. Sie werden bald feststellen, daß alle Ihre vorangegangenen Erfahrungen mit offenen Systemen für das Tauchen mit einem CCR so gut wie wertlos sind. Vieles von dem, was Sie über das Tarieren, die Kontrolle Ihrer Luftversorgung, Nullzeitgrenzen sowie über das Verhalten in Notfällen wissen, müssen Sie erneut lernen, wenn Sie anfangen, mit einem CCR zu tauchen. Kreislaufgeräte sind eine Welt für sich, und so werden Sie sich, nachdem Sie ein CCR angelegt haben, wahrscheinlich so fühlen, als wenn Sie das Tauchen von neuem lernen würden.

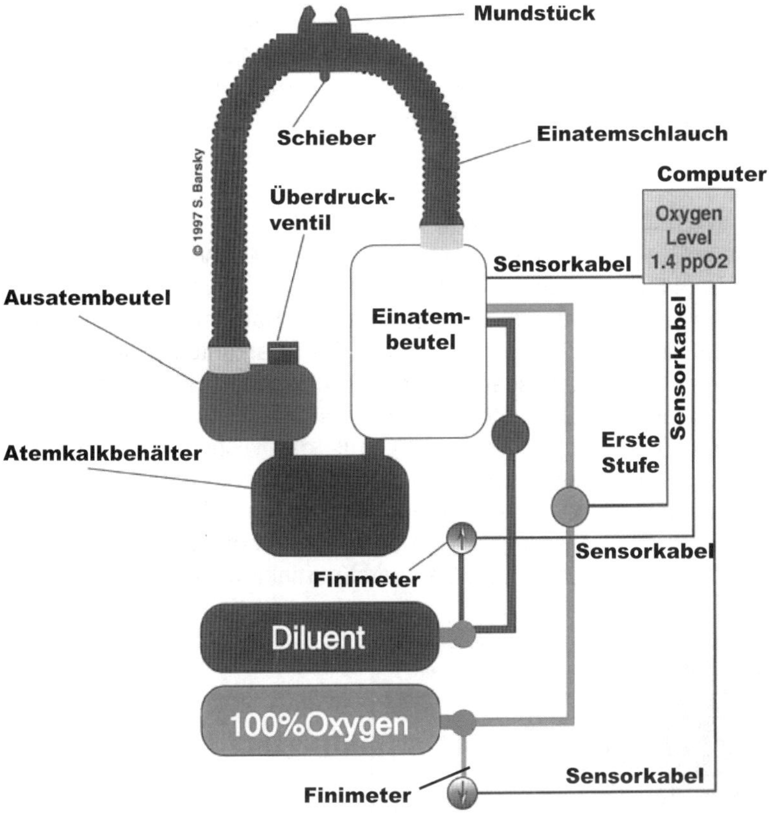

Geschlossene elektronische Kreislaufgeräte sind weitaus komplexer als halbgeschlossene Systeme. Dieses Diagramm zeigt den Aufbau eines "typischen" geschlossenen Kreislaufgerätes.

Wenn Sie sich bei Ihren Überlegungen für den Kauf eines CCR entscheiden, so sollten Sie nicht vergessen, sich die Frage zu stellen, ob Sie wissen, wo das richtige Ende eines Schraubenziehers ist.

Anders, als bei anderen Ausrüstungsgegenständen, die Sie zur Wartung in einem Tauchshop vor Ort abgeben können, werden die Wartungsarbeiten an Ihrem CCR für Sie in Zukunft zum Alltag gehören. Sie sind verantwortlich dafür, das Gerät für den Tauchgang vorzubereiten, die Wartung nach dem Tauchgang sowie allgemeine Wartungsarbeiten durchzuführen, das Gerät regelmäßig zu desinfizieren, sowie ein detailliertes Logbuch zu führen. Ja, sie müssen ein Logbuch führen! Sie müssen in der Lage sein, mit Elektronik, Leitungen, Batterien, Sauerstoffsensoren und in einigen Fällen auch mit Computern umzugehen. Wenn Sie das nicht können, oder wenn Sie Ihre Tauchgangsvorbereitungen und die Wartung Ihres Gerätes nicht mit akribischer Genauigkeit durchführen, wird Ihre Lebenser-wartung nicht allzu hoch sein.

So funktioniert ein CCR

Ein CCR ist vergleichbar mit einer Nitrox-Mischmaschine, die Sie auf Ihrem Rücken tragen können. Es kann Sie unabhängig von Ihrer Tauchtiefe mit der optimalen Mischung aus Sauerstoff und Stickstoff (bzw. Heliox oder Trimix) versorgen. Der markanteste Unterschied zwischen halbgeschlossenen und geschlossenen Systemen liegt in der Kontrolle des Sauerstoffpartialdrucks.

Der Sauerstoffpartialdruck (PO_2) ist das wichtigste Prinzip, das Sie verstehen müssen, weil es sich dabei um das "Schlüsselprinzip" der Funktionsweise eines CCR handelt. Die Kontrolle des Sauerstoffpartialdrucks macht nämlich erst das Tauchen mit einem CCR möglich. Da Tiefenwechsel den Sauerstoffpartialdruck beeinflussen und Sie die volle Kontrolle über Ihre Gasmischung haben, ist es wichtig,

Um Ihre Sicherheit zu gewährleisten, müssen Sie über Ihre Wartungs- und Reparaturarbeiten, die Sie an Ihrem Gerät durchgeführt haben, ein Logbuch führen.

daß Ihnen die Folgen Ihrer Handlungen bewußt sind und Sie verstehen, wie diese Ihnen helfen oder aber auch schaden können.

Wenn Sie mit einem offenen Nitroxsystem oder einem halbgeschlossenen Kreislaufgerät tauchen, müssen Sie immer Tiefenbeschränkungen beachten. Der Grund hierfür liegt darin, daß Sie mit

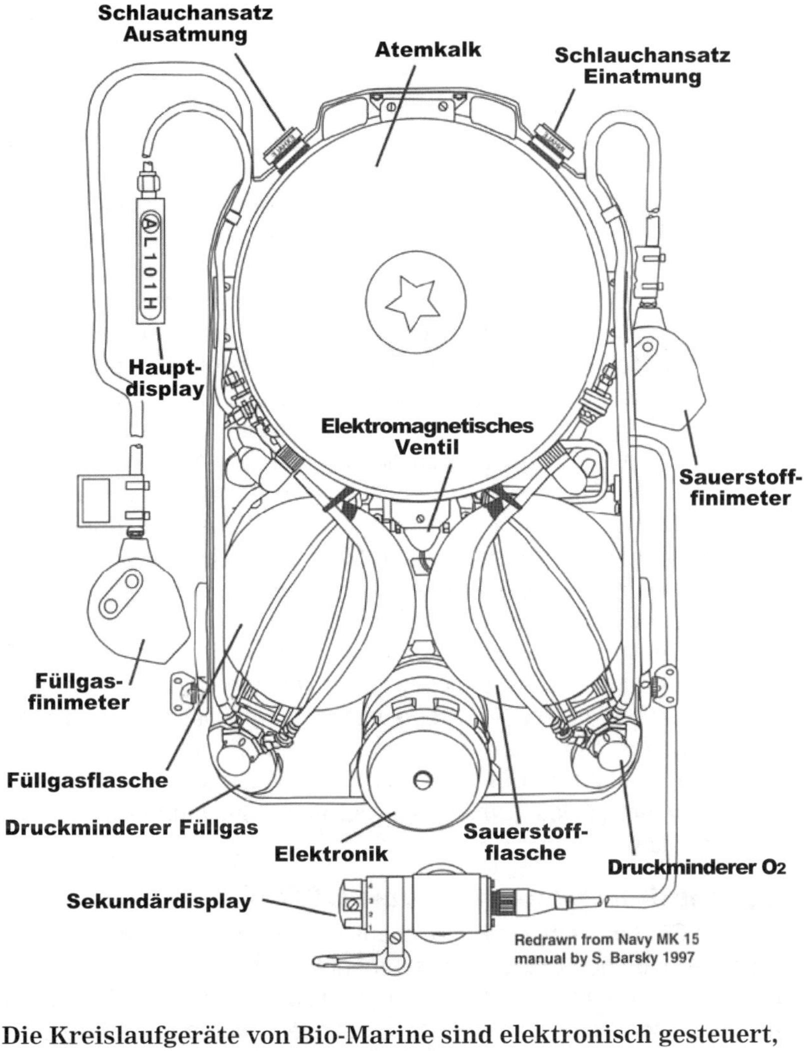

Die Kreislaufgeräte von Bio-Marine sind elektronisch gesteuert, haben aber keine Mikroprozessoren.

einem gleichbleibenden Sauerstoffanteil in Ihrer Flasche tauchen. Dadurch steigt der Sauerstoffpartialdruck (PO_2) während Ihres Abstiegs bis Sie den Grenzwert (von maximal 1.6) erreichen und nimmt während Ihres Aufstiegs wieder ab. Vom Standpunkt der Dekompression her ist das nicht sehr effizient, weil ein hoher PO_2 in geringen Tiefen wesentlich nützlicher ist.

Ein CCR hingegen kann einen vorgegebenen PO_2 konstant halten, indem es den Sauerstoffanteil im System während der Abstiegsphase verringert und während der Aufstiegsphase erhöht. Ein geschlossenes Kreislaufgerät ist in der Lage, den Sauerstoffanteil während des Abstiegs zu verringern, indem es automatisch oder manuell Füllgas nachführt. Üblicherweise handelt es sich bei dem Füllgas um Luft, wobei bei tieferen Tauchgängen Heliox oder Trimix gewählt werden kann.

Weil ein CCR den Sauerstoffpartialdruck messen kann, wird es automatisch (oder bei Bedarf auch manuell) dem Atemkreislauf Sauerstoff zuführen, wenn es feststellt, daß der Sauerstoffpartialdruck abfällt. Dies geschieht unabhängig davon, ob der Partialdruckabfall durch normalen Verbrauch oder aber während des Aufstiegs entsteht. Üblich ist bei einem CCR ein Sauerstoffpartialdruck zwischen 0.7 und 1.3. Je höher der PO_2 ist, desto länger sind die Nullzeiten und desto effizienter ist die Dekompression.

Neuere Kreislaufgerätemodelle, wie das Bio-Marine CCR 155 und das BMR 500, verwenden elektronische Komponenten, um den Sauerstoffpegel im System zu kontrollieren. Diese elektronischen Komponenten sind nicht von einem Mikroprozessor abhängig. Viele Taucher bevorzugen diese Art von Design wegen seiner Einfachheit und der Unabhängigkeit von Systemsoftware.

Kreislaufgeräte wie das Cis-Lunar, das Prism Topaz sowie die Geräte von Undersea Technologies, verwenden Mikroprozessoren, um den Sauerstoffpegel im Atemkreislauf zu regulieren. Ein solches Kontrollsystem gibt Ihnen auch die Möglichkeit, ausführliche Informationen über Ihren Tauchgang und das Verhalten des Kreislaufgerätes während des Tauchgangs auf einen stationären Computer herunterzuladen.

Systemkomponenten von CCR`s

Ein CCR besteht in der Regel aus drei Grundkomponenten: dem Atemkreislauf, den Druckgaskomponenten und der Elektronik. Einige dieser Komponenten sind nahezu identisch mit denen, die sich in einem halbgeschlossenen System befinden, während andere sich sehr von einander unterscheiden.

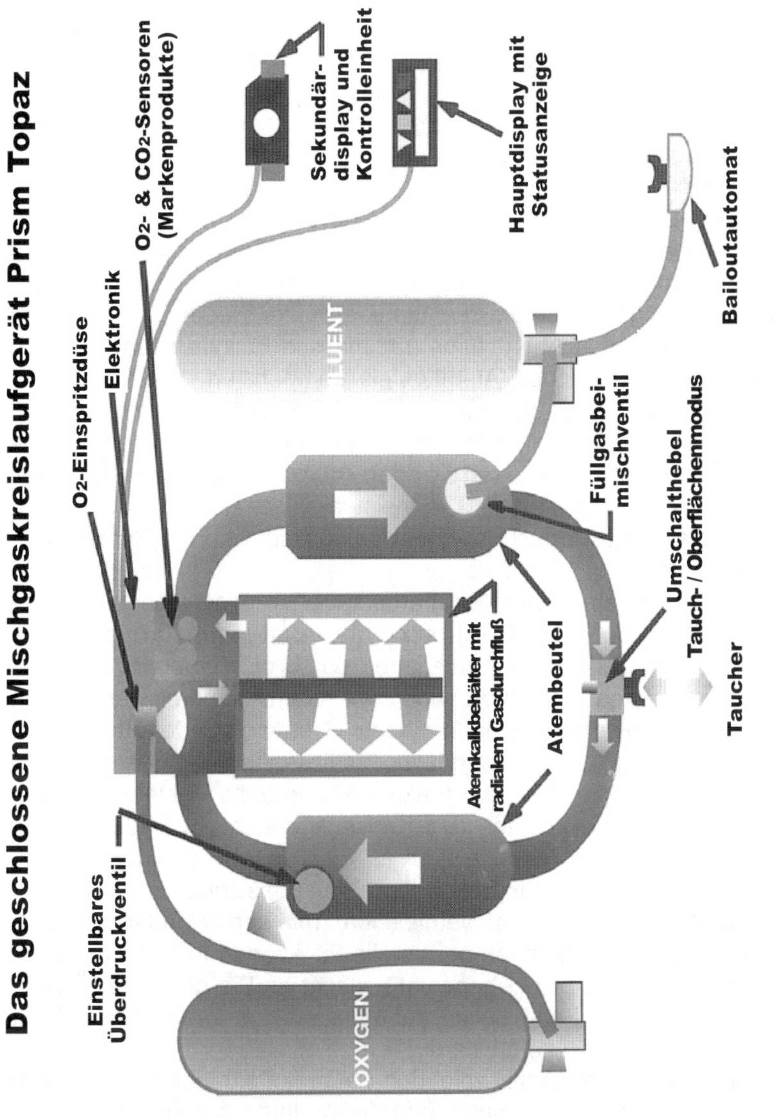

Dieses Funktionsschema eines Prism Topaz verdeutlicht die drei Grundkomponenten eines CCR: Atemkreislauf, Druckgaskomponenten und Elektronik.

Der Atemkreislauf enthält den Atembeutel (auch Gegenlunge genannt), den Atemkalk und die Atemschläuche sowie das Mundstück. Er unterscheidet sich nicht wesentlich von den Teilen, die wir in einem halbgeschlossenen System finden. Der Atemkreislauf eines CCR enthält außerdem Sauerstoffsensoren. Mitunter sind diese auch in halbgeschlossenen Kreislaufgeräten zu finden, haben dort aber nur die Aufgabe, den Sauerstoffpegel im System zu überwachen und nicht diesen zu regulieren.

Die Druckgaskomponenten bestehen aus zwei oder mehr Atemgasflaschen, Druckminderern sowie Bypassventilen, mit denen das Gas manuell zugeführt werden kann sowie aus einem Beimischventil für Füllgas innerhalb des Atemkreislaufs. Dieses Beimischventil führt während des Abtauchens automatisch Füllgas nach. Dadurch wird das Volumen des Atembeutels kompensiert, das durch den zunehmenden Druck komprimiert wird. Eine der Flaschen enthält reinen Sauerstoff, die andere ein Füllgas wie etwa Luft oder unter bestimmten Umständen Heliox oder Trimix. Zusätzlich verfügt jede Flasche über ein Finimeter. Die meisten dieser Komponenten könnten in dieser Form auch in einem halbgeschlossenen System Verwendung finden.

Das Herz eines elektronisch gesteuerten geschlossenen Kreislaufgerätes sind die Elektronik- und Batteriebaugruppen. Die Elektronik bezieht ihre Informationen durch die Sauerstoffsensoren und reguliert den Zufluß von Sauerstoff in den Atemkreislauf über ein elektromagnetisches Ventil. In diesem System liegt der Hauptunterschied zwischen den meisten halbgeschlossenen und den geschlossenen Kreislaufgeräten. Die Elektronikbaugruppe besteht aus zwei Displays, die den Zustand des Kreislaufgerätes sowie den Sauerstoffpartialdruck im Atemkreislauf anzeigen. Diese Displays werden als Hauptdisplay und als Sekundärdisplay bezeichnet.

Das Hauptdisplay ist vergleichbar mit den Warnlämpchen in Ihrem Auto. Es zeigt Ihnen an, ob alle Funktionen Ihres Gerätes reibungslos ablaufen. Gegebenenfalls macht es Sie durch eine Warnanzeige auf eine Fehlfunktion aufmerksam und fordert Sie auf, Ihr Sekundärdisplay zu kontrollieren.

Das Sekundärdisplay zeigt den Sauerstoffpartialdruck jedes einzelnen Sensors an. Mit dieser Information kann der Kreislaufgerätetaucher jedes eventuell auftretende Gasproblem korrigieren. Hochentwickelte Sekundärdisplays können auch Dekostatus und Flaschendruck anzeigen.

Weiterhin ist es wichtig zu wissen, daß das Sekundärdisplay in der Regel unabhängig vom Hauptdisplay funktioniert. Es ist als dessen Backup konzipiert und funktioniert auch dann noch, wenn die Batterien und die Elektronik ausfallen. Mit Hilfe des Sekundärdisplays können Sie dann Ihr Kreislaufgerät manuell steuern.

Das Innenleben des Atemkreislaufs

Die Einwegventile in Ihrem Mundstück stellen sicher, daß das Gas beim Ausatmen nur in eine Richtung fließt. Von Ihrem Mundstück wandert das Ausatemgas durch den Ausatemschlauch in den Atemkalkkanister, wo das Kohlendioxid chemisch entfernt wird. Danach fließt das Gas an drei oder mehr Sauerstoffsensoren vorbei.

Sie können sich einen Sauerstoffsensor ganz einfach als eine Batterie oder eine Brennstoffzelle vorstellen, die in Anwesenheit von Sauerstoff arbeitet. Der Sensor selbst benötigt eine geringe Menge Sauerstoff und gibt eine Spannung ab, die in direkter Beziehung zum Sauerstoffpartialdruck im Atemkreislauf steht. Je höher der Sauerstoffpartialdruck, desto höher die Spannung. Wenn der Partialdruck fällt, fällt auch die Spannung.

Die Spannung des Sensors wird von der Elektronik empfangen und gemessen. Ist diese Spannung höher oder entsprechend dem von Ihnen gesetzten Sollwert des Sauerstoffpartialdrucks, so reagiert die Elektronik nicht. Wenn die Spannung fällt, weil der PO_2 des Atemkreislaufs aufgrund Ihres Sauerstoffverbrauchs oder bedingt durch den nachlassenden Druck beim Aufstieg abfällt, öffnet die Elektronik ein elektromagnetisches Ventil, das eine genau bemessene Menge O_2 in den Atemkreislauf leitet. Dieser Vorgang wiederholt sich, bis der Partialdruck wieder den Sollwert erreicht hat. Dieser automatische Vorgang kann bei Batterieausfall oder einem Versagen der Elektronik manuell über den Sauerstoffbypass gesteuert werden.

Während des Abstiegs wird automatisch Füllgas zum Ausgleich des Gasvolumens im Atemkreislauf nachgeführt. Zum einen haben Sie dadurch immer genügend Volumen für einen vollen Atemzug und zum anderen wird verhindert, daß der Sauerstoffpartialdruck zu hoch wird. Auch hier gibt es einen manuellen Bypass, so daß Sie, wenn nötig, das Füllgas auch manuell nachführen können.

Während des Aufstiegs nimmt der PO_2 in Relation zum abnehmenden Umgebungsdruck ab. Um den Sollwert beizubehalten, führt das System Sauerstoff nach. Das Gasvolumen, das sich in Ihrem Atemkreislauf durch den nachlassenden Umgebungsdruck ausdehnt, muß teilweise abgegeben werden. Alle CCR`s verfügen darum über ein Überdruckventil, das auf den erhöhten Druck des vergrößerten Volumens reagiert. Auch für dieses Überdruckventil gibt es ein

Einer der Hauptvorteile eines geschlossenen Kreislaufgerätes im Vergleich zu einem halbgeschlossenen Gerät besteht darin, daß Erstere, unabhängig von der Tiefe, einen konstanten Sauerstoffpartialdruck ermöglichen.

Backup, nämlich Ihre Nase. Sie haben richtig gehört: Wenn nötig, können Sie überschüssiges Gas aus dem Atemkreislauf durch die Nase an die Umgebung abgeben. Dies setzt aber voraus, daß sie keine Vollgesichtsmaske tragen, bei der sich Nase und Mund im selben Maskenraum befinden.

Die Vorteile eines elektronisch gesteuerten geschlossenen Kreislaufgerätes

Geschlossene Kreislaufgeräte bieten viele Vorteile gegenüber halbgeschlossenen Geräten. Es ist jedoch wichtig, daß der Taucher das Gerät genau kennt und beherrscht, um diese Vorteile auch nutzen zu können.

- Mit einem CCR können längere Tauchgänge durchgeführt werden als mit einem halbgeschlossenen System.
- Mit einem CCR können Sie ihre Grundzeit maximieren, da es Ihnen immer, unabhängig von der Tiefe, das beste Atemgasgemisch zur Verfügung stellt.

- Mit einem CCR können Sie Ihre Inertgasaufnahme minimieren.
- Ein CCR bietet Ihnen eine sehr effiziente Gestaltung ihrer Dekompression.
- Geschlossene Kreislaufgeräte sehen äußerst “cool” aus.

Mit einem geschlossenen Kreislaufgerät kommen Sie mit einem kleinen Atemgasvorrat ziemlich weit, weil dieser Gerätetyp, außer beim Aufstieg, kein Gas an die Umgebung abgibt. Ihr Füllgasvorrat wird nur während des Abstiegs benutzt, um Sie mit dem nötigen Volumen, das Sie zum Atmen benötigen, zu versorgen. Sobald Sie Ihre Zieltiefe erreicht haben, ist der Sauerstoff das einzige Gas, das noch verbraucht wird.

Häufig werden Sie feststellen, das Ihre Füllgasflasche selbst nach einigen Stunden unter Wasser noch fast voll ist. So liegt auch der größte Vorteil eines CCR in der Möglichkeit, sehr lange Tauchgänge durchzuführen. Wahrscheinlich haben Sie sich schon überlegt, daß dieser effiziente Umgang mit dem Atemgas Ihnen auch viele kurze Tauchgänge ermöglichen würde, ohne das zwischendurch Flaschen gefüllt werden müssen. Rein technisch gesehen ist dies zutreffend. Da aber die Gasmenge, die Sie mit sich führen können, im allgemeinen wesentlich geringer ist als wenn sie auf andere Art und Weise Tauchen würden, werden sie gut beraten sein, wenn Sie jeden dieser Tauchgänge mit vollen Flaschen beginnen.

Tabelle 6.1 zeigt, wie ein CCR, das über den Tauchgang hinweg einen PO_2 von 1.3 aufrechterhält, den prozentualen Sauerstoffanteil in Abhängigkeit zur Tiefe verändert. Sie können auch erkennen, wie sich das positiv auf Ihre Nullzeitgrenzen auswirkt.

Sie können sehen, daß Sie bei einer Tauchtiefe von 18 Metern 46% Sauerstoff in Ihrem Atemkreislauf hätten. Bei diesem Sauerstoffanteil beträgt die äquivalente Lufttiefe etwa 10 Meter, was Ihnen eine Nullzeit von 200 Minuten gibt! Steigen Sie auf 12 Meter auf und Ihr Sauerstoffanteil erhöht sich automatisch auf 58 %. Der ansteigende Sauerstoffanteil während des Aufstiegs ist insofern nützlich, als er den Abbau des jeweiligen Inertgases, das Sie verwenden, beschleunigt.

Das Fazit dieser Betrachtung ist, daß Sie durch eine dauernde Optimierung Ihrer Gasmischung Ihre Nullzeitgrenzen erweitern können und außerdem die nötige Dekompression sicherer und effizienter gestalten können.

Mit einem CCR können Sie auch Ihre flachen Dekostops mit nahezu 100% Sauerstoff durchführen.

TABELLE 6.1

Konstanter Sauerstoffpartialdruck von 1.3 (Nullzeitgrenzen aus den U.S. Navy Tabellen)

Die metrischen Werte sind Näherungswerte der imperialen Werte der Originaltabelle.

TIEFE	SAUERSTOFF-PROZENTSATZ	ÄQUIVALENTE LUFTTIEFE	NULLZEITGRENZEN (U.S. NAVY)
3	100		Keine theoretischen Beschränkungen
6	80		Keine theoretischen Beschränkungen
9	68		Keine theoretischen Beschränkungen
12	58	2	Keine theoretischen Beschränkungen
15	51	6	Keine theoretischen Beschränkungen
18	46	10	200
21	41	13	100
24	38	17	60
27	34	21	50
30	32	25	30
34	30	29	25
37	28	32	20
40	26	36	15
43	24	41	10
46	23	44	5
49	22	48	5
52	21	52	5
55	20	56	Nicht empfehlenswert
58	19	60	Nicht empfehlenswert
61	18	64	Nicht empfehlenswert

Beachten Sie auch, daß bei einer Tiefe von 52 Metern der Sauerstoffanteil, genau wie bei Luft, 21% beträgt. Das nennt man einen Umkehrpunkt. Um in einer Tiefe von mehr als 52 Metern einen Partialdruck von 1.3 beizubehalten, muß das Gerät den Sauerstoffanteil auf weniger als 21% reduzieren. Für den Taucher bedeutet das, daß er ab dieser Tiefe eine Gasmischung atmet, die einen höheren Stickstoffanteil (mehr als 79%) als Luft hat.

In größerer Tiefe ist die äquivalente Lufttiefe sogar größer als die tatsächliche Tiefe. Dieses Phänomen ist eine Folge des zusätzlichen Stickstoffs in der Mischung. Zusammen mit dem erhöhten Stickstoffanteil nimmt auch die Wirkung der Stickstoffnarkose zu. Es ist besser, wenn ab diesem Umkehrpunkt mit einem anderen Füllgas als Luft getaucht wird. Wo genau dieser Punkt liegt, hängt vom eingestellten Sollwert des Sauerstoffpartialdrucks ab. Bei einem PO_2-Sollwert von 1.0 z.B. befindet sich der Umkehrpunkt bei 38 Metern. Bei einem niedrigeren Sollwert von 0.7 (das ist der Sollwert bei den meisten militärischen Kreislaufgeräten) liegt der Umkehrpunkt bei nur 24 Metern. Sie sehen, daß Ihr Umkehrpunkt umso tiefer liegt, je höher Ihr PO_2-Sollwert ist.

Während der Dekophase des Tauchgangs können Sie Ihre Inertgasentsättigung beschleunigen, indem Sie den PO_2 in Ihrem CCR im Dekostopbereich über 7 Meter möglichst nahe an 100% Sauerstoff halten. Natürlich müssen Sie hier besondere Sorgfalt walten lassen, um nicht mit einem hohen PO_2 in Ihrem Atemkreislauf wieder abzutauchen.

Kreislaufgeräte sehen "cool" aus!

Okay, das ist vielleicht kein echter Vorteil, aber immerhin ist es ein eindrucksvoller Anblick, ein geschlossenes Kreislaufgerät im Einsatz zu sehen. Es ist wirklich ein ungewöhnliches Gefühl, wenn Sie zum ersten Mal einen Taucher sehen, der sich lautlos und ohne Blasen durch die Unterwasserwelt bewegt.

Die Nachteile von geschlossenen Kreislaufgeräten

Es gibt viele Nachteile bei der Verwendung geschlossener Kreislaufgeräte. Für einige Taucher können diese Nachteile gegenüber den Vorteilen sogar überwiegen.

Neben den schon in Kapitel 4 angeführten gesundheitlichen Gefahren bei Verwendung eines geschlossen Kreislaufgerätes gibt es noch andere Nachteile, auf die Sie sich einlassen müssen, wenn Sie sich für ein solches Tauchgerät entscheiden.

- Ein CCR ist der teuerste Typ unter allen autonomen Tauchgeräten auf dem Markt.
- Ein CCR erfordert einen höheren Ausbildungsstand als ein halbgeschlossenes Kreislaufgerät.

Sie benötigen viele Werkzeuge und Ersatzteile um ein geschlossenes Kreislaufgerät "in Schuß" zu halten.

- Reisen mit einem CCR erfordert einen Mehraufwand an Planung und Ausrüstung und wird bei Reisen außerhalb Europas wahrscheinlich teurer werden.
- Reiner Sauerstoff ist nicht immer leicht erhältlich und ist bei unsachgemäßem Umgang gefährlich.
- Auch wenn es manchmal vorteilhaft sein kann, keine Blasen zu machen, wenn Sie sich bestimmten Arten von Unterwassertieren nähern, so kann manchmal das Fehlen von Blasen gefährlich sein.

CCR`s sind teuer

Der Anschaffungspreis für ein geschlossenes Mischgaskreislaufgerät liegt zwischen 9.000 DM und 35.000 DM. Und damit fängt es erst an. Ausbildung, Ersatzteile, Sauerstoff und Atemkalk sind zusätzliche Ausgaben, die Sie als Unterhaltskosten berücksichtigen müssen.

Okay, jetzt haben Sie ein richtig tolles neues Kreislaufgerät, das es Ihnen ermöglicht fünf Stunden ohne Unterbrechung unter Wasser zu bleiben. Aber ist der Rest Ihrer Tauchausrüstung, einschließlich

Ersatzatemschläuche können ziemlich teuer werden. Dieser Taucher taucht mit einem UT 240 Kreislaufgerät.

Ihres Tauchcomputers und Ihres Kälteschutzsystems dieser Aufgabe gewachsen?

Ein Taucher der ein CCR benutzt, benötigt eine Reihe von Ersatzteilen:

- **Atemschläuche**
  Sie benötigen zwei Stück (von denen jeder bis zu 160 DM kostet) und sollten zwei in Reserve haben. Einige Einheiten haben sogar vier Atemschläuche.
- **Sauerstoffsensoren**
  Sie benötigen davon drei Stück und jeder kostet Sie etwa 180 DM oder sogar mehr. Diese Sensoren halten zwischen sechs Monaten und einem Jahr und der kluge Taucher hat immer einige Ersatzsensoren auf Vorrat.
- **Batterien**
  Ihre Haltbarkeitsdauer ist abhängig von der Art des CCR, aber Ersatzbatterien sind ein Muß.
- **Atemkalk**
  Atemkalk kostet zwischen 140 DM und 280 DM für einen 22 Liter Eimer. Die Tauchzeiten, die Sie damit erzielen können sind

abhängig vom jeweiligen CCR. Grob geschätzt können Sie etwa 30 Stunden Tauchzeit von 15 Kilogramm Atemkalk erwarten.

- **Sonstige Ersatzteile**
  Zusätzlich benötigen Sie eine ganze Reihe von kleinen Ersatzteilen um Ihr Gerät funktionsfähig zu halten: Mundstücke, Flaschen, elektromagnetische Ventile, Schalter, O-Ringe, O_2-kompatible Schmiermittel, Werkzeuge und noch einiges mehr.

Ausbildung

Gegenwärtig gibt es nur einige wenige Tauchlehrer, die eine Kreislaufgeräteausbildung anbieten. Im Durchschnitt müssen Sie etwa 40 Stunden und bis zu 9.000 DM investieren. Wenn eine solche Ausbildung nicht in Ihrer Gegend angeboten wird, kommen noch zusätzliche Reisekosten hinzu.

Als Voraussetzung für einen Kreislaufgerätekurs wird in den meisten Fällen mindestens ein Nitrox-Brevet verlangt. Der Schwerpunkt Ihrer Ausbildung sollte auf der manuellen Bedienung Ihres Systems, dem Beseitigen von Störungen sowie dem Durchführen von Notfallmaßnahmen liegen.

Bei Ihrer Ausbildung müssen Sie lernen, jeden nur denkbaren Notfall zu bewältigen, wenn Sie ein CCR verwenden: von einfachen Problemen wie einem verlorenen Mundstück bis hin zu einem kompletten Systemausfall.

Es ist unverzichtbar, daß Sie die manuelle Bedienung Ihres CCR beherrschen. Die meisten Ausbilder werden Ihnen darum bis zum Ende Ihres Kurses noch nicht einmal erlauben, die Elektronik in Ihrem Gerät auch nur einzuschalten. Mit einem funktionierenden Kreislaufgerät zu tauchen ist sehr einfach. Ihr Gerät ohne elektronische Kontrolle, also mittels manueller Kontrolle des Sauerstoffpartialdrucks zu "fliegen", ist ideal um Selbstvertrauen aufzubauen, weil Sie auf genau diese Fähigkeit zurückgreifen müssen, sollte die Elektronik Ihres Gerätes einmal ausfallen.

Ein tieferes Verständnis von der Konstruktion Ihres Gerätes ist nötig, um mögliche Probleme schon in der Tauchgangsvorbereitung zu erkennen. In dieser Phase sowie in der Phase nach dem Tauchgang, müssen Sie die Selbstdisziplin aufbringen, Ihre Checklisten durchzugehen und ein Logbuch zu führen. Der korrekte Ablauf der Vorbereitungsphase wie auch der Nachbereitungsphase kann Ihnen später Zeit und Ärger ersparen und sorgt dafür, daß ihr Gerät zuverlässig funktioniert und Sie Ihren Tauchgang genießen können.

Der wahrscheinlich wichtigste Aspekte der Ausbildung an geschlossenen Kreislaufgeräten ist das Verhalten in Notfällen. Hier lernen Sie, wie Sie mit gerätespezifischen Problemen umzugehen haben. Was ist zu tun, wenn ein Sensor ausfällt? Was passiert, wenn die Batterie oder die Elektronik ausfällt? Können Sie dann weitertauchen? Was können Sie machen, wenn Sie Ihren Sauerstoff verlieren? Ein Kreislaufgeräteausbilder nennt das die "Boom-Situation". Sie tauchen vor sich hin, wenn plötzlich "BOOM" etwas schief geht. Was machen Sie jetzt?

Ein Schwerpunkt Ihrer Ausbildung sollte auf diesen Notfallmaßnahmen liegen, die unter kontrollierten Bedingungen solange geübt werden, bis Sie automatisch auf ein solches Problem reagieren können.

Das Tauchen mit einem CCR kann angenehm sein und Spaß machen, vorausgesetzt, Sie nehmen sich die Zeit für ein gründliches Training.

Reisen

Wenn Sie mit Ihrem Gerät verreisen wollen, dann sollten Sie darauf vorbereitet sein, für Übergepäck zu zahlen. Das wird sich kaum vermeiden lassen, wenn Sie mit über 30 Kilogramm zusätzlichem Gewicht, bestehend aus dem Kreislaufgerät, den Werkzeugen, ein oder zwei Behältern mit Ersatzteilen und zwei Eimern Atemkalk am Check-In Schalter auftauchen. Vielleicht können Sie auch einen Teil dieser Zusatzzahlung einsparen, wenn Sie den Atemkalkbehälter und die Flaschen aus dem Gerät ausbauen und in einem separaten Behälter verpacken.

Bringen Sie, sofern das möglich ist, eine Bescheinigung des Produzenten Ihres Atemkalks mit, aus der hervorgeht, daß es sich bei diesem Atemkalk nicht um Gefahrengut handelt, das von der Beförderung im Flugzeug auszuschließen ist.

Ihre Druckgasflaschen müssen in jedem Fall vollständig entleert sein, damit sie mit an Bord genommen werden können.

Damit Ihr Kreislaufgerät vor äußeren Einwirkungen geschützt ist, sollte es in einem stabilen Behälter verpackt sein, der auf der Innenseite ausreichend mit Schaumstoff gepolstert ist. Auch die Displays Ihrer Einheit sollten in entsprechender Weise geschützt sein. Denken Sie daran, daß Sie mit einem teuren Ausrüstungsgegenstand reisen, der, auch wenn er ziemlich robust ist, während des Transportes in den Händen von Gorillas sein wird.

Zu den Fragen, die sie vor ihrer Abreise klären sollten, zählen:

- Läßt die Tauchbasis oder das Tauchboot die Verwendung von Kreislaufgeräten zu?
- Gibt es genügend Platz auf dem Boot, um Ihr Kreislaufgerät samt Verbrauchsstoffen und Ersatzteilen unterzubringen?
- Können Sie vor Ort Atemkalk kaufen?
- Ist Sauerstoff problemlos erhältlich?

Alle logistischen Bereiche müssen im voraus abgeklärt sein, wenn Sie mit einem Kreislaufgerät verreisen.

Sauerstoff - Logistik und Sicherheit

Wenn Sie ein eigenes Kreislaufgerät haben, ist es notwendig, daß Sie den sicheren Umgang mit Sauerstoff beherrschen. Ausserdem müssen Sie auch über die richtige O-Ringe (Viton) und Schmiermittel (wie LTI`s Christolube) verfügen.

Um ihre Sauerstofflaschen zu füllen, sollten Sie nach Tauchshops suchen, die Nitrox anbieten. Üblicherweise verfügen diese Shops über Sauerstoff. Wenn Sie von Ihrem örtlichen Tauchshop keinen Sauerstoff beziehen können, dann werden Sie Ihre eigenen 50 Liter Flaschen von einem Gasanbieter wie z.B. Messer-Griesheim kaufen müssen. Das wird Sie neben den Kosten für die Füllung noch eine geringfügige monatliche Flaschenmiete kosten.

Es gibt drei Klassen von Sauerstoff: Fliegersauerstoff, medizinischen Sauerstoff und Industriesauerstoff. Die ersten beiden Varianten haben den selben Reinheitsgrad, der Fliegersauerstoff ist aber frei von Feuchtigkeit um eine Vereisung in großer Höhe zu verhindern. Industriesauerstoff für Schweißarbeiten ist zwar zum Atmen geeignet, kann aber unangenehme Geruchsbeimengungen haben, so daß Industriesauerstoff nicht das Gas der Wahl für die Verwendung in Kreislaufgeräten ist.

Wenn sie planen, mit Ihrem Kreislaufgerät zu verreisen, dann sollten Sie herausfinden ob Sauerstoff an Ihrem Zielort erhältlich ist. In einigen Gegenden kann sogar ein ärztliches Rezept erforderlich sein, um medizinischen Sauerstoff zu erhalten.

Keine Blasen, aber ein wenig Ärger

Trotz aller Vorteile kann es manchmal etwas gefährlich sein, mit einem Kreislaufgerät zu tauchen, das erfordert ein höheres Maß an Achtsamkeit als sonst. Anders als beim offenen Kreislauf oder selbst bei halbgeschlossenen Kreislaufgeräten ist es für andere fast unmöglich, Sie unter Wasser zu lokalisieren. Aus diesem Grunde müssen Sie sehr aufmerksam alle Aktivitäten um sich herum verfolgen.

Nicht alle Bootskapitäne sind mit den Möglichkeiten von geschlossenen Kreislaufgeräten vertraut.

Zwei Beispiele sollen dies verdeutlichen. Zweimal haben Tauchboote in der Nähe von Tauchern mit geschlossenen Kreislaufgeräten Anker geworfen. Die Bootskapitäne haben getan, was jeder verantwortungsvolle Bootsführer machen würde. Sie fuhren langsam an den Tauchplatz heran, lokalisierten die Taucher mit offenem System an ihren Blasen und warfen dann ihre Anker aus. Unglücklicherweise konnten sie nicht wissen, daß Taucher mit geschlossenen Kreislaufgeräten auf dem Grund waren, nur Zentimeter weit von den Stellen entfernt, an denen ihre Anker einschlugen. Diese Fehler hätten sie nicht gemacht, wenn sie Luftblasen gesehen hätten. Glücklicherweise waren die Kreislaufgerätetaucher sehr aufmerksam und hörten die Geräusche des Bootes und der Ankerkette.

Bei einem weiteren Vorfall, der fast tödlich ausgegangen wäre, führte ein Kreislaufgerätetaucher einen Sicherheitsstop an der Ankerleine durch. An der Oberfläche sah der Bootsführer einen Taucher, der alle Symptome von Panik zeigte und holte den Anker ein, um diesem zu Hilfe zu kommen. Der Anker kam so rasch nach oben, daß einer der Ankerflügel sich in einem Atemschlauch verfing und diesen dabei fast aus dem Gerät herausriß. Der Taucher konnte rasch genug reagieren um ein Unfall zu verhindern, der Bootsführer bemerkte aber erst als er später zurückkehrte, um seine anderen Taucher einzusammeln, was passiert war.

Um Unfälle wie diesen vermeiden zu helfen, ist es wichtig, den Bootsführer oder den Divemaster über Ihr geplantes Tauchprofil sowie die Richtung Ihres Tauchgangs zu informieren. Häufig haben Tauchboote einen Zeitplan einzuhalten, der mit Ihren Möglichkeiten Stunden unter Wasser zu verbringen, nicht vereinbar ist. Es ist eine Frage der Höflichkeit, den Kapitän wissen zu lassen, wie lange Sie unter Wasser bleiben möchten und in welche Richtung Sie tauchen werden. Viele Bootskapitäne sind etwas nervös, wenn es um Kreislaufgeräte geht, weil es ihnen an Erfahrung mit dieser Technologie mangelt. Sie sollten sich verantwortungsvoll verhalten, um sicherzustellen, daß Kreislaufgeräte zukünftig gern gesehen werden.

Zusammenbau Ihres Gerätes

Wer ein geschlossenes Kreislaufgerät für einen Tauchgang vorbereitet, muß in erster Linie gut mit Schläuchen und Kabeln umgehen können. Mit zwei oder gar vier Atemschläuchen, zwei Finimetern, einem Atemregler, einer Bailoutflasche, BC-Faltschläuchen, Inflatorschlauch für den Trockentauchanzug, Gurtband, Schnallen, einem Hauptdisplay und einem Sekundärdisplay von denen jedes sein eigenes Kabel hat ... Die meisten Technical Diver sehen im Vergleich mit einem Kreislaufgerätetaucher schnittig aus. Was kann also ein CCR Taucher tun, um nicht wie ein schwimmender Haarball auszusehen?

Das Beste, mit dem Sie Ihre Ausrüstung ergänzen können, sind die neuen "Retractors" (Federspulen) für den Unterwassergebrauch. Dabei handelt es sich um federgeladene Spulen, wie sie auch von manchen Hausmeistern für den Schlüsselbund verwendet werden. Wenn diese an Ihrem Harness befestigt werden, eignen sie sich sehr gut dafür, Displays nahe an Ihrem Körper zu halten. Sie stören dort am wenigsten und sind leicht zugänglich. Ziehen Sie Ihre Instrumente heraus um sich zu informieren, lassen Sie sie los und das Display zieht sich in die ursprüngliche Position zurück. Auch Velcrostreifen, Bungeeschnur oder Latexschlauch können helfen, die Schlauchvielfalt eines CCR zu ordnen.

Nicht zuletzt trägt die intelligente Handhabung Ihrer Schläuche, Instrumente und Displays auch wesentlich zu Ihrer Sicherheit bei.

Wenn Sie alle Schläuche und Kabel unter Kontrolle haben, verhindern Sie dadurch, daß diese sich verheddern oder Ihr Gerät beschädigen. Aber selbst wenn Sie diese Vorsichtsmaßnahmen getrof-

Sogenannte "Retractors" oder Federspulen sind ideal, um Displays und Instrumente unter Kontrolle zu halten.

Wenn Ihr Kreislaufgerät nicht mit einem BC ausgestattet ist, dann müssen Sie ein solches anbringen.

fen haben, sollten Sie trotzdem über wie unter Wasser immer wissen, wo sich alles befindet. Korallen, Wracks, Steine, Klampen und Bootsleitern schnappen sich nur zu gerne den Unvorsichtigen.

Kreislaufgeräte von Rexnord oder Bio-Marine (CCR 155 und BMR 500) haben üblicherweise einen Harness ohne BC. Diese Geräte werden mit demselben Harness ausgeliefert, den auch das Militär verwendet. Es bleibt dem Taucher überlassen, eine Tauchweste zu verwenden, oder Veränderungen an dem Gerät vorzunehmen, so daß ein anderes BC oder ein anderer Harness angebracht werden kann.

Einige der ersten Nutzer dieser Systeme haben eine Reihe von Veränderungen durchgeführt, die ihnen das Tauchen erleichtern. So haben z.B. Wracktaucher sogenannte Backmount-BC`s so verändert, daß zusätzliche Gasflaschen angebracht werden konnten.

Wieder andere haben den mitgelieferten Harness durch BCs mit integriertem Gewichtssystem ersetzt. Alle diese Veränderungen dienten dazu, die Kreislaufgeräte besser an die jeweiligen Tauchbedingungen anzupassen. Die Geräte, die von Steam Machines und Cis-Lunar hergestellt werden, verfügen üblicherweise über ein Backmount-BC.

Ein Isolierventil zwischen der ersten und zweiten Stufe Ihres Bailoutautomaten ist eine sinnvolle Einrichtung, wenn Sie Ihr Füllgas als Bailoutgas verwenden wollen.

Bailoutflaschen

Ob Sie eine Bailoutflasche benötigen oder nicht, hängt im Wesentlichen von der Art Ihrer Tauchgänge, sowie von dem Gerät ab, das Sie verwenden. Einige Kreislaufgeräte bieten die Möglichkeit, Ihren regulären Füllgasvorrat (üblicherweise Luft), als Bailout im offenen Kreislauf zu verwenden. Da dieser Füllgasvorrat selten größer als der Inhalt einer 4 Liter Flasche ist, stellt sich die Frage, ob diese Gasmenge im Hinblick auf Ihr jeweiliges Tauchgangsprofil ausreicht, um Sie wieder sicher zurück an die Oberfläche zu bringen.

Wenn Ihr Tauchgang eine Dekoverpflichtung beinhaltet oder wenn Sie Trimix oder Heliox verwenden, oder aber einen Höhlentauchgang planen, werden Sie einen ausreichenden Gasvorrat für eventuell auftretende Notfälle bereithalten wollen. In diesem Fall ist ein separates Bailoutsystem erforderlich.

Einige Taucher haben an ihrem System Modifikationen durchgeführt, um in geringen Tiefen den Sauerstoffvorrat Ihres Systems im offenen Kreislauf zu verwenden. Dabei ist unbedingt zu beachten, daß Sie den Umschaltmechanismus verriegelbar gestalten, damit Sie nicht unbeabsichtigt reinen Sauerstoff in Tiefen von mehr als sieben Meter atmen.

> **WARNUNG**
>
> **Halten Sie sich, wenn Sie Ihr Kreislaufgerät tauchfertig machen, unbedingt an die Vorgehensweise, die Sie während Ihrer Kreislaufgeräteausbildung für Ihr spezielles Gerät gelernt haben. Gehen Sie anhand einer Checkliste vor, um sicherzustellen, daß Sie nichts auslassen, wenn Sie Ihr Gerät tauchfertig machen.**

Verwenden Sie eine Checkliste um sicherzustellen, daß Sie keinen der notwendigen Einzelschritte auslassen, wenn Sie Ihr Gerät tauchfertig machen.

Wenn Ihr Gerät die Möglichkeit bietet, das Füllgas im offenen Kreislauf zu verwenden, dann sollten Sie ein Isolierventil vor Ihrer zweiten Stufe haben, so daß Sie den Gasfluß nötigenfalls unterbrechen können. Das könnte z.B. im Falle einer Vereisung der zweiten Stufe nötig sein. Diese Vorrichtung, wie sie z.B. von Zeagle hergestellt wird, kann dabei helfen, einen Gasverlust zu vermeiden, der katastrophale Folgen haben könnte.

Tauchgangsvorbereitungen

Unabhängig vom jeweiligen Gerätetyp kommen Sie nicht um eine Reihe von Vorbereitungen herum, um unter Wasser ein funktionsfähiges Gerät zu haben. Der in der Folge dargestellte Ablauf ist recht "typisch" für das Vorbereiten eines Kreislaufgerätes auf einen Tauchgang.

Auch wenn viele Kreislaufgeräte vom Aufbau her recht ähnlich sind und auf ähnliche Weise tauchfertig gemacht werden, kann die

Verfahrensweise bei Ihrem persönlichen Gerät von der hier beschriebenen abweichen. Die Darstellung hier soll nicht mehr sein, als ein Beispiel dafür, wie das "typische Kreislaufgerät" tauchfertig gemacht wird.

Dieses Beispiel dient dazu, Ihnen zu verdeutlichen, wieviele Einzelschritte damit verbunden sind, ein geschlossenes Kreislaufgerät tauchfertig zu machen. Auch wenn keiner dieser Schritte ausgesprochen schwierig ist, so sind doch eine ganze Menge mehr Details zu beachten als bei einem offenen Tauchgerät.

- **Achten Sie bei jedem Schritt auf eventuelle Verschmutzungen, Abnutzungen und Beschädigungen der einzelnen Komponenten.** Tauschen Sie alle Teile aus, die nicht richtig funktionieren oder starke Abnutzungserscheinungen zeigen.

- **Überprüfen Sie die Funktion der Einwegventile im Mundstück.** Nehmen Sie die Faltschlauch-Mundstück-Kombination, öffnen Sie den Schieber am Mundstück und atmen Sie durch das Mundstück. Dabei müssen Sie sicherstellen, daß die Luft auf der richtigen Seite eintritt und auf der gegenüberliegenden Seite wieder austritt. Um das Ausatemventil zu überprüfen, atmen Sie ein, während Sie das Schlauchende, durch das eingeatmet wird, verschließen. Sie dürfen dabei überhaupt keine Luft bekommen, da andernfalls das Ausatemventil nicht richtig dichtet. Um das Einatemventil zu testen verschließen Sie das Schlauchende, durch das ausgeatmet wird und atmen durch das Mundstück aus. Wenn Sie einen Luftaustritt bemerken, dichtet Ihr Einatemventil nicht richtig.

- **Füllen Sie den Atemkalkbehälter.** Tragen Sie dabei Handschuhe sowie einen Augenschutz, um zu vermeiden, daß Sie Kalkstaub auf Ihre Haut oder in Ihre Augen bekommen. Nachdem Sie Ihren Atemkalkbehälter vorschriftsmäßig gepackt haben, sollten Sie, bevor Sie den Atemkalkbehälter in Ihr Gerät einbauen, immer den Schütteltest durchführen. Dazu halten Sie den Atemkalkbehälter an Ihr Ohr und schütteln ihn. Wenn Sie ein rasselndes Geräusch hören, hat sich der Atemkalk abgesetzt, oder Sie haben nicht genug Atemkalk eingefüllt. Füllen Sie so lange Atemkalk nach, bis das Rasseln aufgehört hat.

Führen Sie einen Funktionstest der Einwegventile im Mundstück durch.

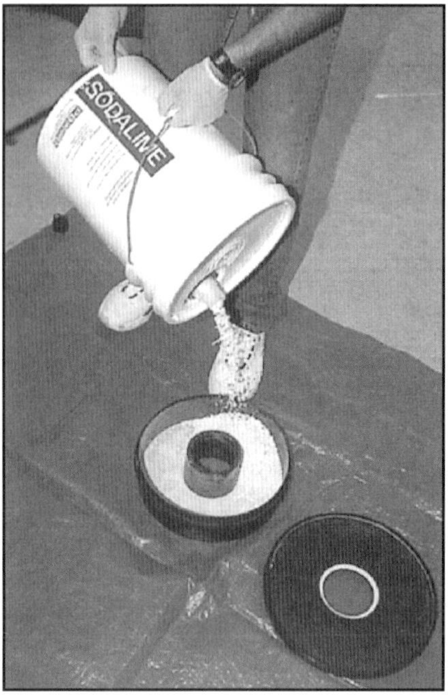

Füllen Sie den Atemkalkbehälter vorsichtig.

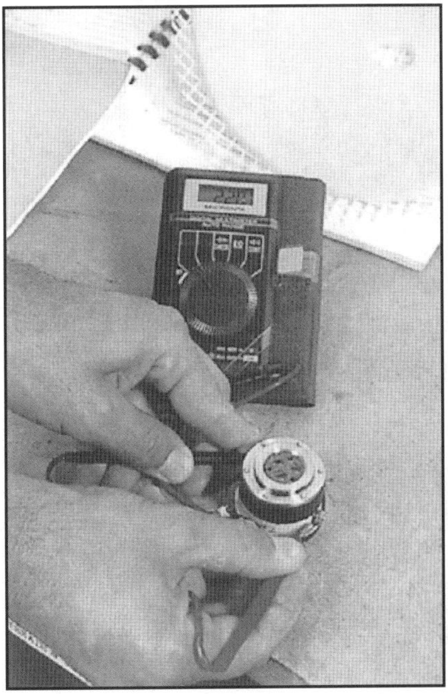

Sauerstoffsensoren müssen vor jedem Gebrauch getestet werden.

- **Überprüfen/Auswechseln der Feuchtigkeitsabsorber.** In einigen Kreislaufgeräten werden als Schutz für den Atemkalk Feuchtigkeitsabsorber verwendet, um überschüssige Feuchtigkeit aufzunehmen. Mitunter besteht ihre zusätzliche Funktion darin, den Raum zwischen Atemkalk und Kanisterdeckel auszufüllen. Diese Feuchtigkeitsabsorber sollten trocken sein, bevor Sie diese installieren.

- **Überprüfen Sie die Drahtverbindungen der Sauerstoffsensoren.** Diese Geräte müssen intakt sein, damit Ihr Display die richtigen Informationen bekommt.

- **Überprüfen Sie die Sensoranzeige.** Die meisten CCR`s verfügen über ein dreifach redundantes System, das heißt, sie arbeiten mit drei Sauerstoffsensoren. Alle drei Sensoren müssen richtig funktionieren. Jeder Sensor, der einen abweichenden Wert anzeigt, muß ausgetauscht werden. Ideal ist es, wenn Sie Ihren Sensor unter Druck testen können. Einige Geräte, wie zum Beispiel das Prism Topaz bieten Ihnen diese

Die Batterie muß eine mehr als ausreichende Stromversorgung für Ihren geplanten Tauchgang liefern.

Möglichkeit. Wenn bei Ihrem CCR das Sensorgehäuse nicht unter Druck gesetzt werden kann, besteht der nächste Schritt darin, Ihre Sensoren mit reinem Sauerstoff zu testen. Dabei sollte mindestens ein PO_2 von 0.95 angezeigt werden.

- **Bauen Sie den Atemkalkbehälter in das Gerät ein.** Überprüfen Sie dabei, ob sich die O-Ringe in einwandfreien Zustand befinden.

- **Begutachten und testen Sie Mundstück und Atemschläuche.** Die Atemschläuche dürfen weder Risse noch Löcher aufweisen. Sobald die Schläuche die ersten Zeichen von Abnutzung zeigen, sollten sie ausgetauscht werden.

- **Überprüfen Sie die Batteriespannung mit einem Voltmeter oder einem Multifunktionsgerät.** Die Batterie sollte in der Lage sein, eine mehr als ausreichende Stromversorgung für den geplanten Tauchgang zu liefern. Normalerweise liefert die Batterie den Strom für das Hauptdisplay sowie für die Zufuhr von Füllgas und Sauerstoff in den Atemkreislauf. Wenn die

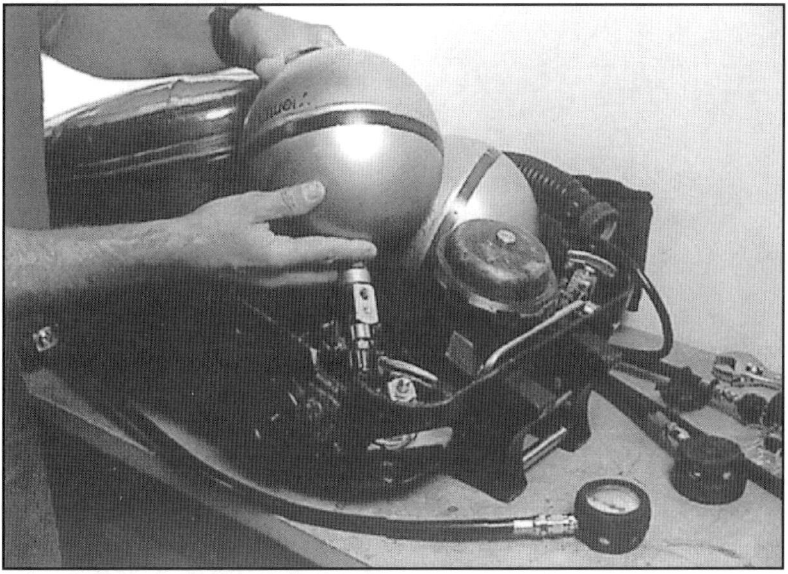

Sie sollten immer einen mehr als ausreichenden Gasvorrat haben um Ihren Tauchgang zu beenden.

Batterie unter Wasser ausfällt, können Sie das Kreislaufgerät immer noch manuell bedienen.

- **Bauen Sie die Batterien ein, und verschrauben Sie den Deckel des Batteriegehäuses.**

- **Bauen Sie die Flaschen mit O_2 und Füllgas ein.** Diese Flaschen sollten zu Beginn eines jeden Tauchgangs vollständig gefüllt sein.

- **Öffnen Sie das Ventil der Füllgasflasche.**

- **Testen Sie das Bypassventil der Füllgasversorgung.** Über dieses Bypassventil führen Sie, im Falle eines Ausfalls der Elek-tronik, Füllgas manuell zu.

- **Testen Sie das automatische Füllgaszufuhrventil.** Atmen Sie über Ihr Mundstück das Gerät völlig leer, so daß ein Unterdruck entsteht. Wenn das Füllgaszufuhrventil richtig arbeitet, sollte es jetzt Gas zuführen.

Alle drei Sensoren müssen stimmige Werte liefern.

- **Öffnen Sie das Ventil an der Sauerstofflasche.**

- **Testen Sie das Bypassventil der Sauerstoffversorgung.** Über dieses Bypassventil führen Sie Sauerstoff manuell nach, falls die Elektronik ausfallen sollte.

- **Schalten Sie die Elektronik ein.** Das Gerät sollte jetzt den Sauerstoffpegel automatisch entsprechend dem Umgebungsdruck korrigieren. Sie können die Ventilgeräusche hören, die entstehen, wenn das System Sauerstoff nachführt.

- **Kontrollieren Sie die Sensoranzeige über das Sekundärdisplay.** Alle drei Sensoren müssen stimmige Werte liefern.

- **Tauchen Sie das Gerät für einen Lecktest völlig ins Wasser ein, achten Sie dabei darauf, daß der Mundstückschieber geschlossen bleibt.** Indem Sie Ihr Gerät, dessen Atemkreislauf unter Druck steht, in einen Behälter mit Wasser eintauchen, können Sie rasch feststellen, ob Ihr Gasvorrat an irgendeiner Stelle durch ein Leck austritt. Sollte dies der Fall sein,

Zu Beginn eines jeden Tauchtages müssen Sie Ihr Kreislaufgerät einem Lecktest unterziehen.

müssen Sie alle notwendigen Reparaturen durchführen und danach den Lecktest wiederholen. Wenn Sie aus irgendwelchen Gründen den soeben beschriebenen Lecktest nicht durchführen können, gibt es folgende Alternative. Öffnen Sie beide Flaschen. Der Mundstückschieber bleibt geschlossen. Füllen Sie den Kreislauf nun mit Sauerstoff und zwar solange, bis das Überdruckventil anspricht. Warten Sie dann und beobachten dabei das System. Das Volumen des Atemkreislaufs sollte sich nicht verändern. Wenn dieser langsam Gas verliert, dann haben Sie es mit einem Leck zu tun. Wenn das Überdruckventil erneut anspricht, haben Sie es mit einem Leck im Bereich der Gaszufuhr zu tun.

Als nächsten Schritt schließen Sie beide Flaschen, lassen über die Bypass-Bedienungsknöpfe etwas Gas ausströmen und beobachten dann beide Finimeter. Der Druck in beiden Finimetern sollte stabil bleiben. Wenn der Druck stattdessen zunimmt, ist entweder Ihr Ventil undicht oder Sie haben es nicht vollständig geschlossen. Wenn der Druck stattdessen abnimmt, haben Sie auf der Füllgas- oder der Sauerstoffseite ein Leck. Auf welcher Seite sich das Leck befindet, können Sie daran erkennen, bei welchem Finimeter der Druck abfällt. Auch hier müssen Sie die Reparatur auf jeden Fall vor dem Tauchgang durchführen.

- **Schalten Sie jetzt Ihre Einheit solange aus, bis Sie damit tauchen.** Wenn Sie jetzt den Eindruck haben, daß es einige Zeit in Anspruch nimmt, bis ein CCR tauchfertig ist, dann haben Sie recht. Dabei beinhaltet diese Liste noch nicht einmal die Kalibrierung der Sensoren, die Sie nach einer Reihe von Tauch-gängen durchführen müssen. Diese Kalibrierung stellt sicher, daß Ihre Sensoren sowie die Elektronik richtig funktionieren. Wie die Kalibrierung im Einzelnen durchgeführt wird, ist von dem jeweiligen Gerätetyp abhängig.

Vielleicht haben Sie schon einmal den Ausdruck "ein Gerät fliegen" gehört. Dies bedeutet nichts anderes, als mit einem Kreislaufgerät zu tauchen. Dieser Ausdruck ist gar nicht so weit von der Realität entfernt. Genau wie ein Pilot muß der Kreislaufgerätetaucher sein Gerät vor Gebrauch einem Check unterziehen. In beiden Fällen wäre es ein gravierender Verstoß gegen den gesunden Menschenverstand, nicht alle erforderlichen Tests und Kontrollen durchzuführen.

Wie ein Pilot muß ein Kreislaufgerätetaucher seine Instrumente im Auge behalten, um sicher zu "fliegen". Ein Leitsatz für das Tauchen mit geschlossenen Kreislaufgeräten besagt, daß Sie sich die Zeit dafür nehmen müssen, die Vorbereitungsarbeiten, die nötig sind, um Ihr Gerät tauchfertig zu machen, korrekt durchzuführen.

Nach einigen erfolgreichen Tauchgängen werden Kreislaufgerätetaucher leicht übermütig. Es ist nicht schwer mit einem Kreislaufgerät zu tauchen und das Schlimmste, was Ihnen nach einer Reihe von Tauchgängen passieren kann, ist, daß Sie selbstzufrieden werden. Die nötigen Tauchgangsvorbereitungen müssen regelmäßig durchgeführt werden. Wenn Sie mit Ihrem Gerät mehrere Tauchgänge hintereinander durchführen, dann es ist keine schlechte Idee, Ihr Gerät zwischen den Tauchgängen einem kurzen Check zu unterziehen.

Gasauswahl und Gasanalyse

Anders als bei einem halbgeschlossenen Kreislaufgerät, bei dem ein vorgemischtes Nitrox die einzige Gasversorgung darstellt, ist das Tauchen mit einem CCR dadurch etwas einfacher, weil Sie nicht vor dem Tauchgang entscheiden müssen, mit welcher Mischung Sie tauchen wollen. Ein geschlossenes Kreislaufgerät mischt automatisch Füllgas und Sauerstoff entsprechend Ihrer Tauchtiefe und versorgt Sie mit Informationen über Ihren PO_2.

Eine Gasanalyse vor dem Tauchgang erübrigt sich im allgemeinen für einen Taucher mit einem CCR, es sei denn er würde ein Mischgas wie Trimix oder Heliox verwenden. Im allgemeinen wird für Tauchgänge bis etwa 50 Meter Luft als Füllgas verwendet. Für dieses Gas können weltweit ohne Probleme zuverlässige Bezugsquellen gefunden werden. Wie schon anfangs erwähnt, kann Sauerstoff etwas schwerer erhältlich sein, aber die Qualität medizinischen Sauerstoffs ist dafür sehr hoch und vertrauenswürdig.

Wenn Sie ins Ausland reisen, und das gilt besonders für Länder der Dritten Welt, kann es eine nützliche Vorsichtsmaßnahme sein, ein Sauerstoffanalysegerät mitzuführen, um zu überprüfen, ob Sie wirklich 100% Sauerstoff erhalten. Sie müssen möglicherweise auch passende Adapter mitbringen um Ihre Sauerstofflasche füllen zu können. Die Standards für Sauerstoffventile können von Land zu Land verschieden sein, so daß es empfehlenswert ist, dies vor Abreise zu klären.

Tauchgangsplanung

Bei der Planung eines Kreislaufgerätetauchgangs benötigen Sie drei Informationen:

1) Ihren PO_2-Sollwert,
2) Ihre geplante Maximaltiefe (in Bar) sowie
3) den Sauerstoffanteil in Prozent auf der Basis der Informationen aus Punkt 1 und 2.

Mit diesen drei Informationen können Sie Ihre Tauchzeiten mit Hilfe einer Tauchtabelle planen.

Nehmen wir z.B. an, daß Sie einen Tauchgang auf 18 Meter planen. Sie müssen die 18 Meter nun in Bar umrechnen. Der Druck in 18 Meter Tiefe beträgt 2.8 bar. Sie entscheiden sich dafür, daß der Sollwert für den PO_2 bei 1.3 liegen soll. In dem Sie 2.8 durch 1.3 teilen, erhalten Sie den Sauerstoffanteil (in Prozent) in einer Tiefe von 18 Metern: 0.46 oder 46 %.

Dadurch, daß Sie den prozentualen Sauerstoffanteil in ihrer Maximaltiefe kennen, können Sie nun Ihre Dekolimits berechnen, indem Sie zur Berechnung das Konzept der äquivalenten Lufttiefe (EAD) heranziehen. Die äquivalente Lufttiefe für einen 18 Meter

Sie können einen Nitroxcomputer verwenden, der mit dem Sauerstoffprozentsatz programmiert wird, den Sie am tiefsten Punkt Ihres geplanten Tauchgangs haben werden.

Tauchgang mit einem Sauerstoffanteil von 46% beträgt 10 Meter (gerundet von 9.5 Metern). Nach den U.S. Navy Tabellen beträgt die Nullzeit für diesen Tauchgang 310 Minuten. Eine alternative Lösung besteht in der Verwendung eines Nitroxcomputers, der mit dem prozentualen Anteil des Sauerstoffs an dem tiefsten Punkt Ihres Tauchgangs programmiert wird. Bei diesem Tauchgang werden Sie, gleichgültig ob er mit Tabelle oder mit Computer durchgeführt wird, auf der konservativen Seite sein, da bei ihren Dekoberechnungen der beim Aufstieg ansteigende Sauerstoffpartialdruck keine Berücksichtigung findet.

Mehrere Kreislaufgerätehersteller bieten Tauchcomputer an, die speziell dafür entwickelt sind, Ihren PO_2 zu überprüfen und Sie mit den Dekoinformationen zu versorgen. Ein solches System wird Ihnen die größtmögliche Flexibilität sowie die längsten Nullzeiten ermöglichen, weil es den steigenden Sauerstoffanteil beim Wiederaufstieg berücksichtigt. Bei Tauchgängen mit wechselnder Tiefe ist dies besonders interessant. Hierzu aber noch eine Warnung: Jede Art von Sägezahnprofil (d.h. mehrere Auf- und Abstiege) ist nicht nur generell eine schlechte Idee, sondern besonders dann, wenn mit einem

Ihr Buddy sollte Ihr Kreislaufgerät kennen.

Kreislaufgerät getaucht wird. Hierbei wird sehr viel Gas verschwendet. Bei jedem Aufstieg wird Gas an das Umgebungswasser abgegeben und bei jedem Abstieg muß dem Kreislauf wieder mehr Gas zugeführt werden. Verwenden Sie Ihren gesunden Menschenverstand, und Sie werden dieses Problem nicht haben.

Wenn Sie einen Dekotauchgang planen, dann sollten Sie der Drittelregel der Höhlen- und Wracktaucher folgen. Das bedeutet, daß Sie ein Drittel Ihres Gases für den Abstieg, ein weiteres Drittel für den Aufstieg und das letzte Drittel für den Notfall einteilen sollten. Wenn Ihr Gerät eine Tauchzeit von sechs Stunden ermöglicht, sollte Ihre Grundzeit zwei Stunden nicht überschreiten, damit Sie im Notfall ein ausreichendes Sicherheitspolster haben.

Das Anlegen eines CCR

Ein geschlossenes Kreislaufgerät wird ähnlich wie ein Doppelgerät angelegt. Es ist schwer, vielleicht ein bißchen unbequem und Sie haben jede Menge Schläuche, Kabel und Displays, die an Ihrem Körper herunterhängen.

Bei der Vorbereitung auf einen Tauchgang, sollten Sie Ihrem Hauptdisplay und dem Sekundärdisplay besondere Aufmerksamkeit schenken. Diese sollten so positioniert werden, daß sie nicht aus Versehen beschädigt werden können. Bevor Sie nach dem Anlegen Ihres Gerätes aufstehen und sich bewegen, sollten Sie sich vergewissern, daß Ihre Displays dort sind, wo sie sein sollen. Fast immer schwingen sie wild an den Enden ihrer Kabel herum und schlagen mit Begeisterung gegen den nächsten erreichbaren harten Gegenstand. Wenn Sie etwas Weiches treffen würden, wie z.B. Ihren Buddy, wäre das nicht so schlimm ... jedenfalls nicht für Sie! Ihrem Buddy kann es aber in ziemlich schlechte Laune versetzen, wenn er eines Ihrer Instrumente ins Gesicht bekommt. Außerdem wird ein zerbrochenes Display mit ziemlicher Sicherheit nicht Ihren Tag verschönern.

Bei einigen Gerätetypen kann es sein, daß Ihr Buddy Ihnen Ihre Atemschläuche reichen muß. Führen Sie kurz vor dem Tauchgang ein Buddy-Ceck durch. Überprüfen Sie gegenseitig Ihre Geräte und überzeugen Sie sich von deren Einsatzfähigkeit. Unmittelbar bevor Sie ins Wasser gehen, sollten Sie noch eine letzte Kontrolle durchführen:

- Sowohl Ihre Füllgasflasche als auch Ihre Sauerstofflasche sind offen.
- Der PO_2 hat sich dort eingependelt, wo Sie ihn haben wollen.
- Ihre Schläuche, Kabel und Displays sind gut und sicher untergebracht.
- Die Verschlüsse Ihrer Geräteschale (so vorhanden) sind geschlossen und fixiert.
- Ihre Atemschläuche sind dort, wo sie sein sollen.

Anschließend schalten Sie Ihr Gerät ein und kontrollieren Ihre Displays. Wenn alles so funktioniert, wie es soll, atmen Sie aus, nehmen Ihr Mundstück in den Mund, öffnen das Ventil und beginnen einen langen Tauchgang.

So gehen Sie ins Wasser

Sie können genauso ins Wasser steigen oder springen, wie Sie das mit einem offenen Gerät machen würden. Wenn Sie aber eine hohe Bordwand haben, ist es sowohl für Sie, wie auch für Ihr Gerät schonender, die Leiter hinunterzusteigen. Achten Sie dabei auf alle Schläuche und Kabel, so daß diese nirgendwo hängen bleiben.

Im Wasser

Sobald Sie und Ihr Buddy im Wasser sind, bleiben Sie noch solange an der Oberfläche bis die restliche Luft, die unter der Abdeckung eingeschlossen war, ausgetreten ist. Werfen Sie jetzt noch einen sorgfältigen Blick auf das Gerät Ihres Buddys, ob irgendwo ein Blasenstrom austritt, der auf ein Problem hinweist. Die visuelle Kontrolle Ihres Gerätes ist leichter, wenn Ihr Buddy sie durchführt. Sie können diese aber auch selber vornehmen. Eine Methode dafür besteht darin, sich auf den Rücken zu legen und dabei darauf zu achten, ob Blasen aufsteigen. Eine weitere Möglichkeit ist einen Spiegel mitzunehmen.

Wenn Sie jetzt einen raschen Abstieg vornehmen und zudem mit einem hohen PO_2 angefangen haben, dann stellen Sie vielleicht fest, daß der rasche Druckanstieg einen zeitweiligen PO_2-Spitzenwert bedingt, der weit über Ihrem Sollwert liegt. Auf diesen Spitzenwert können Sie auf verschiedene Weise reagieren. Wenn der erhöhte Wert nicht unvertretbar hoch ist, können Sie sich dafür entscheiden, gar nichts zu tun. Sie verbrauchen den Sauerstoff in Ihrem Atemkreislauf, und bald haben Sie wieder den Sollwert erreicht. Sollte der PO_2 viel zu hoch sein, fügen Sie einfach Füllgas hinzu.

Für erfahrene Taucher gibt es noch eine andere Möglichkeit: Mit der Zeit werden Sie lernen, wie sich bestimmte Ausgangswerte mit zunehmender Tiefe verändern. Wenn Sie dieses Wissen gezielt einsetzen, können Sie Ihren Tauchgang z.B. mit einem PO_2 unter 1.0 beginnen. Wenn Sie dann nach einiger Zeit Ihre Zieltiefe erreicht haben, werden Sie feststellen, das Ihr PO_2 dem Sollwert gerade erreicht hat, ihn aber nicht überschreitet. Diese Technik zur lernen benötigt Zeit, gute Beobachtung und Übung.

Viele Taucher, die gerade das Tauchen mit einem geschlossenen Kreislaufgerät begonnen haben, machen den Fehler, daß Sie gelegentlich durch die Nase ausatmen. Das ist eine völlig unproblematische Gewohnheit, wenn Sie mit einem offenem Kreislauf tauchen. Bei einem geschlossenen Kreislaufgerät ist es aber eine völlig unnötige Verschwendung. Selbst Ihre Maske sollte so gut wie möglich passen. Es ist zwar in Ordnung, wenn Sie Ihre Maske gelegentlich ausblasen, aber wenn das zu einer Dauereinrichtung wird, ist es wahrscheinlich bald Zeit für eine neue Maske.

Sowohl für Sie als auch für Ihren Buddy sollte es zur Gewohnheit werden, während des Tauchens auf eventuelle Lecks zu achten. Wenn Sie ein kleineres Leck haben, nur eine geringe Menge Gas verlieren, und Ihre Sicherheit dadurch nicht gefährdet ist, können Sie

Kontrollieren Sie Ihr Hauptdisplay regelmäßig.

Ihren Tauchgang möglicherweise fortsetzen. Wenn Sie jedoch einen Dekotauchgang machen oder ein größeres Leck vorliegt, dann müssen Sie auftauchen, um das Problem zu beheben.

Während des Tauchgangs sollten Sie unbedingt Ihr Hauptdisplay regelmäßig kontrollieren. Bei Ihrem Sekundärdisplay ist diese häufige Kontrolle nicht erforderlich, es sollte aber zur Kontrolle Ihres Hauptdisplays herangezogen werden.

Wenn Ihr Gerät problemlos funktioniert, sollten Sie während des Tauchgangs weder einen Bypass noch eines der Flaschenventile berühren müssen. Nur wenn eine Gerätekomponente ausfallen sollte, kann es sein, daß Sie das Gerät manuell bedienen müssen. Hierzu finden Sie mehr in dem Abschnitt über Notfallverfahren in diesem Kapitel.

Sobald das warme, feuchte Gas durch Ihre Atemschläuche fließt, wird sich schließlich Kondenswasser bilden und in Ihrem Mundstück ansammeln. Zusätzlich können Sie nach einem längeren Tauchgang eine nicht unbeträchtliche Menge Speichel in Ihrem Mundstück haben. Das ist harmlos, wenn Sie damit umzugehen wissen. Wenn Sie also in Ihr Mundstück "gesabbert" haben und zufällig nach oben schauen, sollten Sie nicht erstaunt sein, wenn eine Mischung aus Wasser und Speichel in Ihren Mund zurückfließt.

Ein "typisches" Hauptdisplay könnte wie dieses aussehen. "A" steht für Alarm, "L" für einen niedrigen ("low") PO_2, "H" für einen hohen PO_2 und "O" für eine Übereinstimmung mit dem Sollwert.

Wenn Sie darauf nicht vorbereitet sind, kann es sein, daß Sie etwas von dieser Mischung einatmen und sich verschlucken. Oft hören Sie dieses Wasser auch im Bereich der Einwegventile in Ihrem Mundstück gurgeln, wenn Sie ein- und ausatmen.

Es gibt verschiedene Möglichkeiten wie Sie das Wasser entfernen können. Einmal können Sie Ihren Kopf so drehen, daß der Ausatemschlauch nach unten zeigt. Sie müssen dann nur noch kräftig ausatmen, um das Wasser in den Atemkreislauf zu befördern. Diese Technik ist derjenigen ähnlich, die bei den alten Doppelschlauchautomaten angewendet wurde. Einige Mundstücke verfügen über einen Mechanismus, der es ermöglicht, daß Sie das Ventil schließen und das Wasser einfach ausblasen können. Eine andere Methode besteht darin, einfach den Kopf zurückzulegen und das Wasser zu trinken. Letztlich handelt es sich nur um destilliertes Wasser, das zum einen aus Ihrem Körper stammt und zum anderen aus der chemischen Reaktion in Ihrem Atemkalkbehälter. Bei der letzteren Methode müssen Sie natürlich Ihr Urteilsvermögen sowie Ihren gesunden Menschenverstand walten lassen, um nie einen "Ätzenden Cocktail" mit normalem Kondenswasser zu verwechseln.

Die Tarierung

Eine Ihrer ersten Erfahrungen beim Tauchen mit einem CCR wird sein, daß Sie feststellen, wie leicht es ist, neutral austariert zu bleiben. Weil sie nicht ins Wasser ausatmen, verändert sich Ihre Tarierung nicht so stark wie bei einem Tauchgang mit offenem Kreislauf.

Für diejenigen von uns, die gewohnt sind auszuatmen um abzutauchen, bringt das eine Überraschung mit sich. Wenn Sie das nämlich mit einem CCR machen, passiert überhaupt nichts, Sie schwimmen immer noch an der Oberfläche. Ihre Tiefe ändern Sie, indem Sie nach unten oder nach oben schwimmen, mitunter hilft auch ein bißchen zusätzliches Blei. Da das Gas, daß Sie ausatmen sich im Kreis bewegt, bewirkt das einen, wenn auch nur geringen, zusätzlichen Auftrieb im Bereich der Atembeutel. Um das auszugleichen, sollte dort etwas Blei angebracht werden.

Um festzustellen, ob Ihre Tarierung richtig ist, legen Sie sich ganz entspannt, mit dem Gesicht nach unten, auf den Boden eines Schwimmbeckens. Können Sie diese Position leicht beibehalten? Oder fühlt es sich an, als ob Ihr Gerät Ihren Oberkörper vom Boden abheben will? Wenn letzteres der Fall ist, können Sie ein wenig mit Gegengewichten experimentieren. Bei einem langen Tauchgang kann zu viel Auftrieb durch die dadurch bedingten Gegenbewegungen zu Verspannungen im Bereich des unteren Rücken führen.

Notfallverfahren

Da geschlossene Kreislaufgeräte über mehr Komponenten verfügen als halbgeschlossene Systeme, findet sich hier auch ein grösseres Potential für Ausfälle einzelner Systemkomponenten. Um ein erfolgreicher (d.h. lebender) Kreislaufgerätetaucher zu sein, müssen Sie über die Erfahrung und das Training verfügen, mit jedem der weiter unten beschriebenen Notfälle fertig zu werden.

Nicht eingeschaltetes Kreislaufgerät

Es ist ein scheinbar kleiner, aber möglicherweise tödlicher Fehler, wenn Sie vergessen, Ihr Gerät einzuschalten, bevor Sie mit dem Tauchgang beginnen. Während des Abstiegs würde Füllgas nachgeführt werden, so daß Sie genügend Gasvolumen hätten um zu atmen. Schließlich hätten Sie so viel von dem Sauerstoff in Ihrem Atemkreislauf verbraucht, daß Sie eine hypoxische Mischung atmen würden. Es ist sehr einfach diese Situation zu vermeiden. Folgen Sie Ihrer Checkliste für die Gerätevorbereitung und - und das ist fast noch wichtiger - kontrollieren Sie Ihre Displays. Das Hauptdisplay wird nicht funktionieren, wenn die Stromversorgung nicht eingeschaltet ist, und das Sekundärdisplay wird Ihnen außerdem Ihren PO_2 anzeigen.

Nicht eingeschaltete Sauerstoffversorgung oder leere Sauerstofflasche

Wenn Sie nicht auf Ihre Displays achten, kann eine geschlossene Sauerstofflasche zu einer Hypoxie führen. Im Prinzip findet sich hier die gleiche Situation wie weiter oben. Die Lösung hierfür wäre, Ihr Sekundärdisplay und das O_2-Finimeter regelmäßig zu kontrollieren und dann das Sauerstoffventil zu öffnen.

Außerdem kann es durch Unachtsamkeit dazu kommen, daß Sie plötzlich ohne Sauerstoff sind. Ein langer Tauchgang ohne regelmäßige Kontrolle des O_2-Finimeters kann Sie sehr schnell in diese Situation bringen. Die zweite Möglichkeit wäre, daß ein O-Ring versagt. In diesem Falle können Sie entweder auf Ihre Bailoutversorgung zurückgreifen oder aber Ihr CCR im halbgeschlossenen Modus tauchen. Wie Sie Ihr CCR im halbgeschlossene Modus tauchen, wird später in diesem Kapitel behandelt.

Füllgasverlust

Eines der am einfachsten zu lösenden Probleme, die Sie unter Wasser mit einem Kreislaufgerät haben können, ist der Verlust Ihres Füllgasvorrates. Wahrscheinlich werden Sie ein "POP" hören und

Es kann sein, daß Sie Ihre Füllgaszufuhr abschalten müssen, wenn ein Leck an Ihrem Gerät auftritt.

dann das Geräusch von Gas, das ins Wasser austritt. Schließen Sie so schnell wie möglich die Ventile beider Flaschen, und kontrollieren Sie Ihre Finimeter. Ob die Ursache ein defekter O-Ring ist oder ein geplatzter Hochdruckschlauch, das Resultat ist jedenfalls in beiden Fällen, daß Sie Ihr gesamtes Füllgas bei geöffneten Ventilen verlieren werden.

Da das Füllgas eigentlich nur dazu verwendet wird, um während des Abstiegs das Volumen Ihres Atemkreislaufs aufrecht zu erhalten, ist das normalerweise kein großes Problem. Sie sollten trotzdem sofort Ihren Tauchgang abbrechen. Während Sie aufsteigen, wird Ihr Gerät überschüssiges Gasvolumen abgeben und Sauerstoff nachführen.

Ausfall der elektromagnetischen Ventile

Das elektromagnetische Ventil, das die Sauerstoffzufuhr regelt, versagt üblicherweise in der geschlossenen Stellung. Auch hier ist wieder die beste Lösung des Problems, häufig Ihren PO_2 auf dem Sekundärdisplay zu überprüfen. Der Sauerstoff kann dann gegebenenfalls manuell zugeführt werden. Bei einigen Kreislaufgeräten kann man die Funktionsfähigkeit des elektromagnetischen Ventils an einem leisen Klick und einem zischenden Geräusch verfolgen, die

Sie können Sauerstoff manuell zuführen, indem Sie das Bypassventil öffnen. Der Daumen dieses Tauchers ist auf dem Bypassventil.

jedesmal dann auftreten, wenn Sauerstoff nachgeführt wird. Denken Sie daran, daß das CCR den Sauerstoff entsprechend Ihrer körperlichen Anstrengung nachführt.

Je härter Sie arbeiten, desto öfter wird das System Sauerstoff nachführen, um den Teil auszugleichen, den Ihr Körper verbraucht hat. Nachdem Sie einige Zeit mit einem CCR getaucht sind, entwickeln Sie ein Gefühl dafür, wie oft das elektromagnetische Ventil bei verschiedenen körperlichen Aktivitäten anspricht. Wenn Sie sich anstrengen, werden Sie das Geräusch der Sauerstoffzuführung öfter hören. Wenn Sie sich im Ruhezustand befinden, werden Sie es weniger oft hören. Wenn Sie einmal daran gewöhnt sind, darauf zu achten, werden Sie ein Ausbleiben dieses periodisch auftretenden Geräusches als Warnung empfinden.

Sollte das elektromagnetische Ventil in der offenen Stellung ausfallen, so würden Sie das zischende Geräusch von Sauerstoff, der in Ihren Atemkreislauf strömt, hören. Außerdem werden Sie entweder einen verstärkten Auftrieb spüren und/oder merken, daß das Überdruckventil anspricht und Gas austreten läßt. Gute Kreislaufgerätedesigns verfügen über ein Drosselventil, das in einem solchen Fall den Sauerstoffverlust beschränkt. Die Lösung dieses Problems besteht darin, das Gerät auszuschalten und das Sauerstoffventil nach Bedarf zu öffnen oder zu schließen, um den richtigen PO_2 beizubehalten.

Es ist wichtig zu wissen, daß bei einigen Kreislaufgeräten die Sauerstoffzufuhr sehr leise sein kann. Bei diesen Gerätetypen ist es möglich, daß Sie eine geringfügige Volumenzunahme im Atemkreislauf spüren, wenn O_2 zugeführt wird.

Batterieausfall

Fällt die Batterie während eines Tauchgangs aus, wird als Folge ebenfalls das elektromagnetische Ventil sowie das Hauptdisplay ausfallen. Dieses Problem kann weitgehend dadurch vermieden werden, daß Sie ein Logbuch führen, in dem die Einsatzstunden der Batterie präzise aufgelistet werden. In Verbindung mit den Herstellerangaben zur deren Lebensdauer können Sie ziemlich präzise vorhersagen, wann die Batterie ausgewechselt werden muß. Batterien können aber auch plötzlich und unvorhersehbar ausfallen. Dies können Sie nur durch eine regelmäßige Kontrolle Ihres Primärdisplays feststellen. Wenn Sie den Ausfall durch diese Kontrolle bemerken, können Sie den Sauerstoff manuell nachführen, während Sie den PO_2 mit Ihrem Sekundärdisplay überwachen.

Während des Aufstiegs fällt der Partialdruck des Sauerstoffs ab. Während des Aufstiegs beobachten Sie das Display und führen den Sauerstoff bedarfsweise manuell mit Hilfe des Bypassventils nach.

Glücklicherweise erfolgen Veränderungen in Ihrem PO_2 relativ langsam, es sei denn, daß Sie sich körperlich sehr stark anstrengen. Das Eintreten einer Hypoxie ist also bei einem gut ausgebildeten Taucher, der regelmäßig seine Displays kontrolliert, recht unwahrscheinlich. In der Tat ist der Weg zu einer Hypoxie mit mangelhafter Wartung, einem nicht geführten Logbuch sowie einer Nichtbeachtung der Displays gepflastert.

Ausfall der Sensoren

Bei älteren Kreislaufgeräten wie dem MK 15 und dem CCR 155 bewirkt ein Sensorenausfall einen Spannungsabfall, der dazu führt, daß ein geringerer PO_2 abgelesen wird als tatsächlich vorhanden ist. Ist das der Fall, spricht das Alarmlämpchen auf dem Hauptdisplay an und das elektromagnetische Ventil führt alle fünf Sekunden Sauerstoff nach.

Das Tauchen mit einem Kreislaufgerät beschränkt sich nicht nur auf die visuelle Kontrolle Ihrer Displays, auch Ihr Gehör ist gefragt. Wenn Sie es versäumt haben, auf Ihr Hauptdisplay zu achten, dann kann Ihr Gehör an der Häufigkeit, mit der Sauerstoff nachgeführt wird, erkennen, wenn etwas nicht stimmt.

Die Lösung bei einem solchen Kreislaufgerät besteht dann darin, die Elektronik abzuschalten und auf manuelle Bedienung zu wechseln.

Häufig kann ein aufmerksamer Taucher dieses Problem sogar beseitigen bevor der PO_2 zu hoch ansteigt. Wenn Sie nach Kontrolle Ihres Sekundärdisplays den PO_2 für gefährlich hoch halten, können Sie den Kreislauf mit Füllgas ausspülen, um den PO_2 zu verringern.

Neuere Kreislaufgeräte haben aber komplexere Kontrollsysteme, die einen ausgefallenen Sensor ignorieren. Die Elektronik wird Sie auf den Ausfall aufmerksam machen, aber das Kreislaufgerät bleibt funktionsfähig.

Computerausfall oder Ausfall der Elektronik

Wenn eines dieser beiden Systeme aufgrund einer Funktionsstörung das elektromagnetische Ventil veranlaßt, laufend Sauerstoff nachzuführen, dann ist ein hoher PO_2 das wahrscheinliche Resultat. Wie hoch dieser Wert ansteigt hängt davon ab, wie aufmerksam Sie sind und wie gut und schnell Sie reagieren. Denken Sie daran: Nicht nur sehen, sondern auch hören! Die richtige Reaktion ist die gleiche, wie bei einem Sensorausfall, das heißt sie wechseln auf manuelle Kontrolle und steigen wenn möglich sofort auf.

In offener Stellung verklemmter Bypassschalter

Dieses Problem ist ziemlich offensichtlich, und Sie werden es sowohl hören als auch fühlen. Schließen Sie das Ventil der Sauerstofflasche und bedienen Sie es manuell, sobald eine Sauerstoffzufuhr nötig ist.

Atemkalkausfall / CO_2-Aufbau

An dieser Stelle sei angemerkt, daß bei einer überhöhten Kohlendioxidkonzentration nicht unbedingt immer gleichzeitig Symptome auftreten. Eine Ohnmacht ohne vorhergehende Symptome ist möglich. Außerdem weisen die Symptome teilweise eine gewisse Ähnlichkeit mit den Symptomen einer Hypoxie sowie einer ZNS-Sauerstoffvergiftung auf. Dies ist ein weiterer Grund dafür, warum eine ständige Kontrolle der Displays sowie das Führen eines Logbuchs so wichtig sind.

Wenn Ihr Atemkalk ausfällt, wechseln Sie auf Ihr offenes Bailoutsystem und leiten sofort einen Aufstieg ein.

Viele Kreislaufgerätetaucher, die dieses Phänomen aus eigener Erfahrung kennen, beschreiben die Symptome einer solchen Hyperkapnie typischerweise mit Begriffen wie Atemnot, Kopfschmerzen und Müdigkeit, wobei die Symptome abklingen, sobald Sie aufhören zu schwimmen oder aber aufsteigen. Das liegt daran, daß ein Taucher im Ruhezustand weniger CO_2 produziert als ein körperlich aktiver Taucher. Ein Aufstieg wirkt sich positiv aus, weil der Partialdruck des Kohlendioxids abfällt.

Es ist auch ein Fall bekannt, wo ein Taucher bei seinem Partner deutliche Symptome von Müdigkeit feststellte und daraus den richtigen Schluß zog, daß dessen Atemkalk nicht mehr funktionsfähig sei. Interessant ist hier vor allem, daß der betroffene Taucher selber nichts von seinem Zustand bemerkte. Eine solche Beobachtungsfähigkeit braucht Zeit, Erfahrung und eine sehr genaue Kenntnis der Fähigkeiten des Partners.

Wenn Sie an sich selber Symptome einer Hyperkapnie bemerken, sollten Sie Ihren Tauchgang sofort abbrechen. Wechseln Sie auf Ihr offenes Bailoutsystem, und leiten Sie sofort einen Aufstieg ein. Dies ist die erste und naheliegendste Möglichkeit.

Sollte Ihr Bailoutsystem nicht richtig funktionieren, so bleibt Ihnen noch eine weitere, jedoch weniger gute Lösung: sofort jede Anstrengung vermeiden und aufsteigen, um den Partialdruck des Kohlendioxids zu verringern. Zusätzlich entleeren Sie Ihren Atemkreislauf, um überschüssiges Kohlendioxid zu entfernen und führen frisches Füllgas und O_2 nach. Dieses Verfahren kann Ihnen einen Aufstieg zur Oberfläche ermöglichen, wenn eine andere Form des Bailout nicht zugänglich ist.

Auch ein Versagen der Einwegventile im Mundstück kann eine Kohlendioxidvergiftung bewirken. Diese Ventile sind den Ausatemventilen in der zweiten Stufe eines Atemreglers sehr ähnlich. Es ist möglich, daß ein solches Ventil undicht wird oder einfach offen bleibt. Bei einer zweiten Stufe merken Sie das daran, daß Wasser eindringt. Die Reparatur ist einfach. Bei einem Kreislaufgerätemundstück bewirkt ein Versagen dieses Ventils, daß Sie das mit CO_2 angereicherte Gas, das Sie gerade ausgeatmet haben, wieder einatmen. Die einzige Möglichkeit der Vorbeugung besteht darin, diese Ventile im Mundstück vor jedem Tauchgang zu kontrollieren.

Ätzender Cocktail

Dieses buchstäblich “ätzende” Problem kann durch sorgfältige Wartung und Inspektion der Atemschläuche weitgehend vermieden werden. Geringfügige Wassermengen, die durch ein Versehen in das

System eindringen können, haben auf die meisten Geräte keine Auswirkung. Sollten Sie aber anhaltende und laute, gurgelnde Geräusche hören sowie einen stärkeren Atemwiderstand fühlen, so sollten Sie Ihren Tauchgang abbrechen, Ihr Mundstück schließen und auf Ihr offenes Bailoutsystem wechseln. Beides sind Anzeichen für Wasser im System

Bedenken Sie auch, daß der mit diesem Problem verbundene mögliche Verlust von Gasvolumen aus Ihrem System Ihren Auftrieb verringert. Wenn das passiert, müssen Sie darauf vorbereitet sein, diesen Auftriebsverlust auszugleichen.

Einige Systeme, wie z.B. das Cis-Lunar, bieten die Möglichkeit, einen gefluteten Atemkalkbehälter wieder zu entleeren und weiter zu verwenden, so daß Sie mit der Einheit wieder auftauchen können. In den meisten Fällen ist das sicherste Verfahren bei einem gefluteten Atemkalkbehälter oder dem Verdacht auf einen solchen Vorfall der Wechsel zu Ihrem Bailoutsystem und der Abbruch des Tauchgangs. Selbst wenn es möglich ist, das eingedrungene Wasser während des Tauchens aus dem Atemkalkbehälter zu entfernen, so ist es wohl nicht realistisch zu erwarten, daß Sie sich auf den Atemkalk noch wie zuvor verlassen können und dieser noch immer seine volle Kapazität entfalten kann.

Sollten Sie ein kleines Leck entdecken und es Ihnen gelingt, dieses zu dichten, besteht wohl trotzdem immer noch die Gefahr, daß genug Wasser in das System eingedrungen ist, um seine Funktion zu beeinträchtigen. Wenn Sie eine Mischung aus Wasser und Soda Lime einatmen, könnte der daraus resultierende heftige Hustenanfall es Ihnen unmöglich machen, aus Ihrem offenen Atemregler zu atmen.

Jeder Hersteller hat für den Fall, daß ein Gerät geflutet wird, Notfallverfahren entwickelt. Die meisten dieser Verfahren sind auf das spezielle Gerät zugeschnitten.

Die häufigsten Ursachen für ein geflutetes Gerät sind:

- Lose Schlauchverbindungen
- Alte, beschädigte Schläuche
- Alte, beschädigte Mundstücke
- Probleme mit O-Ring-Dichtungen
- Beschädigte Überdruckventile

Auch hier können Sie die Problematik durch die richtige Wartung sowie Vorbereitung des Gerätes weitgehend vermeiden.

Ein weiteres mögliches Problem kann durch das Einatmen von Kalkstaub entstehen. Die Ursache liegt hier meist darin, daß beim Befüllen des Atemkalkbehälters nicht sorgfältig vorgegangen wird. Dies kann durch korrektes Füllen des Atemkalkbehälters vermieden werden.

- Lassen Sie einen Teil des Kalkstaubs beim Befüllen des Kanisters vom Wind wegblasen.
- Verwenden Sie die letzten 2-3 Zentimeter des Atemkalks aus Ihrem Vorratskanister besser nicht, hier setzt sich der meiste Kalkstaub ab.
- Wischen Sie Ihren Atemkalkbehälter immer gründlich ab, bevor Sie ihn in Ihr Gerät einbauen, um alle Reste von Kalkstaub, die sich beim Befüllen angesammelt haben, zu entfernen.

Einige Kreislaufgeräte entwickeln beim Aufstieg einen stärkeren Auftrieb. Seien Sie darauf vorbereitet, Luft aus Ihrem Trockentauchanzug oder ihrem BC abzulassen, falls dies notwendig werden sollte.

Wiederaufstieg

Zum Ende Ihres Kreislaufgerätetauchgangs steigen Sie genau so langsam wie bei jedem anderen Tauchgang auf.

Es wird Ihnen auffallen, daß es während Ihres Aufstiegs einige Veränderungen gibt. Zunächst sollten Sie Ihr Sekundärdisplay im Auge behalten. Sie werden bemerken, daß während Ihres Aufstiegs der Umgebungsdruck abfällt und mit diesem Ihr PO_2. Bedingt durch diesen abfallenden PO_2 wird Ihr Gerät nahezu ununterbrochen Sauerstoff nachführen.

Während Sie aufsteigen läßt der Umgebungsdruck nach und somit dehnt sich das Gas in Ihrem Atemkreislauf aus. Ganz offensichtlich muß dieses Gas irgendwie aus dem Atemkreislauf ausgeleitet werden, damit es nicht Ihr Gerät beschädigt. Vielleicht werden Sie auch feststellen, daß es mit zunehmender Gasausdehnung ein bißchen schwieriger werden kann, auszuatmen. Der Grund hierfür liegt darin, daß das sich ausdehnende Gas den Atemkreislauf füllt und Sie gegen den Widerstand der Feder des Überdruckventils ausatmen müssen. Wenn der Widerstand für Sie unangenehm ist, können Sie ohne Probleme etwas Gas durch die Nase abgeben.

Einer der großen Vorteile eines geschlossenen Kreislaufgerätes liegt in der Möglichkeit den Sauerstoffpegel für Ihren Sicherheitsstop oder einen tatsächlich nötigen Dekostop zu erhöhen.

Einige Kreislaufgeräte können beim Aufstieg ein starken Auftrieb entwickeln. Seien Sie darauf vorbereitet, Ihre Aufstiegsgeschwindigkeit dadurch zu kontrollieren, daß Sie Luft aus Ihrem Trockentauchanzug oder ihrem BC ablassen. Das sich in Ihrem System ausdehnende Gas können Sie, wie schon erwähnt, über die Nase abgeben.

Sicherheitsstop oder Dekostop

Einer der Vorteile eines geschlossenen Kreislaufgerätes liegt in der Möglichkeit die flachen Stops (sieben Meter oder weniger) mit, reinem Sauerstoff durchzuführen. Dies bietet Ihnen einen enormen zusätzlichen Sicherheitsfaktor, unabhängig davon, ob Sie während eines Sicherheitsstops oder eines tatsächlichen Dekostops darauf zurückgreifen.

Um den Sauerstoffpegel in Ihrem System zu erhöhen, müssen Sie den Atemkreislauf mehrere Male spülen, indem Sie durch die Nase ausatmen und reinen Sauerstoff nachführen. Das sollten Sie aber nur in Tiefen von sieben Metern oder weniger machen.

Auch wenn Sie Ihr System spülen, werden Sie nie den gesamten Stickstoff aus dem Atemkreislauf entfernen können, weil der Stickstoff aufgrund des hohen Sauerstoffanteils im Atemkreislauf aus Ihrem Körpergewebe “herausgewaschen” wird.

Der halbgeschlossene Betrieb eines CCR

Indem Sie nach jedem dritten oder vierten Atemzug durch die Nase ausatmen, können Sie Ihr Kreislaufgerät auch im halbgeschlossenen Modus tauchen. Diese Technik swollte aber nur im Notfall angewandt werden und ist nicht für normale Tauchgänge geeignet. Es kann zwei Gründe geben, um auf diese Technik zurückgreifen zu müssen:

- Ihr Atemkalk ist ausgefallen, und Sie haben kein Bailoutsystem.
- Sie haben Ihren Sauerstoffvorrat verbraucht und haben kein Bailoutsystem.

Für den ersten Fall nehmen wir an, daß Ihr Gerät mit Ausnahme des Atemkalks funktionsfähig ist. Der Kohlendioxidpegel ist bis zu dem Punkt angestiegen, an dem Sie die ersten Symptome einer Hyperkapnie bemerken. Nachdem Sie den Atemkreislauf gespült und neues Gas hinzugefügt haben, um den Kohlendioxidpegel zu reduzieren (siehe Hyperkapnie), steigen Sie auf. Dabei sinkt der Kohlendioxidpartialdruck. Um jegliche Gefahr auszuschließen, können Sie zusätzlich jeden dritten oder vierten Atemzug ins Wasser ausatmen und dadurch den Kohlendioxidpegel weiter reduzieren.

Im zweiten Fall haben Sie Ihren Sauerstoffvorrat verloren. Dies ist die klassische "BOOM" Situation. Nachdem Sie gehört haben, daß eine große Gasmenge ins Wasser geströmt ist, ist es wichtig festzustellen, welches Gas Sie verloren haben. Dazu schließen Sie beide Flaschenventile und kontrollieren beide Finimeter. Irgendwie ist ein O-Ring oder ein Hochdruckschlauch an Ihrer Sauerstofflasche kaputt gegangen und das einzige was übrig geblieben ist, ist das Füllgas, dessen Ventil Sie jetzt wieder öffnen.

Während Sie Ihr Sekundärdisplay beobachten, atmen Sie jeden vierten Atemzug ins Wasser aus und lassen dann für fünf Sekunden Füllgas in Ihren Atemkreislauf einfließen. Da Ihr PO_2 abfallen wird, sollten Sie jede körperliche Anstrengungen vermeiden. Beobachten Sie sorgfältig Ihren PO_2. Wenn Sie sich etwas mehr bewegen müssen, dann können Sie das ausgleichen, indem Sie nach jedem dritten Atemzug ins Wasser ausatmen. Jede dieser hier beschriebenen Techniken sollte sich in Ihrem Trainingsplan finden und sollte solange geübt werden, bis sie Ihnen leicht von der Hand geht. Wenn Sie

Am Ende eines Tauchtages müssen Sie Ihr Kreislaufgerät gründlich spülen. Noch besser ist es, wenn Sie das ganze System in einen Behälter mit Süßwasser eintauchen können.

mit einem Prism Topaz tauchen, haben Sie Glück. Dieses Gerät hat eine integrierte Funktion, mit der es im halbgeschlossene Modus getaucht werden kann.

Nach dem Tauchgang

Der Schlüssel zum sicheren Tauchen ist eine sorgfältige Wartung Ihres Kreislaufgerätes, die Sie am Ende eines jeden Tauchtages zuverlässig durchführen müssen.

Die nach dem Tauchgang nötigen Wartungsarbeiten werden etwa 30-40 Minuten länger dauern als die für ein offenes System. Diese Berechnung geht davon aus, daß Sie sehr gründlich bei der Reinigung Ihres Systems vorgehen. In jedem Fall sollten Sie 1.5 bis zwei Stunden für diese Tätigkeit einplanen. Neben den Wartungsarbeiten, die Sie mit jeder anderen Art von Tauchausrüstung durchführen würden, gibt es bei einem Kreislaufgerät Besonderheiten.

- Ideal ist es, wenn Sie Ihr Gerät in einen großen mit Süßwasser gefüllten Behälter legen können. Das bewirkt zwei Dinge. Zum einen wird auch der letzte Rest Salzwasser weggespült. Zum anderen gibt es Ihnen die Möglichkeit, an Ihrem System einen

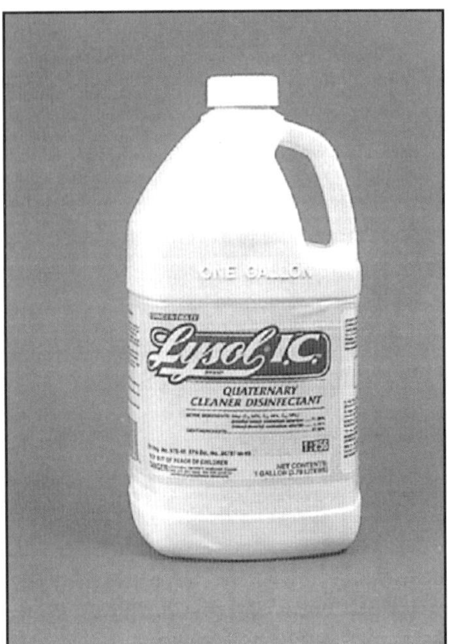

Lysol IC ist ein starkes Desinfektionsmittel. Vor der Benutzung muß es vorschriftsmäßig verdünnt werden.

Lecktest durchzuführen. Öffnen Sie die Gasflaschen und sehen Sie sich alle Leitungen und Verbindungstücke Ihres Gerätes gründlich an. Jedes Leck, das sich hier zeigt, sollte gedichtet werden, bevor Sie Ihr Kreislaufgerät lagern.

- Die Sauerstoffsensoren sollten getrocknet und dann in einem luftdichten Behälter gelagert werden. Durch diese Lagerung werden die Sensoren zeitweise deaktiviert und ihre Lebensdauer auf diese Weise verlängert. Die Sensoren werden den Sauerstoff in dem Behälter aufbrauchen und sind dann in Stickstoff gelagert. Nimmt man sie zum erneuten Gebrauch wieder heraus, werden sie automatisch reaktiviert. Wenn Sie noch ein kleines Päckchen Silicagel beilegen, wie man es bei der Lagerung einer Photoausrüstung verwendet, bleiben die Sensoren auch trocken. Bei einigen Kreislaufgeräten lassen sich die Sauerstoffsensoren nur schwer entfernen, hier sollten Sie sich bezüglich der Lagerung an die Empfehlungen des Herstellers halten.

- Nach jedem Tauchtag sollte der Atemkreislauf mit Süßwasser gespült und gründlich getrocknet werden. Es ist auch keine

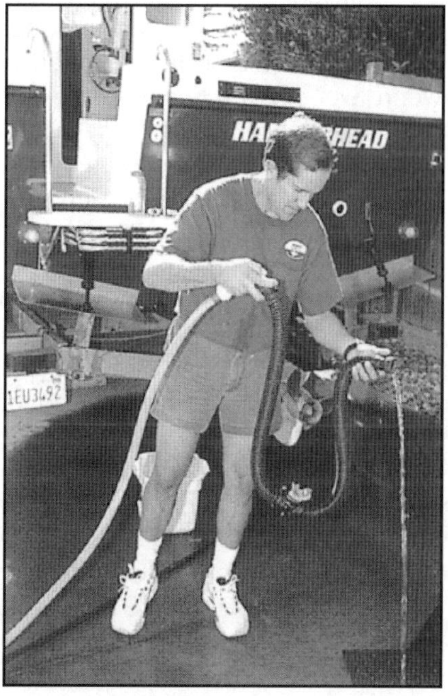

Spülen Sie nach jedem Tauchtag die Schläuche gründlich durch.

schlechte Idee, die Atemschläuche zwischen den einzelnen Tauchgängen zu spülen. Mitunter kann es schwierig sein, das Innere Ihrer Schläuche sowie des Atemkreislaufs zu trockenen. Einige Taucher haben sich aus diesem Grunde spezielle Gebläse oder Trockenschränke gebaut.

- Regelmäßige Desinfektion Ihrer Schläuche und des restlichen Atemkreislaufs schadet nie und ist dann absolut notwendig, wenn mehr als eine Person mit dem Kreislaufgerät taucht. Die Falten in den Atemschläuchen sind eine hervorragende Brutstätte für Bakterien und Pilze und müssen darum gründlich ausgespült und dann vollständig getrocknet werden. Auch in den Atembeuteln können, sofern diese nicht gründlich gesäubert werden, Bakterien und Pilze heranwachsen.

Einige Desinfektionsmittel haben weite Verbreitung für die Desinfektion des Atemkreislaufs gefunden. Betadine ist ein bekanntes flüssiges Desinfektionsmittel, das in verdünnter Form verwendet wird. Der unangenehme Geruch und Geschmack, den Betadine hinterlassen kann, sind jedoch ein großer Nachteil. Lysol IC ist eine konzentrierte Flüssigkeit, die mit Wasser vermischt wird. Sie sollten nur Desinfektionsmittel verwenden, die vom Hersteller Ihres Kreislaufgerätes empfohlen werden. Auf jeden Fall müssen Sie Ihren Atemkreislauf einschließlich der Schläuche mit viel Süßwasser ausspülen, wenn sie ein solches Desinfektionsmittel verwendet haben. Der gesunde Menschenverstand sollte Ihnen sagen, wie häufig Sie Ihr Gerät desinfizieren müssen.

Von besonderer Bedeutung für den Kreislaufgerätetaucher ist der Atemkalk. Es ist wichtig, daß Sie über Ihre Tauchzeiten Buch führen, Ihren Atemkalkbehälter richtig packen und den Atemkalk rechtzeitig nach den Empfehlungen des Geräteherstellers austauschen. Wenn Sie das nicht tun, besteht die Gefahr, daß Ihr Atemkalk unerwartet ausfällt und dadurch eine Hyperkapnie auslöst.

Jeder Hersteller macht Angaben über die Nutzungsdauer für seine Atemkalkbehälter. Diesen Empfehlungen sollten Sie immer folgen. Die Nutzungsdauer wird in Stunden oder Minuten angegeben. Aus diesem Grunde ist es wichtig, ein detailliertes Logbuch zu führen und nach jedem Tauchgang die Dauer Ihres Tauchgangs zu notieren und zu den Zeiten der vorangegangenen Tauchgänge zu addieren. Auf diese Weise können Sie sofort erkennen, wie lange Ihr Atemkalk schon in Gebrauch ist.

Nehmen wir zum Beispiel an, daß der Atemkalkbehälter eine Nutzungsdauer von fünf Stunden hat. Sie haben den ganzen Tag getaucht und Ihren Atemkalk dabei 3.5 Stunden lang benützt. Wenn Ihr nächster Tauchgang 1.5 Stunden oder länger dauert, sehr anstrengend ist oder in kaltem Wasser stattfindet, dann ist es jetzt Zeit, den Atemkalk auszutauschen. Denken Sie daran, daß Atemkalk billig ist, Ihr Leben aber nicht.

Kapitel 7

Zubehör für Kreislaufgeräte

Es gibt eine Reihe von zusätzlichen Ausrüstungsgegenständen, die Ihre Tauchgänge mit Kreislaufgeräten sicherer und angenehmer machen können. Hierzu zählen Vollgesichtsmasken, Tauchcomputer, Sauerstoffanalysegeräte und Desinfektionsmittel. Wie auch bei anderen Ausrüstungsgegenständen ist ein entsprechendes Training erforderlich, um Vollgesichtsmasken und Tauchcomputer einsetzen zu können, auch wenn diese eigentlich relativ einfach anzuwenden sind.

Vollgesichtsmasken

Eine Vollgesichtsmaske kann ein wesentlicher Sicherheitsfaktor für Kreislaufgerätetaucher sein. Wenn Sie eine Vollgesichtsmaske tragen, dann reduziert das im Falle einer Bewußtlosigkeit die Gefahr des Ertrinkens. Wenn Sie aufgrund einer Bewußtlosigkeit nicht atmen, können Sie natürlich auch mit einer Vollgesichtsmaske sterben. Aber das Risiko Wasser einzuatmen und zu ertrinken wird nachhaltig reduziert.

Ein wieterer Vorteil einer Vollgesichtsmaske ist, daß Sie die Möglichkeit haben, zu sprechen, weil sie nicht auf ein Mundstück beißen müssen. Über eine kurze Entfernung von weniger als 1.5 Meter, brauchen sie dazu keine Elektronik. Bei größeren Entfernungen ermöglicht Ihnen ein drahtloses elektronisches Kommunikationssystem die Kommunikation unter den unterschiedlichsten Bedingungen.

Ein weiterer Vorteil der Verwendung einer Vollgesichtsmaske ist der Schutz, den sie in verschmutzten Gewässern bietet, indem Sie das Wasser von Augen, Nase und Mund fernhält. Das Verwenden eines solchen Ausrüstungsgegenstands ist für Rettungstaucher, die

Bevor Sie mit einer Vollgesichtsmaske tauchen, müssen Sie sorgfältig in Ihrem Gebrauch unterwiesen werden.

in Hafenanlagen, Bewässerungskanälen und ähnlichen Örtlichkeiten tauchen müssen, sehr nützlich.

Viele Vollgesichtsmasken werden mit einer eingebauten zweiten Stufe geliefert, die nicht zusammen mit einem Kreislaufgerät verwendet werden kann. Es kommt darum nur eine Maske in Frage, die so ausgelegt ist, daß sie eine Vielzahl von Mundstücken aufnehmen kann. Ihre vorrangige Überlegung bei der Auswahl einer Vollgesichtsmaske sollte sein, ob die Mundstücksöffnung der Maske kompatibel mit dem Mundstück Ihres Kreislaufgerätes ist. Wenn Vollgesichtsmaske und Kreislaufgerätemundstück nicht ausreichend gedichtet werden können, dann kann die Maske nicht zusammen mit diesem Kreislaufgerät verwendet werden.

Eine weitere Überlegung bei der Auswahl einer Vollgesichtsmaske ist die Passform. Sie sollte nicht nur gut auf Ihrem Gesicht dichten sondern auch bequem zu tragen sein. Die Dichtung kann bei Tauchern mit schmalen oder kleinen Gesichtern ein Problem sein. Der Tragekomfort der Maske hängt weitgehend von dem Material ab, aus dem Sie gemacht ist, aber auch das Design der Bebänderung, die Art wie der Druckausgleich erfolgt und ihr Auftrieb spielen bei der Beurteilung eine Rolle.

Folgende Kriterien sollten Sie bei der Beurteilung einer Vollgesichtsmaske für die Verwendung mit Ihrem Kreislaufgerät unbedingt berücksichtigen:

- Sichtscheibe: Die Sichtscheibe sollte aus besonders gehärtetem Sicherheitsglas, Lexan oder einem ähnlichen schlagfesten Kunststoff, mit ausgezeichneten optischen Qualitäten hergestellt sein. Zusätzlich muß die Maske eine gute Sicht ermöglichen.
- Rahmen: Der Rahmen sollte stabil genug sein, um einen sicheren Halt auf Ihrem Gesicht zu gewährleisten. Außerdem sollte er die Sichtscheibe fest umschließen.
- Maskenbänder: Durch das Verstellen der Maskenbänder können Sie bestimmen, wie straff die Maske sitzt. Wenn Sie mit Handschuhen tauchen, ist es besser große und stabile Maskenbänder zu haben, da sich diese leichter greifen lassen als dünne, flexible Bänder.
- Druckausgleichvorrichtung: Die Maske sollte irgendeine Art von Vorrichtung haben, mit der Sie Ihre Nase zuhalten können, um den Druckausgleich leichter herzustellen.
- Innenmaske für Mund/Nase: Einige Masken haben separate Kammern, die entweder Mund und Nase umschließen oder nur den Mund. Letzteres reduziert den Totraum und damit den Kohlendioxidpegel in der Maske.
- Geringes Volumen: Das Volumen der Maske sollte so gering wie möglich sein. Dies vermeidet eine Überbeanspruchung des Kieferbereichs, die durch den dauernden Aufwärtszug einer Maske mit hohem Auftrieb entstehen könnte.

Wenn Sie die Möglichkeit haben, die Maske vor dem Kauf zusammen mit Ihrem Kreislaufgerät unter Wasser auszuprobieren, sollten Sie diese Gelegenheit nutzen. Eine Maske, die sich während der kurzen Zeit, in der Sie sie im Tauchshops tragen, gut anfühlt, kann sehr unbequem sein, nachdem Sie sie für 90 Minuten unter Wasser getragen haben.

Wenn Sie mit der Maske tauchen, um deren Passform und Bequemlichkeit zu beurteilen, dann sollten Sie dabei ebenfalls die Kopfhaube tragen, die Sie auch normalerweise beim Tauchen verwenden, um zu sehen, wie Maske und Kopfhaube zusammenpas-

Vergewissern Sie sich, daß das Kommunikationssystem, das Sie zu kaufen beabsichtigen, mit der Vollgesichtsmaske Ihrer Wahl kompatibel ist. Die hier abgebildete Einheit wird von Ocean Technology Systems hergestellt.

sen. Einige Hauben müssen nämlich getrimmt werden, um mit bestimmten Vollgesichtsmasken verwendet werden zu können.

Wenn Sie vorhaben, ein drahtloses Kommunikationssystem zusammen mit Ihrem Kreislaufgerät zu verwenden, dann sollten Sie das betreffende Modell, das Sie zu kaufen beabsichtigen, zusammen mit der Vollgesichtsmaske Ihrer Wahl ausprobieren, um sicherzustellen, daß alles zufriedenstellend funktioniert.

Es gibt Masken, die besser für die Verwendung mit Kommunikationssystemen geeignet sind als andere. Auch bei den Kommunikationssystemen gibt es qualitative Unterschiede.

Das Problem mit den meisten Vollgesichtsmasken ist, daß Sie auf Ihren Atemgasvorrat zurückgreifen müssen, sobald Sie die Maske angelegt haben. Das bedeutet, daß Sie einen Teil Ihres Gasvorrats verschwenden, wenn Sie erst eine Weile an Bord warten müssen bevor Sie ins Wasser können. Dazu kommt, daß sobald Sie die Maske angelegt haben, die Kommunikation mit Ihrer Umgebung nur noch schwer möglich ist.

Wenn Sie eine gewöhnliche Vollgesichtsmaske zusammen mit Ihrem Kreislaufgerät verwenden und nach Ihrem Tauchgang entweder eine lange Strecke an der Oberfläche zurücklegen müssen oder aber Ihren Atemgasvorrat verbraucht haben, werden Sie Ihre Vollgesichtsmaske abnehmen müssen, um atmen zu können. Bei rauher See kann es ein nicht unerheblicher Nachteil sein, wenn Sie dann keine gewöhnliche Tauchmaske mit Schnorchel bei sich haben.

Ein weiterer Nachteil macht sich bemerkbar, wenn sich die Maske aufgrund einer gebrochenen Frontscheibe oder aufgrund eines anderen Problems mit Wasser füllt. Bei den meisten Modellen können Sie dann nicht nur nicht mehr richtig sehen, sondern auch nicht mehr atmen. Als Kreislaufgerätetaucher müssen Sie sich auch überlegen, wie Sie mit einer Fehlfunktion Ihres Gerätes umgehen, wenn Sie eine Vollgesichtsmaske verwenden. Um auf Ihr offenes Bailoutsystem zu wechseln, müssen Sie nämlich in den meisten Fällen Ihre Vollgesichtsmaske abnehmen. In dieser Situation sind Sie dann unter Wasser quasi blind. Zu Ihrer Sicherheit sollten Sie darum eine zusätzliche Tauchmaske mitführen.

Die vielleicht vielseitigste Vollgesichtsmaske, die man mit einem Kreislaufgerät verwenden kann, ist die M-15 Vollgesichtsmaske, die von der Morgan Diving Corporation im kalifornischen Santa Barbara entwickelt wurde. Die Maske ist insofern sehr ungewöhnlich, als sie über eine obere Kammer verfügt, die Augen und Nase wie eine herkömmliche Tauchmaske bedeckt und zusätzlich über eine abnehmbare untere Kammer oder "Mundschale" verfügt, die nur den Mund bedeckt. Dieser untere Teil kann sowohl über wie unter Wasser leicht angesetzt oder entfernt werden.

Die M-15 Maske kann an Bord so lange ohne die Mundschale getragen werden, bis Sie ins Wasser gehen. So können Sie sich an der Oberfläche problemlos unterhalten. Wenn Sie dann tauchfertig sind, setzen Sie die Mundschale ein und öffnen den Schieber am Mundstück Ihres Kreislaufgerätes. (Anm.: Wenn Sie ein Sauerstoffkreislaufgerät verwenden, müssen Sie die Einheit vor dem Tauchgang nach einem speziellen Verfahren spülen.) Sie können entweder das Mundstück in Ihrem Mund halten oder einfach über die Mundschale atmen.

Der größte Vorteil, den die M-15 unter Wasser hat, besteht darin, daß die Mundschale entfernt werden kann, ohne das gleich die ganze Maske abgenommen werden muß. Das erleichtert im Notfall den Wechsel auf das Bailoutsystem, ohne daß Ihre Fähigkeit zu sehen eingeschränkt wird. Sollte es einmal nötigt sein, können Sie mit dieser Maske sogar einen Schnorchel benutzen.

Die Morgan M-15 Maske verfügt mit ihren beiden separaten Kammern über ein einzigartiges Design. Die untere Kammer umschließt den Mund und die obere Kammer Nase und Augen.

Mit Vollgesichtsmasken ist es leichter, den Druckausgleich herzustellen, da Sie kein Mundstück zwischen den Zähnen halten müssen. Taucher, die normalerweise Ihre Nase zuhalten müssen, um den Druckausgleich herzustellen, stellen häufig fest, daß sie, ohne eine zweite Stufe im Mund halten zu müssen, den Druckausgleich einfach durch Gähnen herstellen können oder durch einfaches Bewegen des Unterkiefers.

Wie bei jeder Art von Spezialausrüstung, so ist auch für die Verwendung einer Vollgesichtsmaske eine besondere Ausbildung nötigt. Auch wenn Vollgesichtsmasken nicht besonders kompliziert sind, muß der richtige Umgang mit ihnen doch gelernt werden.

Das größte Problem beim Umgang mit Vollgesichtsmasken ist das einer gefluteten Maske. Wenn man eine konventionelle Vollgesichtsmaske hat, die Augen Nase und Mund umschließt, ist es, wenn Sie mit einem offenen System tauchen, kein großes Problem die Maske zu entleeren. Sie bedienen einfach die Luftdusche der zweiten Stufe um das Wasser aus der Maske zu drücken. Bei der Verwendung eines Kreislaufgerätes ist es jedoch schwieriger, das Wasser aus einer solchen konventionellen Vollgesichtsmaske zur

Mit der M-15 Vollgesichtsmaske ist es nicht nötigt die ganze Maske abzusetzen um Ihr Bailoutsystem zu benutzen.

entfernen, da Sie hier keine Luftdusche zur Verfügung haben. Die M-15 Maske ist daher ideal, weil hier Nase und Augen in einer anderen Kammer sind als der Mund.

Mit einigen Kreislaufgeräten, die auf dem Rücken getragen werden, können Sie Ihre Maske ausblasen, indem Sie sich auf den Rücken drehen. Auf Ihren Atembeuteln lastet dann ein etwas höherer Druck, als auf Ihrer Maske, wodurch Ihr Gerät wahrscheinlich abblasen wird. Bei anderen Systemen müssen Sie Ihr Bailoutsystem verwenden, um genügend Luft zum ausblasen der Maske zu bekommen. Um ein Eindringen von Wasser in den Atemkreislauf zu vermeiden, müssen Sie den Schieber Ihres Mundstücks sofort schließen, sobald Sie die Maske von Ihrem Gesicht ziehen.

Wenn Wasser in Ihr Kreislaufgerät eindringt, und Sie eine konventionelle Vollgesichtsmaske tragen, können bei einem eventuell auftretenden Ätzenden Cocktail nicht nur Ihr Mund, sondern auch Nase und Augen verätzt werden. Diese Gefahr ist bei der M-15 praktisch auszuschließen, weil Nase und Augen sich in einer separaten Kammer befinden.

Tauchcomputer

Der ideale Tauchcomputer für Ihr Kreislaufgerät ist ein System, das in Ihren Atemkreislauf integriert ist, kontinuierlich Ihren PO_2 mißt und für das jeweilige Gasgemisch, das Sie verwenden, programmiert werden kann. Mit der zunehmenden Verbreitung von Kreislaufgeräten wird es auch immer mehr Tauchcomputer geben, die über diese Funktionen verfügen.

Es gibt bereits ein breites Angebot an Tauchcomputern auf dem Markt, die Ihnen bei Verwendung eines Nitroxgemischs die notwendigen Dekoinformationen liefern. Es dürfte trotz Verwendung von Nitrox eine gute Idee sein, einen konservativen Ansatz zu wählen und die Dekozeiten für Drucklufttauchgänge zu wählen. Sie haben dann eine breite Sicherheitsmarge für den Fall zur Verfügung, daß etwas schief geht und Sie Ihre geplante Grundzeit überschreiten müssen. Außerdem können Sie bei dieser Vorgehensweise Ihren alten Luftcomputer weiter verwenden.

Für halbgeschlossene Systeme mit nur einer Gasflasche ist ein integrierter schlauchloser Tauchcomputer empfehlenswert, sollte aber nur in Verbindung mit dem bereits vorhandenen Finimeter verwendet werden. Hierdurch haben Sie ein gewisses Maß an Redundanz für den Fall, daß entweder Ihr Computer oder Ihr Finimeter ausfällt. Der integrierte Computer wird Ihnen zusätzlich die noch verbleibende Grundzeit anhand Ihres aktuellen Gasverbrauchs berechnen.

Ein zweiter Computer als Backup kann eine lohnende Investition sein, vor allem wenn sie eine mehrtägige Tauchreise unternehmen. Sollte ein Computer ausfallen, können Sie immer noch mit dem zweiten weitertauchen.

Bei der Durchführung von Dekotauchgängen, ist ein zweiter Computer absolute Notwendigkeit. Wenn sie eine längere Dekoverpflichtung haben und Ihr einziger Computer ausfällt, dann ist die Wahrscheinlichkeit, einen Dekounfall zu erleiden, sehr hoch.

Sauerstoffanalysegeräte

Wenn Sie bei ihren Tauchgängen andere Gase als Luft verwenden, dann ist ein Sauerstoffanalysegerät ein absolutes Muss. Selbst wenn Sie Ihr Atemgas in dem Tauchshop analysieren, in dem Sie Ihre Flaschen füllen lassen, ist es zumindest angenehm, ein eigenes Analysegerät zur Verfügung zu haben. Wenn Sie z.B. einen Flaschenanhänger verlieren und nicht wissen, was sich in der Flasche befindet, können Sie den Sauerstoffgehalt gleich zu Hause bestim-

Marco Flagg von Desert Star Systems war der erste Entwickler und Hersteller von integrierten Tauchcomputern, die anhand des PO_2 Dekoberechnungen durchführten. Flagg hat auch Unterwasser-Navigationssysteme sowie eine GPS (Global Positioning System) Einheit für den Unterwassergebrauch entwickelt. Daß hier abgebildete System war einer der frühen Prototypen.

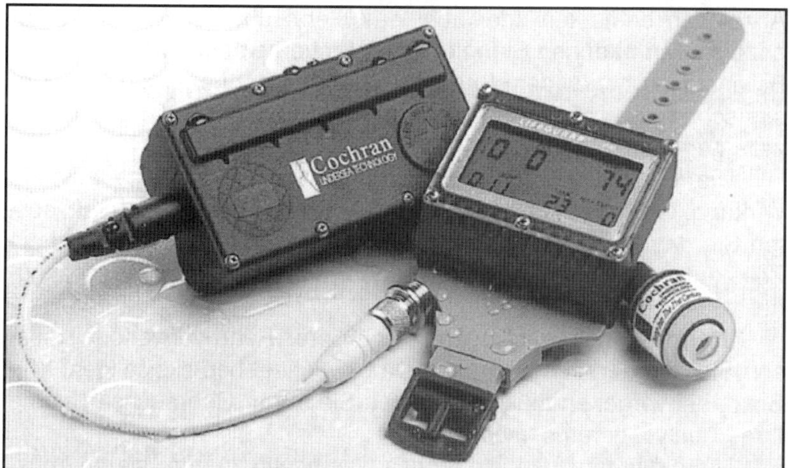

Cochran`s Lifeguard Computer verarbeitet Daten, die er von einem Sauerstoffsensor bekommt, überwacht den PO_2 und berechnet die Dekompression.

men und müssen dafür nicht extra in den Tauchshop fahren. Außerdem ist es gut, das Gas zur Sicherheit eine zweites Mal zu kontrollieren, bevor Sie das Gerät zum Tauchen zusammenbauen.

Sauerstoffanalysegeräte sind elektronische Instrumente, die mit Hilfe einer sogenannten Brennstoffzelle den Sauerstoffgehalt in jeder beliebigen Gasmischung messen können. Die Brennstoffzelle ist üblicherweise geschützt im Inneren des Analysegerätes untergebracht. Da die Brennstoffzelle wie auch das Analysegerät selbst sehr empfindlich und zudem nicht ganz billig sind, sollten Sie entsprechend sorgfältig mit diesen umgehen.

Sauerstoffanalysegeräte werden mit Batterien betrieben. Sollte Ihr Gerät anfangen fragwürdige Werte anzuzeigen, sollten Sie zunächst die Batterien austauschen. In den meisten Fällen wird aber eine verbrauchte oder beschädigte Brennstoffzelle die Ursache sein.

Die Brennstoffzellen haben eine begrenzte Haltbarkeitsdauer und müssen regelmäßig ausgetauscht werden. Einige Arten von Brennstoffzellen halten nur wenige Monate. Sie können eine Brennstoffzelle auch unbrauchbar machen, indem Sie diese fallen lassen.

Wenn die Kapazität der Brennstoffzelle nachzulassen beginnt, werden Sie das entweder daran merken, daß Sie Ihr Analysegerät nicht mehr richtig kalibrieren können, oder aber dadurch, daß sich auf der Anzeige der Wert des Sauerstoffanteils nicht mehr richtig einpendelt, sondern sich ständig verändert. Wenn Sie eines dieser Anzeichen bemerken oder aber das Gerät überhaupt nichts mehr anzeigt, dann können Sie mit einiger Sicherheit annehmen, daß die Brennstoffzelle sich dem Ende ihrer Lebensspanne nähert oder dieses schon erreicht hat. Spätestens jetzt müssen Sie die Brennstoffzelle gegen eine neue austauschen.

Die Elektrolytflüssigkeit in Brennstoffzellen hat eine ätzende Wirkung. Wenn Sie feststellen, daß Ihre Brennstoffzelle ausläuft, sollten Sie das Innere Ihres Analysegerätes sorgfältig reinigen und die Zelle entsorgen. Tragen Sie dabei aber unbedingt Gummihandschuhe!

Wenn Sie Ihr Analysegerät in größerer Höhe verwenden, müssen Sie den dadurch bedingten Druckwechsel berücksichtigen. Wie Sie dabei vorgehen müssen, können Sie in der Gebrauchsanleitung Ihres Analysegerätes nachlesen.

Um ein unter Druck stehendes Gas richtig zu analysieren, müssen Sie eine Vorrichtung verwenden, die den Gasfluß zur Brennstoffzelle begrenzt. Bei den meisten Analysegeräten für den Bereich des Sporttauchens und des Technical Diving sind solche Durchflußbe-

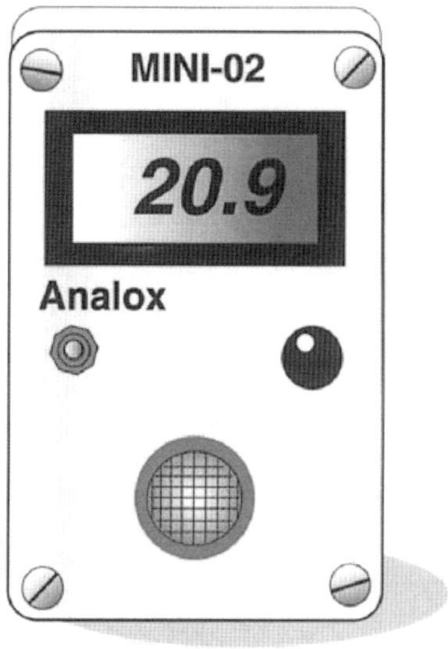

Sie können Ihr Sauerstoffanalysegerät entweder mit Luft oder mit reinem Sauerstoff kalibrieren.

grenzer, die mit einem Inflatorschlauch verbunden werden, im Lieferumfang inbegriffen.

Um Ihr Analysegerät einzusetzen, müssen Sie zunächst die Schutzkappe vom Sensor abziehen und das Gerät dann einschalten. Warten Sie jetzt mindestens fünf Minuten, damit sich die Anzeige stabilisiert. Kalibrieren Sie das Analysegerät entweder mit Umgebungsluft oder reinem Sauerstoff. Verbinden Sie den Durchflußbegrenzer mit Ihrer Gasflasche und öffnen Sie das Ventil. Schließen Sie jetzt Ihr Analysegerät an. Warten Sie nun mindestens eine Minute bis sich das Display auf einen stabilen Wert eingependelt hat, bevor Sie diesen Wert notieren.

Wenn der Analysevorgang beendet ist, müssen Sie das Gerät ausschalten und die Öffnung des Sensors wieder verschließen. Lagern Sie des Analysegerät an einem kühlen und trockenen Platz.

Kapitel 8

Ist ein Kreislaufgerät eine sinnvolle Anschaffung?

Wenn Sie dieses Buch gelesen haben, wissen Sie wahrscheinlich schon ziemlich genau, ob ein Kreislaufgerät für Sie geeignet ist oder nicht. Kreislaufgeräte sind sicher nicht für jeden Taucher das Richtige! Ohne Disziplin, Sachkenntnis, Erfahrung, Übung und ausreichende Wartung geht es nicht! Könnte ein Kreislaufgerät für Ihre Art des Tauchens die richtige Lösung ein? Die folgenden Fragen sollen Ihnen bei der Entscheidungsfindung helfen.

- **Haben Sie einen besonderen Bedarf oder eine konkrete Anwendung für ein Kreislaufgerät?**

Für ernsthafte Unterwasserphotographen kann ein Kreislaufgerät die Lösung sein. Ähnlich sieht es aus, wenn Sie ein kleineres Boot haben sollten. In diesem Fall kann Ihnen ein Kreislaufgerät viel Platz an Bord einsparen. Außerdem können Sie längere Ausfahrten durchführen, die sonst ohne Kompressor nie möglich gewesen wären. Wenn Sie jedoch üblicherweise nicht mehr als einen Flachwassertauchgang pro Tag unternehmen, dann macht die Anschaffung eines Kreislaufgerätes eigentlich nicht viel Sinn.

- **Kennen Sie sich gut mit Nitrox und/oder Mischgasen aus?**

Wenn Sie mit anderen Gasen als Luft tauchen wollen, müssen Sie das Konzept des Partialdrucks und der damit verbundenen Probleme wirklich verstanden haben. Ohne diese Voraussetzung

Kreislaufgeräte sind dort angebracht, wo Taucher einem konkreten Bedarf für diese Technologie haben.

können Sie Ihr Kreislaufgerät nicht einmal ansatzweise auf sichere Weise tauchen.

- **Verfügen Sie über die nötigen finanziellen Mittel für den Kauf, den Betrieb und die Wartung eines Kreislaufgerätes?**

Kreislaufgeräte sind teuer und auch die Wartung eines Kreislaufgerätes ist teuer. Bei der Wartung eines Kreislaufgerätes müssen mehr Teile ausgetauscht werden als bei einem offenen System, das mit Luft getaucht wird. Zusätzlich sind hier noch die Verbrauchsstoffe, wie z.B. der Atemkalk, zu berücksichtigen.

- **Haben Sie die Zeit für die Vor- und Nachbereitungsphase?**

Um ein Kreislaufgerät tauchfertig zu machen, benötigen Sie mehr Zeit als für ein offenen System! Das gleiche gilt für die Wartungsarbeiten nach dem Tauchgang. Nachlässigkeit im Umgang mit einem Kreislaufgerät wird sich rächen. Eine leichte Zwangsneurose hingegen kann in erheblichem Maße dazu beitragen, Sie zu einem sicheren Kreislaufgerätetaucher zu machen.

Die Anschaffung eines Kreislaufgerätes ist eine persönliche Entscheidung, die nur Sie selber treffen können. Sie benötigen die richtigen Fähigkeiten und die richtige Einstellung um erfolgreich und sicher mit einem Kreislaufgerät zu tauchen.

- **Verfügen Sie über die handwerklichen Fähigkeiten um die nötigen Wartungsarbeiten durchführen zu können?**

Wenn Sie nicht gerne mit Werkzeugen umgehen, werden Sie kaum Spaß daran haben, an einem Kreislaufgerät herumzubasteln.

- **Verfügen Sie über fundierte Kenntnisse in Theorie und Praxis des Kreislaufgerätetauchens?**

Sie können nicht einfach ein Kreislaufgerät kaufen und damit tauchen gehen. Sie müssen erst eine Ausbildung für das Modell absolvieren, daß Sie verwenden werden. Wenn sie sich ein anderes Modell kaufen, müssen Sie auch hierfür einen Kurs belegen.

- **Verfügen Sie über die notwendigen Kenntnisse um Ihr Kreislaufgerät optimal auszustatten?**

Jeder Taucher taucht unter etwas anderen Bedingungen, so daß Sie Ihr Gerät so ausstatten müssen, daß es optimal für Sie funktioniert. Vielleicht benötigt Ihr System längere oder kürzerer Atemschläuche, um sie mit bestimmten Accessoires verwenden zu können. Vielleicht müssen Sie die Position eines Finimeters oder eines Computers verändern, um diese Teile leichter zugänglich zu machen.

- **Haben Sie die Disziplin um ein Kreislaufgerät innerhalb seiner Grenzen zu tauchen?**

Wenn Sie die Grenzen Ihres Kreislaufgerätes überschreiten, können Sie dabei verletzt werden oder sogar sterben.

- **Haben Sie auch die Disziplin um ein Kreislaufgerät innerhalb Ihrer persönlichen Grenzen zu tauchen?**

In den meisten Fällen überschreiten die Möglichkeiten eines Kreislaufgerätes bei weitem Ihre persönlichen Grenzen. Selbst wenn Sie für die nötige Backupausrüstung gesorgt haben, sind Vorstöße in große Tiefen mit einem Kreislaufgerät sehr gefährlich.

- **Haben Sie die nötige Disziplin um dann wirklich nicht zu tauchen, wenn Sie nicht tauchen sollten?**

An manchen Tagen ist es besser, nicht ins Wasser zu gehen. Wenn Sie nicht wissen, wann es besser ist, an Bord zu bleiben, statt zu tauchen, dann ist ein Kreislaufgerät sicher nichts für Sie.

Wenn Sie nicht alle oben aufgelisteten Fragen mit einem klaren "Ja" beantworten können, sollten Sie noch nicht einmal daran denken, ein Kreislaufgerät zu kaufen. Wenn Sie immer noch die Absicht haben, ein Kreislaufgerät zu kaufen, sollten Sie als nächsten Schritt einen Orientierungskurs für Kreislaufgeräte mitmachen.

So können Sie am ehesten feststellen, ob die Geräte auch in der Praxis Ihren Erwartungen entsprechen.

Wenn Sie ein Kreislaufgerät kaufen...

Wenn Sie sich ein Kreislaufgerät kaufen, sollten Sie sich unbedingt daran halten, was Sie in dem gerätespezifischen Kurs gelernt haben. Weiterhin sollten Sie den Empfehlung in Ihrem Benutzerhandbuch folgen. Die erforderlichen Wartungsarbeiten an Ihrem Gerät sollten Sie zukünftig mit geradezu religiösem Eifer durchführen. Außerdem müssen Sie Ihre taucherischen Fertigkeiten auf dem nötigen Niveau halten. Mit einem Kreislaufgerät können Sie neue und einzigartige Tauchabenteuer erleben - vorausgesetzt, Sie legen den nötigen Respekt an den Tag, den diese Technologie verdient.

Kreislaufgerätetauchen macht Spaß!

Über die Autoren

Steve Barsky mit seiner Frau Kristine auf der Insel Santa Cruz. (© Bob Evans. La Mer Bleu Productions.)

Steve Barsky

Steve hat 1965 in Los Angeles County mit dem Tauchen angefangen und wurde 1970 NAUI-Tauchlehrer. Seinen ersten Job in der Tauchindustrie bekam er in einem Tauchshop in Los Angeles, und für die folgenden zehn Jahre gehörten Tauchshops zu seinem beruflichen Umfeld.

Steve studierte an der Universität von Kalifornien in Santa Barbara, wo er 1976 seinen Master in "Human Factors Engineering" erhielt. Dieses Studium hat sein Verständnis für das Design und den Einsatz von Tauchausrüstung vertieft. Seine Arbeit war eine der ersten, die sich mit der Anwendung von Unterwasservideographie im Berufstauchen beschäftigte und war zur damaligen Zeit (1976) eine Pionierleistung, auf deren Basis die Navy die Entwicklung von Unterwasservideosystemen vorantrieb.

Außerdem war Steve als Berufstaucher in der Offshore-Ölindustrie in der Nordsee, im Golf von Mexiko und in Südamerika tätig. Er hat dabei sowohl als Tauchsupervisor Lufttauchgänge überwacht, wie auch selber Mischgassättigungstauchgänge bis in Tiefen von 177 Meter durchgeführt.

Nach dem Ausscheiden aus der Offshoreindustrie fand er 1983 im Entwicklungs- und Produktionsbereich eine neue Aufgabe. Zunächst arbeitete Barsky als Vertriebsleiter bei Viking America, Inc., einem weltweit tätigen Trockentauchanzughersteller. In einer vergleichbaren Position war er später für Diving Systems International (DSI), dem weltweit führenden Hersteller von Helmen für Berufstaucher, tätig. Bei DSI arbeitete Barsky sehr eng mit dem Tauchpionier Bev Morgan zusammen.

Barsky ist ein produktiver Schriftsteller und professioneller Unterwasserphotograph. Seine Artikel wurden unter anderem in Magazinen wie Sea Technology, Underwater USA, Skin Diver, Offshore Magazine, Emergency, Fire Engineering, Dive Training Magazine, Searchline, Sources, Undersea Biomedical Reports, Santa Barbara Magazine, Selling, Scuba, Scuba Times und Underwater Magazine veröffentlicht.

Barsky ist der Autor von Dry Suit Diving Manual, Diving in High Risk Environments, Spearfishing for Skin and Scuba Divers, Small Boat Diving, Diving with the EXO-26 Full Face Mask, Diving with the Divator Mk II Full Face Mask sowie zusammen mit Dick Long und Bob Stinton Co-Autor von Dry Suit Diving: A Guide to Diving Dry. Außerdem hat er zusammen mit seiner Frau Kristine und Ronnie Damico Careers in Diving geschrieben.

Steve hat unzählige Workshops geleitet, unter anderem zu Themen wie Tauchen in kontaminierten Gewässern, Trockentauchen, Tauchen mit kleinen Booten sowie zur Unterwasserjagd.

Im kalifornischen Santa Barbara gründete Steve 1989 seine Firma Marine Marketing and Consulting. Das Angebot dieser Firma umfaßt Marktforschung, Marketingplanung, Consulting, Newsletters, PR, Technische Handbücher, sowie andere Tätigkeiten für die Tauch- und Schiffahrtsindustrie. Er hat als Berater für zahlreiche Firmen gearbeitet, darunter Dräger, US Divers Co., Inc., Zeagle Systems, Inc., Diving Unlimited International, Diving Systems International, DAN und NAUI. Er untersucht außerdem Tauchunfälle und ist Gerichtsgutachter für Tauchunfälle. Steve taucht seit 1996 mit Kreislaufgeräten und hat Tauchlehrerbrevets von NAUI und TDI für das halbgeschlossene Kreislaufgerät von Dräger.

Mark Thurlow war bei unzähligen UW-Filmproduktionen beteiligt.

Mark Thurlow

Mark Thurlow begann schon 1973 in der High School mit dem Tauchen und hat seit dieser Zeit immer in der Tauchindustrie gearbeitet. In San Diego begann er als Verkäufer bei der Tauchshopkette Diving Lockers. Von dort führte ihn seine Karriere zum Berufstauchen. Er war an der Bergung von 35 abgestürzten Flugzeugen und unzähligen gesunkenen Booten beteiligt.

Mark gründete 1982 seine eigenen Firma, Hydra Marine und spezialisierte sich auf Unterwasserarbeiten, Bergungen sowie der Arbeit mit ferngesteuerten Unterwasserrobotern (ROV`s). Mark war im ozeanographischen Bereich tätig und in anderen wissenschaftlichen Disziplinen und führte hierzu Sidescanvermessungen, biologische Untersuchungen sowie das Sammeln gefährlicher Materialproben durch.

Während der letzten vier Jahre hat Mark in der Film- und Fernsehindustrie gearbeitet und dabei mit so bekannten Filmemachern wie Howard Hall, Marty Snyderman und Al Giddings gearbeitet. Die Liste der Film- und Fernsehbeiträge an denen er mitgearbeitet hat, beinhaltet unter anderem: den IMAX Film "The Living Sea", den ersten 3-D IMAX Film "Into the Deep", Howard Halls Fernsehserie "Secrets of the Ocean Realm", James Camerons Spielfilm "Titanic", Marty Snydermans Film "Sharks" und Al Giddings Fernsehproduktion "Whales". Im Januar 1998 begann Mark zusammen mit Howard Hall Productions mit den Dreharbeiten für einen IMAX-Film, der einen sechsmonatigen Aufenthalt auf den Cocos Inseln nötig machte.

Im Jahre 1995 bekam Mark sein erstes Kreislaufgerät, ein CCR 155. Seine Lehrer waren Cmdr. Clark Presswood, SEAL (der auf Unterwasseroperationen, Kreislaufgeräteforschung, und Kreislaufgerätetraining spezialisiert ist), sowie Howard Hall und Bob Cranston, die beide Pioniere im Bereich der Anwendung von Kreislaufgeräten für Unterwasserfilmproduktionen sind.

Derzeit hat Mark mehr als 250 Stunden mit Kreislaufgeräten unter Wasser verbracht und die meisten Wartungsarbeiten an seinen eigenen Geräten und denen der anderen Filmemacher durchgeführt. Zusammen haben sie es ohne einen gravierenden Zwischenfall auf über tausend Tauchstunden mit Kreislaufgeräten gebracht und so einen beachtenswerten Sicherheitsrekord aufgestellt.

Mark war Berater für Bio-Marine Industries und hat die ersten Tauchgänge mit dem neuen BMR 500 Gerät durchgeführt, das für den Bereich des Technical Diving konstruiert wurde.

Mike Ward hat unzählige Kreislaufgeräte getestet. (© 1997 Dave Junker.)

Mike Ward

Mike Ward wurde Mitte der sechziger Jahre als Frei- und Gerätetaucher in den Seen und Steinbrüchen von Massachusetts und Maine zum Tauchenthusiasten.

Als er 1971 in die US Navy eintrat, diente er zunächst auf einem Atom U-Boot, bevor er 1974 das Tauchertraining zum "Diver Second Class" absolvieren konnte. Nach einem typischen Tauchereinsatz (d.h. viel Zeit unter Wasser) an Bord der U.S.S. Sunbird, ASR-15, nahm Mike 1977 am Training zum "Diver First Class" (Mischgas) Teil. Er wurde schließlich der Navy Experimental Diving Unit (NEDU) in Panama City zugeteilt, der bekanntesten Tieftaucheinrichtung der Welt.

Während er der NEDU zugeteilt war, begann er sein Training mit Tieftauchsystemen und qualifizierte sich als Sättigungstaucher. Von 1977 bis zu seiner Pensionierung von der Navy im Jahre 1992 war Mike als Sättigungstaucher und Systemtechniker an fast allen Tieftauchunternehmungen beteiligt. Viele seiner Unterwassertätigkeiten für die Navy beinhalteten Test`s und Bewertung von Unterwasseratemgeräten sowie Lebenserhaltungssystemen, die für militärische Verwendung entworfen waren.

Mike hat die Ausbildung für die meisten Kreislaufgeräte durchlaufen, unter anderem für das Dräger LAR V, das Spirotechnique Oxy-NG, das Bio-Marine CCR 1000, die Geräte von Fullerton-Sherwood und die MK 15, MK 16, MK 11 und MK 12 der Navy. Er verfügt über detaillierte Kenntnisse von geschlossenen wie auch halbgeschlossenen Geräten.

Mike`s Kenntnisse über Entwicklung und Herstellung von Tauchsystemen führten zu einer Anstellung als Systemanalytiker bei Analysis and Technology, Inc., einem Zulieferbetrieb der Rüstungs-industrie, wo er an in der Entwicklung von Dekompressionskammern und Nachschubfahrzeugen für EOD Einheiten der Navy sowie des Marine Corps beteiligt war.

Er ist der Autor einer Reihe von technischen Veröffentlichungen der Navy über verschiedene Unterwasseratemsysteme und war an der Entwicklung von Scootern für Kampfschwimmer beteiligt. 1997 ging Mike als militärischer Berater und Entwicklungsingenieur zu Diving Systems International, einem im kalifornischen Santa Barbara ansässigen Hersteller von Berufstauchausrüstungen. Der begeisterte Sporttaucher lebt mit seiner Frau Paula und den Söhnen Mike Jr. und Steve in Panama City Beach in Florida.

Ätzender Cocktail:
Wenn Wasser und Atemkalk vermischt werden, dann entsteht eine ätzende Lösung (Lauge). Der Begriff "Ätzender Cocktail" ist eine Anlehnung an den englischen Begriff "Caustic Cocktail".

Atembeutel:
Ein flexibler Beutel, der Teil des Atemkreislaufs ist und hier zum einen die Atmung erleichtert und zum anderen als Reservoir für das Atemgas dient. Häufig auch als "Gegenlunge" bezeichnet.

Atemkalk (auch: Absorber, Kohlendioxidabsorber):
Dabei handelt es sich um eine chemische Verbindung, die Kohlendioxid aus einer Gasmischung entfernen kann. Der Hauptbestandteil der meisten Atemkalksorten ist Soda Lime. Als Resultat der Reaktion des Atemkalks mit dem Kohlendioxid entstehen Wärme und Feuchtigkeit.

Atemkreislauf:
Der Teil des Kreislaufgerätes, in dem sich das Atemgas unter Umgebungsdruck bewegt. Die Teile des Atemkreislaufs sind die Atemschläuche, der/die Atembeutel, sowie der Atemkalkbehälter samt Atemkalk. Auch die Körperteile des Tauchers, die bei der Atmung üblicherweise mit dem Atemgas in Kontakt kommen, sind Teil des Atemkreislaufs.

Bailoutsystem:
Ein System zur Notfallatmung, das von Tauchern mitgeführt wird, um bei Ausfall der Hauptversorgung weiter atmen zu können. Ein Bailoutsystem für ein Kreislaufgerät kann z.B. ein eigenständiges Atemsystem sein (d.h. eine Atemgasflasche mit Atemregler) oder auf den Füllgasvorrat des Kreislaufgerätes zurückgreifen, in dem an dieser Flasche eine normale zweite Stufe eines Atemreglers angebracht wird. Voraussetzung im letzteren Falle ist, daß der Füllgasvorrat über einen ausreichenden Sauerstoffanteil verfügt, um in allen Phasen des Aufstiegs verwendet werden zu können.

Bypassventil:
Ein manuell kontrollierbares Ventil, das dazu verwendet wird, dem Atemkreislauf zusätzliches Gas zuzuführen.

Füllgas:
Das Gas, das dazu verwendet wird, um den reinen Sauerstoff im

Atemkreislauf zu verdünnen. In den meisten Fällen handelt es sich um Luft oder eine andere Mischung, die Sauerstoff enthält.

Geschlossenes Kreislaufgerät:
Ein Kreislaufgerät, bei dem das gesamte Ausatemgas wiederverwendet wird. Nach Bedarf wird Sauerstoff nachgeführt. Es geht außer beim Aufstieg, wo sich das Gas ausdehnt und über das Überdruckventil abgegeben wird, kein Atemgas verloren. Wird auch kurz als CCR (von dem englischen "closed circuit rebreether").

Halbgeschlossenes Kreislaufgerät:
Bei dieser Art von Kreislaufgerät wird ein Teil des Atemgases wiederverwendet und ein anderer Teil an die Umgebung abgegeben. Halbgeschlossene Kreislaufgeräte sind üblicherweise einfacher und weniger teuer als geschlossener Systeme.

Hauptdisplay:
Ein einfaches Display mit Warnlämpchen, das sich an den meisten Kreislaufgeräten befindet und das die wesentlichen Informationen über den Sauerstoftpegel im System auf einen Blick vermitteln soll.

Hyperkapnie:
Ein physiologischer Zustand der auftritt, wenn ein Mensch einem hohen Kohlendioxidpegel ausgesetzt ist. Der gebräuchlichere Ausdruck für diesen Zustand ist "Kohlendioxidvergiftung". Das markanteste Symptom ist eine extreme Atemnot.

Hyperoxie:
Ein physiologischer Zustand der auftritt, wenn ein Taucher einem hohen Sauerstoffpegel (d.h. einem hohen Sauerstoffpartialdruck oder PO_2) ausgesetzt ist. Die individuelle Empfindlichkeit gegenüber einer Hypoxie kann von Person zu Person und sogar bei einzelnen Individuen von Tag zu Tag, sehr unterschiedlich sein. Das schwerwiegendste Symptom einer Hyperoxie sind Krämpfe. Diesen geht üblicherweise kaum eine oder gar keine Warnung voraus.

Hypoxie:
Ein physiologischer Zustand der auftritt, wenn ein Mensch eine Atemmischung mit einem sehr geringen Sauerstoffanteil atmet. Wenn der Sauerstoffpegel in einem Kreislaufgerät auf einen gefährlich niedrigen Wert sinkt, kann ein Taucher ohne Vorwarnung bewußtlos werden.

Kanisterdauer:
Der Zeitraum, in dem der Atemkalk im Atemkalkbehälter (auch Kanister genannt) in der Lage ist, das Atemgas effektiv vom Kohlendioxid zu reinigen. Sobald der Kohlendioxidpegel in dem System 0.5% überschreitet, ist das Ende der Kanisterdauer erreicht.

Kohlendioxid:
Ein Abfallprodukt der Atmung; ist im Körper für den Atemreiz verantwortlich. In hohen Konzentrationen ist dieses Gas giftig.

Molekularsieb:
Eine Vorrichtung, die Kohlendioxid ausfiltert, wenn eine Gasmischung durch diese hindurch geleitet wird. Auch wenn diese Technologie noch nicht für Kreislaufgeräte verfeinert wurde, so könnte sie doch in Zukunft den Atemkalk ersetzen.

Offenes System:
Ein herkömmliches Tauchgerät mit Druckgasflasche und Atemregler. Hier wird das ausgeatmete Gas direkt an die Umgebung abgegeben.

PCO_2:
Kurzform für Kohlendioxidpartialdruck.

PO_2:
Kurzform für Sauerstoffpartialdruck.

Sauerstoffsensor:
Elektrochemische Vorrichtung, die eine elektrische Spannung erzeugt, die in direktem Verhältnis zum Sauerstoffanteil der getesteten Gasmischung steht.

Sekundärdisplay:
Ein komplexeres Display, das es ermöglicht den Sauerstoffpegel im Kreislaufgerät als Zahlenwert abzulesen.

Sollwert:
Der Wert, auf den der PO_2 in einem geschlossenen elektronisch gesteuerten Kreislaufgerät eingestellt ist.

BIBLIOGRAPHIE

Anonymous. Safety and Handling Considerations in **The Sodasorb Manual**, WR. Grace, CT, 1993, pgs. S1-S6

Bove, A. and Wells, J. Mixed Gas Diving. in **Diving Medicine**. Bove, A. and Davis, J., editors. W. B. Saunders and Co., Philadelphia, PA. 1990. pgs. 50-58

Clarke, D.W The History of Breathing Apparatus and Current State of the Art in **Lung Physiology and Divers` Breathing Apparatus**. Flook, V and Brubakk, A. editors. Sintef Unimed, Gas Services, Seaway, University of Aberdeen. Aberdeen, Scotland. 1992. pgs. 125-146

Clarke, J. Work of Breathing in Underwater Breathing Apparatus and CO_2-Buildup in **Proceedings of the Rebreather Forum 2.0**, Diving Science and Technology, Santa Ana, CA, 1996. pgs. P69-P75

Dewey and Almy Chemical Division. HP Sodasorb Absorbent Characteristics: Underwater Diving Experiment in **The Sodasorb Manual**, WR. Grace, CT, 1993, pgs. 02-05

Dräger. **Atlantis I Mixed Gas Rebreather**: Instructions for Use. 2nd edition. Lübeck Germany, 1996

Donald, K. **Oxygen and the Diver**. The SPA Ltd., Worcestshire, England. 1992. 237 pages

Elliott, D. Safe Oxygen: How Low Can You Go? in **Proceedings of the Rebreather Forum 2.0**, Diving Science and Technology, Santa Ana, CA, 1996. pgs. P19-P22

Jackson, P. **The Fleuss Apparatus** - A Short History of the Rebreather. Unpublished manuscript, 1996

Kemp, P. **Underwater Warriors**. Naval Institute Press, Annapolis, Maryland. 1996. 256 pages

Luchtenberg, D. **Nitrox Rebreather Manual**: A Manual of Training Methods in the Use of Semi-Closed Circuit Rebreather.

Rebreather Advisory Board. Konstanz, Germany, 1996. 210 pages

U.S. Navy Operation and Maintenance Instructions: **Underwater Breathing Apparatus**, MK15 Mod 0, Naval Sea Systems Command, Washington, D.C. 1982

BIBLIOGRAPHIE

Nuckols, M., Tucker, W, Sarich, A. **Life Support Systems Design**. Simon and Schuster Custom Publishing, Needham Heights, MA, 1996. 295 pages

Ornhagen, H. and Loncar, M. Lab Testing Today`s Rebreathers in **Proceedings of the Rebreather Forum 2.0**, Diving Science and Technology, Santa Ana, CA, 1996. pgs. P9-P14

Palmer, R. and Hamilton, W. Nitrox **Semi-Closed Circuit Rebreather Manual**. Technical Diving International, Bath, Maine. 1995

Rexnord. **CCR 155 Operation Manual**. Rexnord, Malvern, PA. Undated

Starck, W Flectrolung. in **AquaCorps Journal**. Key West, FL. Vol.7. December, 1993. pgs. 6, 8

Stolp, B., and Moon, R. Physiological Factors in Carbon Dioxide Removal in **The Sodasorb Manual**, WR. Grace, CT, 1993, pgs. M6-M16

Stolp, B., and Moon, R. Soda Lime Reactivity in **The Sodasorb Manual**, WR. Grace, CT, 1993, pgs. M17-M20

Thalmann, F. Evaluating Rebreather Performance in **Proceedings of the Rebreather Forum 2.0**, Diving Science and Technology, Santa Ana, CA, 1996. pgs. P31-P36

Thalmann, E. Rebreather Basics in **Proceedings of the Rebreather Forum 2.0**, Diving Science and Technology, Santa Ana, CA, 1996. pgs. P23-P29

Thom, S. and Clark, J. The Toxicity of Oxygen, Carbon Monoxide, and Carbon Dioxide in **Diving Medicine**. Bove, A. and Davis, J., editors. W B. Saunders and Co., Philadelphia, PA. 1990. pgs. 82-94

U.S. Navy. **U.S. Navy Diving Manual**, Volume 2, Mixed-Gas Diving. Best Publishing Co., Flagstaff, AZ. 1991

KREIDESEE-KREISELN:
DIVE-STATION
HEMMOOR
Hauptstrasse 100 21745 Hemmoor
04771/3031 www.dive-station-hemmoor.de

Nitrox Rebreather College

NRC

- # Nitrox Ausbildung
- # Kreislaufgeräte User & Tauchlehrerkurse
- # Ausrüstungsverleih
- # Probetauchen v. Equipment
- # Füllstation Nitrox, Luft, etc.

www.pdc-aquasport.de
e-mail:info@pdc-aquasport.de

Pro - Dive Center
AQUA SPORT
Bremen
Faulenstr.75
28195 Bremen
Tel 0421 - 18050
Fax 0421 - 18052

Submariner Tauchausrüstungs GmbH
Leopoldstrasse 257
D-80807 München
Telefon: 089-3 59 78 78
Telefax: 089-3 59 81 52

Tauchausrüstungen
Service
Tauchschule
Kompressoren
Sonderkonstruktionen

Dive Rite General Importeur und IANTD Landesvertretung für Deutschland, Österreich & Schweiz

Der Spezialist im Technischen Tauchen®
Submariner

5 STAR INSTRUCTOR DEVELOPMENT CENTER PADI

Das Rebreather-Kompetenz-Center
- Rebreather-User-Kurs (Nullzeit)
- Technical-Rebreather-Diver (Dekoplanung)
- Rebreather-Instructor-Kurs
- Schulung und Verkauf aus einer Hand
Mach jetzt mit ...
... come in the loop!
ANDI
TAUCHSCHULE
BIGGESEE
Am Sonderner Kopf 3, D-57462 Olpe
Tel.: +49-2761-63214 Fax: 61468
e-mail: tauchschule@t-online.de
web: www.tauchschule-biggesee.de

Pits Tauchbasis
Trainingszentrum für Tech-Diver, Ausbildung bis zum TL, Tief und sicher tauchen mit allen Gasen von Luft bis Helium
Blocklander Hemmstraße 36a
D-28357 BREMEN
Tel.: + 49 - (0) 1 72 - 56 33 066
Fax: + 49 - (0) 4 21 - 37 60 536

Cavediving, Trimix, Nitrox, Deep, Rebreather
ATEC
Association of Technical Diving Instructors
be
a-tec Diver
http://www.technicaldiving.de

NÜTZLICHE ADRESSEN

INDEX

INDEX

INDEX